光明社科文库
GUANGMING DAILY PRESS:
A SOCIAL SCIENCE SERIES

·法律与社会书系·

学校社会工作视域下
大学生弱势群体救助研究

刘海鹰　刘　昕｜著

光明日报出版社

图书在版编目（CIP）数据

学校社会工作视域下大学生弱势群体救助研究 / 刘
海鹰，刘昕著 . -- 北京：光明日报出版社，2022.3
ISBN 978 - 7 - 5194 - 6498 - 1

Ⅰ. ①学… Ⅱ. ①刘… ②刘… Ⅲ. ①大学生—弱势
群体—学生工作—研究—中国 Ⅳ. ①G645.5

中国版本图书馆 CIP 数据核字（2022）第 039155 号

学校社会工作视域下大学生弱势群体救助研究
XUEXIAO SHEHUI GONGZUO SHIYUXIA DAXUESHENG RUOSHI QUNTI JIUZHU YANJIU

著　者：刘海鹰　刘　昕

责任编辑：郭思齐　　　　　　　责任校对：张月月
封面设计：中联华文　　　　　　责任印制：曹　净

出版发行：光明日报出版社
地　　址：北京市西城区永安路 106 号，100050
电　　话：010 - 63169890（咨询），010 - 63131930（邮购）
传　　真：010 - 63131930
网　　址：http：// book. gmw. cn
E - mail：gmrbcbs@ gmw. cn
法律顾问：北京市兰台律师事务所龚柳方律师

印　　刷：三河市华东印刷有限公司
装　　订：三河市华东印刷有限公司
本书如有破损、缺页、装订错误，请与本社联系调换，电话：010 - 63131930

开　　本：170mm × 240mm
字　　数：261 千字　　　　　　印　　张：16.5
版　　次：2022 年 3 月第 1 版　　印　　次：2022 年 3 月第 1 次印刷
书　　号：ISBN 978 - 7 - 5194 - 6498 - 1
定　　价：95.00 元

序

　　伴随着高校大规模扩招、高校收费制度改革、学分制改革、学生自主就业等各种高等教育改革措施的实行，大学校园里逐渐出现了一个新的学生群体，这个群体在经济状况、社会地位、权益实现、教育资源占有、教育机会获得、竞争能力、自身素质等的某个或几个方面处于相对不利或比较劣势的境况，明显弱于其他学生，被称为"大学生弱势群体"。大学生弱势群体问题给学生本人、家庭、学校和社会造成了许多消极影响。如何救助那些身处弱势地位的大学生，使他们摆脱困境、变弱为强成为高校高度重视的问题。建立健全高校学生弱势群体救助制度，构建有效的高校学生弱势群体救助体系，促进高校学生平等占有教育资源，保证学生公平接受教育的权利，进而保证公民平等的发展权利，已成为国家高等教育事业中亟待解决的任务。

　　学校社会工作是社会工作在教育领域内的分支，是在教育领域内运用社会工作的理论知识和方法，为学生提供一种有利于全面发展的环境与条件，以适应现在及未来的生活的一种专业服务活动。它以有问题、处于困境中的学生为基本服务对象，以学校个案工作、学校小组工作和学校社区工作为基本研究方法，秉承"以人为本、助人自助"的价值理念，分别从学生自身、学生群体、学生所处的外界环境等层面帮助学生脱离困境、健康发展。学校社会工作强调对学生的尊重，"平等""尊重""服务"的思想贯串始终，注重从物质、精神多层面给身陷困境的学生提供支持，促进学生的全面发展，与我国高等教育的终极目标相一致，同时又能弥补传统的思政教育重管理轻服务的弊端，是对当前高校学生教育管理工作模式的拓展和补充。

在此背景下，《学校社会工作视域下大学生弱势群体救助研究》一书对如何运用学校社会工作救助大学生弱势群体进行了积极的探索。作者注重理论与实践相结合，获取了较多的第一手资料和事实，在进行了充分的学理分析的基础上，分别运用学校个案工作、学校小组工作和学校社区工作三种方法对不同类型的弱势大学生展开实际的救助活动，每一种类型都提供了典型案例，详细阐述工作过程、工作效果，最后对三种工作方法的运用情况进行了系统的总结与反思，明确指出了三种方法救助大学生弱势群体的优势与不足，以及如何才能达到最佳的救助效果，使读者对学校社会工作在大学生弱势群体救助工作中的应用有了清晰全面的认识和把握。

纵观全书，作者将平等公正、助人自助的价值理念运用到大学生弱势群体救助工作中来，坚持以服务对象的需求和利益为出发点，注重对自身工作方式的批判性反思，体现了社会工作原理与实务的紧密结合。作者将社会工作的专业视角和方法引入大学生弱势群体救助工作，所带来的一个重要启示是如何继续引入多学科（专业）的团队合作，针对大学生弱势群体心理、医疗、教育、经济、就业等相关问题提供更全面的职业化服务。该著作可为教育行政部门制定大学生弱势群体救助策略提供有力的依据，对解决当前存在的大学生弱势群体救助效果不佳的问题有重要的借鉴和应用价值，同时，该研究也是社会工作本土化的一次有益探索。

总之，这是一本将科学性与实用性融为一体的好书，我愿将其推荐给读者。

高鉴国

山东大学　济南

2020 年 6 月

目 录
CONTENTS

第一章

导　论

第一节　研究背景和意义

一、研究背景

弱势群体一词古来有之，但是真正被我国政府所用，还是在 2002 年的九届人大五次会议政府工作报告，自此，"弱势群体"为社会各界所广泛关注。伴随着这股热潮，社会弱势群体在高校中的衍生物——大学生弱势群体也走进了人们的视野，逐渐被人们所认识。

大学生弱势群体指的是高校中的一类特殊学生群体，与一般学生相比，他们的经济状况、社会地位、教育机会、社会资源等处于相对不利的境地，在竞争中处于劣势。大学生弱势群体是当代中国社会加速转型和高等教育改革不断深化的产物，大学生弱势群体的存在影响了教育公平，影响了学生的成长，特别是现阶段我国经济社会发展进入新时代，社会主要矛盾转化为人民日益增长的美好生活需要和不平衡不充分的发展之间的矛盾，大学生弱势群体的存在说明了当前高等教育领域发展不平衡不充分的现实状况，是新时代社会矛盾的一个缩影，因此，研究大学生弱势群体，帮助他们由弱变强具有重要的现实意义。

学校社会工作将社会工作的理论和方法运用于教育领域中，用学校个案工作，学校小组工作和学校社区工作三大经典工作方法为全体学生特别是处于困境中的学生提供专业服务，以促进他们健康成长，提高他们的社会适应能力。学校社会工作以"以人为本，助人自助"为基本的工作理念，"平等""尊重""服务"的思想贯串始终，比传统的学生管理更体现人文关怀，体现对学生的尊重。与单纯的心理辅导相比，它拓宽了救助的内容和途径，不仅给学生提供心理救助，还从物质层面给陷入困境的学生提供支持；不仅直接面向学生提供服务，还可以调动学生自身之外的第三方力量，形成教育的合力，有效解决学生面临的问题。

二、研究意义

大学生弱势群体问题已经成为现代高等教育不容忽视的问题，已经在一定程度上影响到高等教育的改革发展，关系到高等学校办学秩序和办学质量。帮助大学生弱势群体摆脱困境，由弱变强，探索一条适合他们全面发展的途径，有着十分重要的理论价值和实践意义。

（一）理论价值

1. 丰富大学生弱势群体救助的理论体系

现有的大学生弱势群体救助研究基本上是运用思想政治教育理论而进行的，"灌输式""训导式"的理念与方法贯穿其中。虽然近年来高校思想政治教育也在不断发展创新，"以人为本"逐渐被重视，但在具体实践操作中的运用还不尽人意，存在着理论与实践脱节的现象。学校社会工作是教育领域内的一种专业服务工作，来源于西方的社会福利思想。学校社会工作以问题研究为导向，运用专业的服务方法维护学生的权益、促进学生全面发展，实践性极强。学校社会工作从理论依据到实践运用处处强调尊重，强调以人为本，强调服务对象的潜能开发，激发他们自我成长的能力。这些观点和做法对于丰富大学生弱势群体救助的理论体系有重要意义。

2. 为学校社会工作在我国高校中的运用提供理论依据

学校社会工作产生于 20 世纪初的美国，经过百年的发展在西方发达国家已经比较成熟，有较为完善的服务体系。但是，学校社会工作在我国的应用研究还比较少，只是近年来上海、深圳等大城市开始把社会工作引入学校管理中。我国与西方资本主义国家在政治体制、经济状况、传统文化等方面存在较大差异，不可能照搬西方经验，学校社会工作本土化的任务繁重，目前还没有一套比较成熟的适合中国国情的学校社会工作理论与方法体系。本研究运用学校社会工作的三大经典方法对高校中的大学生弱势群体救助进行实证研究，总结救助效果，分析三种方法运用于大学生弱势群体救助的优势与不足，是一次西方理论与中国实践相结合的有益尝试，为解决大学生弱势群体产生的问题提供了一定的理论依据和实证支持。

（二）实践意义

1. 提高大学生弱势群体救助的工作效率

与传统的思想政治教育模式相比，学校社会工作在工作理念上强调"以人为本，助人自助"。以人为本的理念，注重对弱势大学生的尊重和理解，注意运用共情、真诚的态度平等地与弱势大学生沟通交流，能够减轻弱势大学生的自卑感和对救助工作的排斥心理，更能赢得弱势大学生的配合与支持。助人自助的理念，又使得运用学校社会工作开展大学生弱势群体救助时，既重视"输血"，更重视"造血"，重视挖掘弱势大学生的自身潜力，注意营造适合弱势大学生健康成长的环境因素，帮助弱势大学生积累和拓展社会资本，构建促进成长的社会支持体系，激发潜能，促进自我实现。

在工作方法上，学校社会工作有学校个案工作、学校小组工作、学校社区工作三大经典工作方法，构成了一个从微观到宏观的方法体系，不论是对弱势大学生个体还是群体，也不论是直接针对弱势大学生自身提供服务，还是调动外界资源提供间接服务，学校社会工作都有相应的较为成熟的方式方法，能够保证对不同情形的弱势大学生都有可用的方法模式，都能提供精准的服务，因此，对于目前大学生弱势群体救助工作重管理轻服务的现实状况，运用学校社会工作开展大学生弱势群体救助有助于工作效率的提升。

2. 促进大学生教育管理方式方法的创新

大学生是国家宝贵的人才资源，是推动社会发展进步的重要力量，促进大学生成长成才是高校学生教育管理工作的核心任务。本研究虽然关注的重点是大学生弱势群体，但是学校社会工作的价值理念和工作方法不仅仅可以用在弱势大学生救助工作上，对整个学生工作的开展都有重要的借鉴意义。当前，在高校学生工作中重管理轻服务的现象还比较突出，居高临下的、训导式的管理方式还比较盛行，服务理念在多数学校还停留在口头上，实际工作中难寻踪影，在这种状况下，运用学校社会工作进行大学生弱势群体救助研究，对整个学生工作都是一种冲击，让传统僵化的高校学生教育管理模式产生了震动，同时也带来了思想上的启发，对强化"以生为本、尊重学生、服务学生"的工作理念，创新大学生教育管理体制，改进教育管理方式方法都有积极的启发作用。

3. 改善教育环境，促进教育公平

社会的良性发展需要合理的社会流动，社会流动可以增加社会成员改变自身社会地位的机会，促进社会公平发展，同时也可以加强社会整合，缓解社会冲突，有效地激发人的积极性、创造性和开拓进取精神，给社会系统注入强大的活力，促进社会的良性运行和协调发展。教育尤其是高等教育是基层社会成员向上流动的重要条件和途径，是消除社会不平等、维护社会公平的重要手段，因此，国家历来重视发展教育，众多社会底层学子也通过接受高等教育实现了阶层的跨越，在自身社会地位得到巨大提升的同时也促进了社会的进步与发展。大学生弱势群体的存在是教育领域内的一种不公平现象，教育的不公平会直接影响到社会的公平正义。研究大学生弱势群体救助，帮助他们分析现状，探寻原因，为他们量身打造救助方案，精准施策，促进他们发掘潜能，自立自强，不仅有利于弱势大学生的个人发展，更是对教育公平问题的关心和探索，是对教育环境的改善和优化，有利于弱势大学生平等地享受教育资源，实现合理的社会流动，促进教育公平，进而促进全社会的公平与正义。

第二节　学界研究述评

一、国内外相关研究综述

（一）国外相关研究综述

在欧美国家，对弱势群体的研究由来已久，社会政策和社会福利文献中有了大量的弱势群体问题的研究成果，但是国外没有"大学生弱势群体"一说，对于大学生弱势群体整体的研究很少，他们主要研究大学生某方面遇到的困难，以及怎样来解决这些问题，实际上就相当于对不同类型的弱势大学生进行研究。考察已有研究发现，在心理健康、经济资助、学习辅导、就业帮助等方面国外都有一些积极的探索，取得了较为丰富的成果。

1. 针对大学生心理弱势群体的救助研究

西方发达国家历来非常重视大学生心理健康教育，特别关注那些有心理问题的学生。西方国家有一门专业的学校心理学，它以在校学生特别是存在心理困扰的学生为服务对象，主要研究如何在学校中进行必要的心理健康评估，以及有了评估结果之后如何进行适当的心理教育干预，同时分析学生中存在的各种问题行为，如学习困难、人格异常以及情绪障碍等，并提出切实可行的矫正方法。在心理健康教育的模式上，发展最成熟、效果最显著的就是传统临床模式，该模式要求学校心理学家和社会工作者运用心理学的专业理论与技术帮助那些有情绪困扰和情绪不良的学生解决心理问题，回归正常生活。由此可见传统临床模式关注的基本也都是存在心理问题的学生。①

世界各国大学生心理健康教育的服务形式、内容和范围存在很大差异，总体上看，欧美国家救助理念和方法比较先进，有较强的借鉴意义。例如，美国的大学生心理干预，注重从大学生自身和周围环境两个方面进行操作。在大学生自身方面，主要是由学校心理学家配合教师对个别有困难、有障碍的学生进行心理矫正，而在环境方面，主要是清除教育环境中有碍学生身心健康的不良因素，必要的时候可协助学校领导动用行政手段加以制止。研究还发现，许多美国著名的大学，如麻省理工学院、哈佛大学、哥伦比亚大学、康奈尔大学、纽约大学等都把心理咨询安排到了学生宿舍，帮助学生及时解决心理问题，同时还能打破心理问题的神秘感，避免治疗时间被延误。②

2. 针对大学生经济弱势群体的救助研究

经济弱势大学生又叫贫困生，对于贫困生的救助问题世界各国采取了不同的救助方法，20 世纪 60 年代以来形成了几种不同的教育资助模式。第一

---

① COX L S, MOCZYGEMBA L R, DUNGEE – ANDERSON D, et al. Collaboration between School of Pharmacy and Social Work to Promote care for a medically underserved Population [J]. Currents in Pharmacy Teaching and learning, 2014, 6 (4)：535 – 542.

② 姚本先，程海云，王东华. 国外大学生心理健康教育的现状、趋势及启示 [J]. 中国卫生事业管理，2007 (12)．

种是以英国为代表的欧洲国家推行免费加高等教育助学金模式，免费是指免除高等教育学费，免费的同时还要资助生活费。这对政府财政的压力非常大，随着大学生数量的不断增多，这种资助模式面临着难以为继的窘境，因此，现在已经很少有国家再单纯使用此种模式。第二种是以日本为代表的收费加贷学金模式，大学生可以通过申请贷学金的方式缓解经济压力，对于贫困大学生，政府会提供无息贷学金，体现了对贫困学生的照顾。第三种是混合模式，这是当前应用最多的一种资助模式，以美国为代表。这种混合式模式就是将各种资助形式融合在一起，综合多种途径为经济困难学生提供帮助，如美国的贫困生资助就包括奖学金、助学金、贷学金、校园工读、学费减免等五种方式。混合式资助在资金来源上也体现出多元性，有政府财政补贴，也有助学贷款，还有学生的勤工助学。这种多元化的举措一方面减轻了财政压力，另一方面也能培养大学生自尊自强的精神和能力，受到世界各国的推崇，成为目前主流的大学生资助模式。①

3. 针对大学生就业弱势群体的救助研究

近年来由于世界经济发展不景气以及各国高等院校扩张，大学生就业弱势群体越来越受到社会的关注，加强大学生就业能力培养，消除就业壁垒，优化就业环境成为许多国家的共识。1998 年，法国、意大利、英国与德国四国教育部长在法国索邦大学开会，会后签署了《索邦宣言》，明确指出大学生就业力的提升是大学教育改革的主要目标之一，同时提出了加速推动四国高等教育人员流动和资历互认工作。1999 年，欧洲 29 个国家在意大利博洛尼亚举行会议，提出消除欧洲内部国家之间学生流动的障碍，提高欧洲高等教育在全世界范围内的吸引力。在提高大学生就业能力方面，英国的做法很有特色，产生了很大的影响。2004 年，英国政府将 100 多万大学生投入地方社区中从事志愿者活动，以此来提升工作能力，获得工作经验，强化学校与社区的联系。在 2000 至 2002 年，进行了一项名为"SkillsPlus"的实验计划，该计划通过调整课程和改革教学方法、创建新的基础学位来提升学生就业能力，当时有四所大学 16 个院系参加了这个实验计划，研究的结果对如何推

① 郭少华. 国际透视：大学生教育资助模式的变革与发展［J］. 成都大学学报（教育科学版），2008（9）.

动教学方法的改革、提升学生的就业能力有深远的影响。①

4. 针对大学生学业弱势群体的救助研究

学生以学习为天职，所以大学生学业弱势群体的救助历来为各国所重视。首先，提供制度保障，通过法律手段保证学习困难学生享有平等的教育机会。比如，美国 1973 年通过了《康复法案》，1990 年颁布了《美国残疾人法案》；英国 1995 年出台《残疾歧视法》；澳大利亚 1992 年颁布《残疾歧视法案》，1995 年出台 DDA 行动计划。这些法律法规的实施，进一步满足了学习困难学生的需求，保障了他们的受教育权益，提高了学困生的毕业率。②

其次，除了法律保障外，各国在具体实践过程中也为学习困难学生提供各种有效的服务。甘朔（Ganschow）的调查发现，在 1985—1995 的 10 年间，美国有 173 个机构为学习困难大学生提供支持服务，为他们进行诊断评估，提供食宿、咨询、服务等各方面的信息。除了美国之外，英国、德国、加拿大、澳大利亚等国也为在读学习困难大学生提供了大量的学习指导和生活服务，主要包括提供短期咨询、进行学习障碍评估诊断、进行人格测量、情绪疏导、提供各种学习设备，等等。莱瑟姆（Leshem）的研究团队对各国的具体做法进行了概括总结，提高了学习困难学生救助的理论性。③

综上所述，我们不难看出，国外虽然没有大学生弱势群体这一专门叫法，但是对于在经济、学业、心理、就业等方面存在问题的大学生的救助工作他们进行了大量的研究，提出了许多切实可行的方式方法，而且他们在工作中贯彻以人为本的理念，尊重差异，尊重人格尊严，这些对我们都有重要的借鉴意义。同时，我们也应该看到，欧美各国的大学生救助工作都是立足于国情，有着突出的本国（本区域）特色，这也提醒我们进行大学生弱势群体救助工作一定要注意本土化，立足于中国实际，不能照搬照抄别人经验，要探索出一个有中国特色的大学生弱势群体救助工作模式。

---

① 李晓颖. 大学生就业难问题：国外的研究与经验［J］. 西北人口，2010（2）.

② 张冲，孟万金. 国外对学习困难大学生的教育和关注及启示［J］. 大学（学术版），2011（8）.

③ 张冲，孟万金. 国外对学习困难大学生的教育和关注及启示［J］. 大学（学术版），2011（8）.

（二）国内相关研究综述

作为一个新兴概念，进入新世纪以来大学生弱势群体引起了高等教育研究者的兴趣和关注。相关文献主要包括以下内容：

1. 对大学生弱势群体的界定

学界对大学生弱势群体概念的界定是随着对大学生弱势群体认识的逐步加深而不断深化的。最初，大学生弱势群体等同于贫困生，主要是指经济困难的大学生，这主要是由于高校收费制度的实行。随着研究的不断深入，人们发现贫困生除了经济困难之外，经常伴随着消极情绪过多、人际交往不良等心理问题，于是大学生弱势群体的内涵就由单纯的经济困难扩展到经济、心理两方面的弱势。国家教育发展研究中心"弱势群体教育研究"专题组2005年对大学生弱势群体给出的界定就指出，大学生弱势群体"突出表现在贫困、心理方面"①。随着大学扩招、大学取消毕业分配等政策的陆续出台，也随着社会主义市场经济改革的不断深化，社会竞争不断加剧，社会对大学生的要求越来越高，大学校园中在学习、就业、人际交往、经济条件等各方面处于不利境地、落后于一般同学的大学生逐渐增多，大学生弱势群体的内涵再一次扩大了。曾准在总结他人研究的基础上，把大学生弱势群体定义为，"由于先天或后天原因，在经济状况、社会位置、权益实现、教育资源占有、教育机会获得、竞争能力、自身素质等方面处于相对不利或比较劣势境况"的学生群体②。这种界定包含了大学校园中学生弱势群体的诸多方面，这个定义因其全面性得到了众多研究者的首肯，成为目前比较公认的说法。

为了便于研究，学界一般都把大学生弱势群体分成几种类别，经济弱势、心理弱势、学业弱势、就业弱势是认可度最高的类型，其他的如身患严重疾病或是残障的、三观不正确的、行为异常的等虽然他们在身体、思想、行为等方面的发展也处于弱势地位，但是由于人数太少、缺乏代表性，可以

---

① 国家教育发展研究中心"弱势群体教育研究"专题组. 弱势群体教育及资助体系综合研究报告 [R]. 中国教育简报，2005（3）.

② 曾准. 大学生弱势群体的界定、成因及扶助 [J]. 泰山乡镇企业职工大学报，2005（2）.

归属于上述四种弱势类型之中，所以只是被个别研究者提及。

总之，当前学界对大学生弱势群体的界定基于综合因素的考量，一般从心理弱势、经济弱势、学习弱势、就业弱势四个方面加以研究。

2. 对大学生弱势群体产生原因的研究

学界对大学生弱势群体产生原因的认识比较趋于一致，基本上认为主要是社会、学校、家庭以及个人自身因素等多种因素共同作用的结果。

（1）社会因素

有的学者侧重于社会制度的变革以及社会转型期带来的消极因素对大学生造成的不良影响，使大学生世界观、人生观、价值观方向发生偏离，心理和行为背离了大学生的正常轨迹，最终沦为高校大学生弱势群体。杨永欣认为，社会大变革带来的竞争、挑战和一系列急速变革使当代大学生处于思想、认识、信息负荷过重状态，容易陷入认知的误区和心理的误区，以致被不健康的心理侵袭、损害。① 胡东梅认为社会上存在的以权谋私、贪污腐败、贫富悬殊等不良社会现象容易使一些大学生产生心理上的失衡，若缺乏正确的引导和自我调控，往往导致自我评价的消极。② 黄遵斌认为，改革步伐的不断加快和社会逐渐转型导致了社会弱势群体浮出水面，社会弱势群体的出现，直接导致了高校大学生弱势群体的产生。③

还有的学者则突出社会人文关怀的缺失及西方社会的文化渗透给大学生弱势群体蒙上了沉重的思想和心理阴影。任辉认为，在我国高校思想政治教育工作的长期实践中，一直缺乏对学生充分的人文关怀。受应试教育的影响，传统的思想政治教育缺乏对于学生主体性的重视，往往只是将他们看作教育的对象，而对于学生的真正需要和内心需求则有欠考虑。④ 王文余、胡建认为，在市场经济大潮的冲击下，社会文化目标在一部分大学生心中严重错位，形成一种视金钱和财富为唯一目标的亚文化。其结果将导致这部分学生价值观的扭曲和心理上的畸形，如贪婪、冷漠和躁动等。此外，由于他们所处的社会人文环境正受到前所未有的冲击，旧的价值理念受到怀疑和破

---

① 杨永欣. 大学生弱势群体形成的原因现状及对策［J］. 理论学习，2003（1）.
② 胡冬梅. 关于救助大学生中弱势群体的思考［J］. 学校党建与思想教育，2004（7）.
③ 黄遵斌. 试论高校大学生弱势群体问题的成因及对策［J］. 黑龙江教育，2009（1）.
④ 任辉. 浅论当前高校大学生弱势群体的人文关怀［J］. 中国校外教育，2010（8）.

坏，而新的价值体系又没有完全建立，这无疑使这部分大学生的成长更加困难，而当其中一部分人不能很好地控制自己时就很容易出现一些违法违纪的现象。①

（2）学校因素

应试教育是造成大学生弱势群体形成的原因之一。罗丽蓉指出学校重智育、轻德育，没有形成科学、规范的教育机制使高校大学生弱势群体逐年上升。② 另外，很多研究者都认为高校收费制度的改革是经济弱势学生产生的重要原因。郑勇认为，现行高等教育的收费标准超越了公众对高等教育的付费能力和付费意愿，这是高校经济弱势学生产生的重要原因。③

（3）家庭因素

很多研究者认为家庭因素在大学生弱势群体问题的成因中起了一定的作用。何霭认为，家庭经济困难是造成经济弱势学生最直接的原因，家庭教育方式的不当和家庭环境的不和睦是导致子女产生心理上的一系列问题的重要原因。④

（4）自身因素

杨永欣认为，一些学生由于沟通不良、性格缺陷等原因，缺乏人际交往的基本技能，出现适应困难现象；另外，一些学生生理上存有容貌不美、身材矮小、畸形和身体缺陷等，有可能导致他们表现出悲观、伤感、自卑或挫折感等情绪。⑤ 韩龙、赵海龙等认为，农村大学生自我意识失位或是社会互动的失位是造成农村大学生心理弱势的一个重要原因。⑥ 魏小琳认为，一些大学生的依赖性和投机心理及虚荣心和懒惰心理是造成他们成为弱势群体的原因。⑦ 陈志勇认为，一些大学生由于家庭条件优越，自小受父母的溺爱，

---

① 王文余，胡建. 大学生弱势群体的形成原因及对策［J］. 西南师范大学学报，2002（2）.
② 罗丽榕. 关于高校大学生弱势群体产生的思考［J］. 长春理工大学学报，2011（6）.
③ 郑勇. 高校贫困生成因与援助方式选择［J］. 经济师，2003（6）.
④ 何霭. 大学生"弱势群体"教育探析［J］. 漳州师范学院学报，2004（3）.
⑤ 杨永欣. 大学生弱势群体形成的原因现状及对策［J］. 理论学习，2003（1）.
⑥ 韩龙，赵海龙，毛一峰，等. 农村大学生弱势群体现状、特征及对策研究［J］. 重庆工学院学报，2005（6）.
⑦ 魏小琳. 论大学生"弱势群体"及其扶助［J］. 教育理论与实践，2004（4）.

从未经过风雨和磨难，心理素质较差，不能承受任何打击，从而沦为弱势群体。① 总之，大学生自身的一些主观因素，如性格的缺陷、情感的不成熟、自我认知的不全面、人际交往能力欠缺、存在生理缺陷等也是导致部分大学生沦为弱势群体的不可忽视的影响因素。

3. 对大学生弱势群体救助的研究

大学生弱势群体是作为高等教育改革出现的问题而为人们所关注的，所以如何解决弱势大学生面临的困境，促进他们健康成长是学界所关心的焦点之一。

综合考察相关研究发现，目前，对于高校学生弱势群体救助的研究主要集中在政府、学校和社会三个方面。

（1）政府救助

在政府救助方面，学者们主要强调政府要加强救助政策的制定，加强法制建设，保护大学生弱势群体的权益。这方面主要针对的是经济弱势群体和就业弱势群体。在经济救助上很多研究者都提出政府要构建健全的"奖、贷、助、补、减"资助体系，从经济上支持高校学生弱势群体。在具体的政策措施上研究者们也提出了一些建议。

王守猛对完善资助体系提出了自己的看法，指出在现有基础上要改进贷款制度，拓展奖学金制度，完善勤工助学政策。②

何晓威提出，政府可以改革拨款的制度和方式，不断提高政府拨款的力度和效益，并提出可以结合我国国情，吸收借鉴国外的经验，实行教育券制度。③

陈文成提出要帮助弱势群体增加收入并建立社会保障机制，使他们的子女能够享受到与强势群体子女相同的教育机会与资源。④

① 陈志勇. 新时期高校大学生弱势群体的现状分析及教育对策［J］. 宁夏师范学院学报（社会科学版），2007（9）.
② 王守猛. 大学生弱势群体分类及救助对策探讨［J］. 湖南工业大学学报（社会科学版），2009（2）.
③ 何晓威. 关注大学生弱势群体——高校对贫困生的扶持思路［J］. 杭州商学院学报，2004（3）.
④ 陈成文，罗竖元. 论加强弱势群体子女教育与建设和谐社会［J］. 中南大学学报（社会科学版），2009.15（1）.

李兵提出了解决高校学生经济弱势群体的三点建议:

首先,在学费标准统一的前提下,对我国来自农村和城市低收入家庭的学生,依据其家庭的收入减免部分学费,并将这一措施作为扶植弱势群体的扶贫政策来实施。

其次,建立适合我国的补贴、担保和还贷机制。

最后,根据用人单位的性质、所在地区以及工作种类等方面的因素对用人单位征收一定数额的高等教育培养费,以减轻政府、个人和家庭的教育负担。

在就业救助上,程荣晖认为对于就业弱势群体政府要建立和完善平等的就业制度,建立和完善大学生就业弱势群体的援助制度,要制定激励政策鼓励用人单位吸纳大学生弱势群体就业。① 屈朝霞提出政府要完善就业法律法规,促进就业平等,惩戒就业歧视,同时要打破户籍障碍,健全社会保障体系,为弱势大学生创造良好环境。② 谭晞、叶志筑等人又提出政府要疏通就业渠道,规范就业市场,建立适合弱势群体的就业培训机制,提升弱势大学生的就业能力。③

(2)学校救助

学校是大学生弱势群体学习生活的场所,国家政府的制度和政策都要通过学校贯彻给学生。目前从学校层面对不同类型弱势群体大学生救助有不少相关研究。

对于经济弱势大学生而言,学者们一致认为要完善现有的经济救助体系。王海东认为完善现有救助体系高校要加强救助队伍建设,提高救助效率,要建立学生档案,完善财务管理制度,同时还要加强与专业救助机构的互动,多方争取资源。④ 崔晴提出要规范救助途径,创新奖学金制度。⑤ 董云飞从完善助学贷款制度上强化对贫困生的救助,同时还提出"差别收费制

① 程荣晖. 论大学生就业弱势群体的思想教育与危机干预 [J]. 教育探索,2010 (6).
② 屈朝霞,夏瑰. 大学生就业弱势群体的困境剖析 [J]. 湖北社会科学,2010 (3).
③ 谭晞. 大学生就业弱势群体就业困境与对策 [J]. 中国大学生就业,2006 (8).
④ 王海东. 我国高校学生弱势群体救助中存在的问题及对策研究 [D]. 沈阳:东北大学,2009.
⑤ 崔晴. 大学生弱势群体救助研究 [D]. 长沙:湖南大学,2006.

度"，减轻贫困生的经济负担。①

对于心理弱势大学生，学者们普遍认为加强心理健康教育是帮助他们心理脱贫的重要途径，综合他们的观点主要包括以下几个方面：建立高校心理健康三级（学校、院系、班级）保健网，开展常规性的心理咨询活动，开展心理健康教育的教学活动，营造健康向上的校园文化氛围。

对于学业弱势大学生，学者们根据学业不良的不同原因提出了各种帮扶救助的办法。王玲等人提出了四点建议：引导学生转变学习观念，形成良好的学习习惯；夯实学生的基础，提高学生的整体素质；进行学业生涯辅导；利用榜样的积极作用。② 郭翠霞在分析了利用入学教育、家庭教育、心理教育激发大学生学习动机、树立学习信心的同时，特别提出了建立以辅导员、教工党员、优秀学生为主体的帮扶队伍，实行一对一的义务帮教。③ 郭高展则特别强调要改善师生关系，积极推进导师制建设以加强对学习困难学生的帮扶。④

对于就业弱势大学生，研究者认为学校在帮助学生就业方面发挥着重要的作用。邱日梅在总结前人研究基础上提出了较为全面的学校救助措施：持久开展理想信念教育，引导就业困难学生树立崇高的理想抱负；开展学生职业指导工作，确保就业困难学生尽早正确认识自己和科学谋划未来发展；改进教育教学与管理工作，大力提高就业困难群体学生的综合素质与专业能力；组织专场培训和招聘，提高面试能力，切实服务就业困难群体学生；建立和完善资助体系，帮助学生摆脱经济困扰；建立特殊档案，加强就业跟踪；积极拓展就业门路，引导学生多向就业，使学生成就不同的人生价值。⑤ 除此之外，程荣晖提出的设立专项经费的意见，曲朝霞提出的调整专业与课程设置，限制弱势专业的招生规模的措施对于解决弱势大学生就业问题都有一定的积极意义。

---

① 董云飞. 大学生弱势群体的帮教对策研究［D］. 大连：辽宁师范大学，2006.
② 王玲. 大学生学习困难的成因及其教育对策［J］. 江苏教育学院学报（社会科学版），2009（2）.
③ 郭翠霞. 大学生学业不良归因分析及教育对策［J］. 吉林省教育学院学报，2012（2）.
④ 郭高展. 大学生学业不良问题研究［D］. 长春：东北师范大学，2006.
⑤ 邱日梅. 试论对大学生就业困难群体的指导与帮助［J］. 出国与就业，2011（6）.

（3）社会救助

目前，社会上对于大学生弱势群体的救助还比较少见，学者们更多的是提出倡导和呼吁。蔡亚平认为，社会资源资助应以促进学业导向为宗旨，加大对贫困生的奖优和助困力度。① 何晓威提出，社会救助具有极大的开发空间，当前应着力开拓社会捐赠资助贫困生的渠道空间。童晓晋认为，应大力净化社会风气，缩小当前的社会在学生头脑中及现实中、在校内与校外的巨大反差，尽可能给学生创造公平竞争的环境。② 杜宁建议发动社会、社区的力量争取捐赠。谭晞希望用人单位转变用人观念，取消就业歧视，提供平等的就业机会。

4. 学校社会工作介入大学生弱势群体救助的研究

当前国内学者对大学生弱势群体的研究大都从思想政治教育学科角度展开，其他学科视角，如心理学、社会学、教育学等相对较少，用学校社会工作的理论与方法救助大学生弱势群体的相关研究更是少见。分析已有研究可以看出，学校社会工作介入高校学生管理还处于初始阶段，学者们基本上是根据传统思想政治教育模式下大学生教育管理存在的不足提出引入学校社会工作的必要性，然后初步探讨了学校社会工作的理念与方法的运用。徐丽燕、代娅丽、肖慧欣、邓辅玉、李萌、郑小蓉等许多研究者都秉承这样的研究思路。考察他们提出的措施发现，他们对于个案、小组、社区三大方法的具体运用基本上还处于理论探讨阶段，方案比较笼统，缺乏可操作性。当然，也有个别学者提出了自己独特的见解。比如姜峰就提出了学校社会工作介入大学生心理健康教育的四个工作模式：预防性模式、治疗性模式、发展性模式、协同性模式，对具体工作有一定的指导意义，但比较遗憾的是这四种模式具体怎样运作、效果如何等缺乏研究。

---

① 蔡亚平. 高校贫困生资助工作方略［J］. 黑龙江高教研究，2002（5）.
② 童晓晋. 加强对大学生心理健康教育的思考［J］. 高等农业教育，2002（8）.

二、取得的成就与存在的不足

（一）取得的成就

1. 大学生弱势群体问题越来越受到重视

在人们的传统观念中，大学生是天之骄子，是同龄人中的佼佼者，存在大学生弱势群体是不可理解的，但是，随着高等教育由精英化转向大众化，大学生群体愈加庞大，加上高校收费改革、学分制改革、学生自主就业等各项教育改革措施的实行，大学生弱势群体的存在已经是一个不争的事实，已经影响到学生的健康发展，影响到教育公平，成为制约我国高等教育健康发展的重要因素。严峻的现实引起了人们的普遍关注，大学生弱势群体问题逐渐得到了高等教育主管部门、高校以及普通民众的关注，形成了大学生弱势群体救助工作的现实需求。

2. 在大学生弱势群体的概念界定和形成原因的分析方面逐渐取得了共识

作为一种高等教育发展过程中的新现象，学界对于大学生弱势群体的认识随着环境的变化而不断地扩展和深化，目前在大学生弱势群体的概念界定和形成原因的分析方面逐渐有了共识，在概念界定上，由最初的等同于贫困生发展到现在倾向于从综合角度加以认识，认可大学生弱势群体就是大学校园里在资源占有、机会获得、自身素质、经济能力等方面处境不利、明显弱于其他学生的学生群体，并且都倾向于把大学生弱势群体分成几种不同的类型，根据其各自的特点进行有针对性的帮扶救助。虽然不同学者划分的类型不尽相同，但是经济弱势、心理弱势、学业弱势、就业弱势基本上是公认的类型。

在大学生弱势群体的形成原因方面，学者们的观点比较一致，基本认为是社会、学校、家庭、个人等多种因素共同导致了大学生身陷困境，成为弱势群体。当然，具体到每个人身上，各种因素的作用力大小各不相同，需要的帮扶救助也不相同。

3. 大学生弱势群体救助研究越来越引起学者的关注

从现有文献可以看出，许多学者在分析阐述了大学生弱势群体的现状、问题以后，都提到了如何帮助弱势大学生摆脱困境、由弱变强。由于研究的视角思路不同，关注点不一样，提出的救助措施也各不相同，有的从某一类弱势大学生着手，提出具体的帮扶措施，有的则是面向整个大学生弱势群体，从宏观上提出救助策略。尽管学者们提出的方法措施差异很大，也未必都适合实际的应用，但是这些研究成果反映出大学生弱势群体救助工作已经引起学界的关注，表现出研究者高度的学术敏感性和强烈的社会责任感。

（二）存在的不足

1. 理论探讨多，实践操作少

学者们提出了各种各样的救助措施，涵盖了政府、学校、社会各个层面，既有政策支持，也有法律保障；既有经济援助，也有精神关怀。看起来轰轰烈烈，仔细研究却不难发现这些措施的最大不足就是理论研究多、实践研究少。很多措施太抽象、太笼统，难以在现实中实行。比如很多人提到对大学生弱势群体救助要加强政府的主导作用，如加大救助力度，加强法制建设，疏通就业渠道，建立和完善平等的就业制度等，但是政府究竟应该怎样做、从哪些方面着手、做到什么程度才能达到要求等一些具体的、可操作的指标基本没有人谈到。还有一些学者谈到了运用个案工作、小组工作、社区工作的方法解决大学生面临的问题，但是没有具体的操作办法。不好操作的措施是难以落实到实际工作中去的，救助的结果可想而知。

也有一些措施有比较详细的实施步骤，但是明显带有理论推导的痕迹，没有实证研究的支撑，难以保证措施的有效性，这也降低了救助的实效性。

2. 研究视角比较单一

上文提到目前大学生弱势群体救助研究基本上是从思想政治教育的学科视角入手的，研究者大部分是高校学生工作者和思政教师。大学生弱势群体救助工作隶属于高校思想政治教育，出现这样的结果也在情理之中，但现在的问题是传统思想政治教育模式下的大学生弱势群体救助工作效果不甚理想，不能满足要求。学者们普遍认为这种结果与传统思想政治教育工作理念与方法的局限性密切相关。传统思想政治教育强调灌输，虽然有其深远的思想背景、存在价值，但在实际工作中容易形成上对下的、训导式的、不平等的工作方法，教育者为主、受教育者为辅，不重视受教育者的感受。这样的方式方法在救助大学生弱势群体时暴露出很大的局限性。大学生弱势群体是大学生中的弱者，心理上比较敏感多疑，自卑心较重，许多人不愿意公开承认自己的弱势，害怕被人看不起，与一般大学生相比更渴望理解、平等、尊重，传统的"上对下""训导式"的救助方式很容易引起他们的反感。虽然近年来大学生思想政治教育的理念与方法也在与时俱进，强调以人为本，重视情感关怀，但长久以来形成的惯性思维与习惯做法一时难以改变。在此背景下迫切需要引入新的适合大学生弱势群体需要的方法与理念，学校社会工作就是一种合适的选择，但从目前看，学校社会工作的介入才刚刚开始，有必要进一步加强研究。

第三节 研究方法与创新之处

一、研究方法

在科学研究中，方法是成功的工具，是通向胜利彼岸的桥梁。合适的方法是研究取得成功的工具和手段。科学研究是一个系统工程，需要在马克思主义方法论的指导之下，综合运用多种方法，相互补充，相互促进。本文运用的具体方法主要是以下几种。

（一）文献研究法

文献研究法是一种常用的科学研究方法，通过收集、鉴别、整理文献，形成对事实的科学认识。

本研究中我们运用文献研究法对大学生弱势群体及其救助现状进行分析，归纳总结出大学生弱势群体的类型及存在的基本问题，并找出大学生弱势群体的形成原因，说明运用学校社会工作救助大学生弱势群体的必要性和可行性。

（二）问卷调查法

问卷是指为统计和调查所用的、以设问的方式表述问题的表格。问卷调查法是研究者用控制式的测量对所研究的问题进行度量，从而收集到可靠资料的一种方法。

本研究中问卷调查主要用在两个方面。一方面是进行大学生弱势群体现状调查，通过调查数据发现大学生弱势群体的规模、类型、存在的问题等，为后续救助研究提供事实依据。另一方面是运用在学校小组工作过程中，作为学校小组工作研究的必要补充，分为小组活动开始前的需求评估和活动后的效果评估。需求评估主要作为筛选组员和划分组员类别的依据，效果评估主要作为学校小组救助大学生弱势群体适用性分析的依据。

（三）访谈法

访谈法是指研究者通过与访谈对象进行面对面的交流，了解访谈对象心理活动的一种研究方法。

本研究中将多次用到访谈法，典型案例的选取、小组的筛选与分类、救助活动的评估与跟进等都需要通过访谈收集资料、了解情况。

二、创新之处

（一）研究视角的创新

考察已有的研究发现，以往对大学生弱势群体救助的研究主要是从学生教育管理角度入手，救助的工作理念带有强烈的管理色彩，方法途径经验性强，不能满足弱势大学生的要求。学校社会工作视角下的大学生弱势群体救助研究工作理念上讲究以人为本、尊重接纳，工作方法上追求有的放矢、科学规范，更能适应弱势大学生的需要。

（二）研究方法的创新

现有的研究更多的是停留在理论探讨阶段，本研究注意加强实证研究的支撑，运用问卷调查方法了解大学生弱势群体的基本状况，在此基础上，结合典型案例，分别运用学校个案社会工作、学校小组社会工作和学校社区社会工作展开大学生弱势群体救助研究，研究结果更真实、客观、可信。

（三）研究观点的创新

分析评估救助结果，发现学校社会工作的理念和方法非常适合救助大学生弱势群体，三种具体的工作方法各有优劣。有效开展大学生弱势群体救助工作需要在学校社会工作专业价值理念的指导下，将三种方法有机结合起来，这样才能取得理想的效果。

第二章

学校社会工作视域下大学生弱势群体
救助研究的基本概念与理论依据

准确的概念和恰当的理论是课题研究的前提与基础，本章主要对学校社会工作视域下大学生弱势群体救助研究涉及的基本概念和理论依据进行界定和梳理，为课题研究的开展夯实理论基础。

第一节　相关基本概念的内涵

一、社会工作与学校社会工作

（一）社会工作

在我国，许多人对社会工作的理解存在歧义，一般把它作为在正式组织中从事的本职工作以外的社会活动。本研究中所谓的社会工作是指学科意义上的社会工作，它来源于欧美国家，由英文"social work"翻译而来，指的是专门从事社会服务的职业性活动。在有些国家和地区，社会工作也被称为社会服务或社会福利服务。

对于社会工作的具体含义，学界可谓仁者见仁智者见智，学者们对社会工作的界定与其所处的时代和场景密切相关。在社会工作发展的最初阶段，社会工作被定义为个人的慈善事业，是社会上层人士出于人道主义和宗教信仰对贫困或不幸者进行的慈善施舍。随着英国工业革命的到来，工业大生产代替了小农经济。在这场巨大的社会变迁过程中出现了大量的城市贫民，给社会安定带来了极大的威胁，政府被迫介入其中，因此，出现了社会工作的第二种含义，即社会工作是由政府和私人团体举办的各种经济扶助、调查活动，目的是解决因经济困难而导致的各种问题。随着社会政治经济的不断发展，社会工作的服务对象和工作领域不断扩展，出现了社会工作的第三种定义，即社会工作是政府和私人团体举办的一系列专业服务。此种服务既包括对贫困的救助，也包括人际关系、社会适应等各方面的发展；不仅提供物质帮助，更包括精神抚慰、社会支持；工作对象也由贫弱者发展为全体国民。社会工作的最终目标是让所有社会成员都能发挥最大潜能，促进人与环境的"适应性平衡"，获得最美满最有效的生活。

基于上述理解，我们认为社会工作是在一定的社会福利制度框架下，根据专业价值观念、运用专业方法实施的助人服务性的职业活动。社会工作功能主要包括补救功能——帮助服务对象解决人与环境调适过程中出现的问题；预防功能——帮助服务对象认识人与环境调适过程中的潜在问题，预防问题的出现；发展功能——挖掘服务对象潜能，实现服务对象自我提升发展。社会工作广泛分布在社会生活的各个领域，具有跨行业、跨部门、跨所有制和高度分散的特点。任何人都是社会工作的消费者，社会工作在任何社会都不可或缺。

（二）学校社会工作

学校社会工作也是一个外来语，英文是"school social work"，起源于20世纪初美国的访问教师运动。社会工作是以利他主义为指导，以科学的知识为基础，运用科学的方法进行的助人服务活动，提供服务是其重要特征。[①]作为社会工作的重要分支，学校社会工作是在学校教育领域内实施的专业社会工作服务活动。

《中国社会工作大百科全书》认为，"学校社会工作为政府、社会各方面力量或私人经由专业工作者运用社会工作的理论、方法与技术，对正规或非正规教育体系中全体学生，特别是处境困难学生提供的专业服务。其目的在于帮助学生或学校解决所遇到的某些问题，调整学校、家庭及社区之间的关系，发挥学生的潜能和学校、家庭及社区的教育功能，以实现教育目的乃至

---

① 王思斌. 社会工作概论［M］. 北京：高等教育出版社，1999：13.

若干社会目标。"① 此定义从工作者、服务对象、目的、功能等方面阐释了学校社会工作的内涵，比较完整全面，也符合中国大陆的文化和对学校教育的理解，所以，我们认为学校社会工作是社会工作在学校教育领域内的专业服务，它将社会工作的专业理念与方法技术应用于学校教育体系中，为全体学生，特别是处境困难学生提供专业服务，通过与学生及其家长以及社区的互动，协助预防和解决学生问题，促进学生健康成长，构筑学生健康成长的和谐环境，引导学生寻求个别化和生活化的教育，建立社会化人格，使学生更好地适应当前与未来的生活。

学校社会工作秉承社会工作"以人为本，助人自助"的价值理念，将社会工作的基本工作方法运用于学校教育领域中，从微观—中观—宏观不同层面为学生解忧除困，促进学生发展。

二、弱势群体与大学生弱势群体

（一）弱势群体

弱势群体，也叫社会脆弱群体、社会弱者群体，英文为 social vulnerable group。由于研究者的视角不同，对其定义也有多种，尚未统一。大家已经熟知的，有下列几说。

郑抗生等在 1996 年出版的《转型中的中国社会和中国社会的转型》一书中提出："社会弱势群体是指凭借自身力量难以维持一般社会生活标准的困难者群体。"②陈成文在其专著《社会弱者论》中认为，社会弱势群体"是一个在社会资源分配上具有经济利益的贫困性、生活质量的低层次性和承受力的脆弱性的特殊社会群体"③。邓伟志在《让"弱势群体"从弱到强》一文中指出："弱势群体是指创造财富聚敛财富能力较弱，就业竞争能力、基本生活能力较差的人群。"④还有其他说法，大同小异。

从上述各个学者的论述中不难看出，社会弱势群体首先是经济贫困群

---

① 史柏年．社会工作实务（中级）［M］．北京：中国社会出版社，2007：352.
② 郑抗生．转型中的中国社会和中国社会的转型［M］．北京：首都师范大学出版，1996：11.
③ 陈成文．社会弱者论［M］．北京：时事出版社，2000：10.
④ 邓伟志．让"弱势群体"从弱到强［J］．工会理论研究，2003（1）.

体，生活贫困是他们面临的共同困境，贫困与弱势高度重合。其次，弱势群体的社会地位低下，是被社会边缘化的群体。再次，弱势群体的社会资源匮乏，社会支持少，降低了他们的社会竞争力。复次，弱势群体的发展能力差。拮据的经济生活、低下的社会地位、贫乏的社会支持常常使得弱势群体得不到充足的教育，知识储备少，工作能力不强，竞争力弱，也难以开发潜力，单纯依靠自己的力量难以改变弱势地位，需要外力的帮助才能改变生活状况。最后，弱势群体的心理压力大。恶劣的生活状况给弱势群体带来了巨大的精神压力，敏感自卑，缺乏安全感、自信心，心理承受能力差。

因此，结合上述分析，我们认为，弱势群体是指社会上的部分人，由于先天或后天的条件制约，他们生活困顿，社会资源占有贫乏，在社会中处于较低层次，心理压力大，自身发展能力欠缺，迫切需要外力的帮扶救助。

（二）大学生弱势群体

大学生是同龄人中的佼佼者，如果把他们与全社会的众多群体进行比较，大学生并不能称为弱势群体。但是如果我们把目光聚焦在大学校园，就会发现在大学生中存在着一个与上述社会弱势群体非常相似的特殊群体，他们在经济条件、学习、人际交往、求职择业等方面的现实状况明显落后于其他学生，自卑孤独、敏感多疑，心理承受能力差，在竞争中处于劣势，这个特殊群体被称为大学生弱势群体。

大学生弱势群体是一个新兴概念，是伴随着 20 世纪 90 年代以来各项高等教育改革措施的实行而出现的，迄今为止还没有一个统一规范的定义。在前文的文献梳理中我们看到，大学生弱势群体的概念内涵随着人们认识的加深不断地被扩展深化，从最初只有贫困一个层面发展到目前包括了经济贫困、心理不良、学习落后、就业困难等不同层面。曾准在总结他人研究的基础上，把大学生弱势群体定义为，"由于先天或后天原因，在经济状况、社会位置、权益实现、教育资源占有、教育机会获得、竞争能力、自身素质等方面处于相对不利或比较劣势境况"的学生群体[①]。我们认为，此概念比较全面地阐述了大学生弱势群体的内涵特征，本研究对大学生弱势群体的界定

---

① 曾准. 大学生弱势群体的界定、成因及扶助 [J]. 泰山乡镇企业职工大学报，2005（2）.

就以此概念为依据。

准确把握大学生弱势群体的概念内涵，还要把握以下几个特点：

第一，相对性。强与弱是一组相对的概念，大学生弱势群体是相对于大学校园中的强势学生群体或普通学生群体而言的。这种相对性具有明显的时空限制。就时间而言，都限制在大学四年的学业生涯之内；就空间而言，都限制在大学校园之中。超越了这种时空限制，强与弱的对比就失去了意义。

第二，发展性。大学生弱势群体是动态变化的，具有发展性。随着国家政策、社会环境、经济发展状况、个人身心发展等条件的不同，大学生弱势群体的构成也在不断发生变化。现在属于弱势群体的大学生也许在将来由于主客观条件和机遇的改变而脱离弱势群体的范畴，也有部分本来不属于弱势群体的大学生由于各种缘由而跨入弱势群体的范畴。所以，大学生弱势群体这个概念的内涵和构成不是一成不变的，它具有发展性，我们应该用发展的眼光来理解这个概念。

第三，交叉性。这种交叉性主要是指各种弱势之间的内在关联性。大学生弱势群体的"弱"往往从多个方面表现出来，由一种"弱"又生发出其他的"弱"。比如经济困顿的大学生往往容易自卑、封闭、压抑，由经济弱势带来心理弱势；学业不良的学生在求职择业中容易碰壁，由学业弱势引发了就业弱势，等等。各种弱势相互叠加、相互影响，加剧了弱势的程度，所以，对大学生弱势群体的概念把握要注重这种弱势的交叉关联性，多方施策，才能促进弱势大学生健康发展。

三、弱势群体救助与大学生弱势群体救助

（一）弱势群体救助

救助，现代汉语大辞典中解释为"拯救和帮助"，意指帮助那些需要帮助的人获得一定的物质支持或精神解脱。

弱势群体救助，顾名思义就是对弱势群体的拯救与帮助。在中国传统社会，由于整个社会生产力发展水平低下，社会动荡不安，天灾人祸频频发生，存在着大批弱势人群。弱势群体的大量存在是社会系统失衡的表现，它既影响了社会的发展，也对现存的社会秩序构成了潜在的威胁。当弱势人群

达到相当数量、社会不公平达到极限的时候，社会矛盾尖锐化，社会动荡不安，会严重影响统治阶级的地位。所以，从秦汉到满清，各朝代统治者都会关注社会弱势群体，从国家层面设立各种救济机构，采取一定的措施，帮助弱势人群济贫解困，救助领域涵盖养老、慈幼、育婴、恤嫠、助残、仓储以及临灾时的应急救济等各个方面。除了国家救济以外，以宗族、宗教机构等为主要组织的民间社会救助也发挥了较大作用。

近代，天灾不断，战祸频发，弱势人群有增无减，然而，由于国力衰退，国办救助机构作用受限，民间慈善机构作用凸显。

中华人民共和国成立以后到改革开放之前，在计划经济模式之下，社会贫富差距不大，社会弱势群体问题不突出。改革开放以后，社会财富急剧增长，社会结构发生重大变化，出现了贫富不等的若干社会阶层。社会分化的加剧，催生了更多的弱势人群，弱势群体问题凸显。作为对这种社会问题的回应，国家高度重视弱势群体救助工作，确立了社会救助的国家责任，实行最低生活保障制度，大力发展失业、养老、医疗保险事业，不断提高最低工资水平，广泛发动社会力量参与弱势群体救助工作，积极开展精准扶贫，确保 2020 年全部贫困人口如期脱贫。

纵观古今，弱势群体救助重视的都是经济救助，注重物质援助。救助的形式也以"他助"为主，强调给予，即政府或民间慈善组织无偿给予弱势群体物质支持。当前，随着社会救助工作的深入开展，救助的内容和形式都在悄然发生变化。在注重经济救助的同时开始重视精神抚慰，救助的形式也由单纯的给予变为重视弱势群体自身能力的提升，由"输血"变"造血"，由"他助"变"自助"。这些弱势群体救助工作的新变化深化了我们对弱势群体救助概念内涵的理解。

（二）大学生弱势群体救助

根据救助的含义，大学生弱势群体救助就是对大学生弱势群体的拯救与帮助。如前所述，大学生弱势群体是在大学校园中相对于强势学生群体或普通学生群体在资源占有、权益获得、能力发展等方面处境不利的学生群体。他们在经济生活、学习生活、人际交往、情绪情感、求职择业等的某一方面或某几方面面临困境，发展水平明显低于其他学生，而且单纯依靠自己的力量难以走出困境，因此，急需得到关怀和救助。

大学生弱势群体根据其弱势的不同可以分成诸多类型，常见的主要有经济弱势、学业弱势、心理弱势、就业弱势等。大学生弱势群体救助要有的放矢，缺什么补什么，精准施策，对不同的弱势类型采取不同的救助方式。

然而，由于我们对大学生弱势群体内涵的认识是一个逐渐深入变化的过程，大学生弱势群体救助相应地也在不断拓宽救助范围，在经济、心理、学习、就业等方面救助的完善程度是不同的。目前，对大学生弱势群体的经济资助发展最成熟、最完善，已经形成了"奖、贷、助、补、减"较为完整的资助体系。此外，发展较好的就是心理援助，大部分高校已经认识到心理健康的重要性，配备了必要的硬件设施，可以为学生提供基本的心理服务。学业帮扶、就业指导等也正在被高校管理者认识接纳，有些已经付诸实践，但是各个学校的情况差别很大，相当一部分还是停留在口头上、文件中，发展的空间巨大。

大学生的年龄大致在 18 岁到 23 岁之间，世界观人生观还未定型，思想活跃，接受新事物快，发展潜力大。大学生弱势群体具有明显的发展性特点。因此，在救助形式上，在给予必要的经济支持、情感支持的同时，更重要的是想方设法发掘他们自我成长的潜力，培养他们应对困难、摆脱困境的能力，使他们能够早日脱离弱势群体，由弱变强，独立应对人生的风雨磨难。这就是说对大学生弱势群体的救助更注重的是助人自助，要用以人为本的思想，尊重接纳他们，无条件地积极关注他们，既要有补救性的救助，更要有预防性的救助，"授人以鱼"更要"授人以渔"。

第二节　研究的基本理论依据

一、马克思主义关于人的全面发展理论

（一）马克思主义关于人的全面发展理论的基本内容

关于人的全面发展理论是马克思在《德意志意识形态》一书中首次提出

来的，而后又在许多重要著作中做了系统的阐述。所谓人的全面发展，就是人的全面、自由、和谐的发展，是"人以一种全面的方式，也就是说，作为一个完整的人，占有自己的全面的本质"①。具体而言，主要包括个体需要的满足、能力的提升、个性的自由发挥以及社会关系的丰富与完善。

1. 人的需要的充分满足

需要是客观的需求在人头脑中的主观反映。以什么为需要对象与个人的身体状况、思想观念、认识水平、个性特征等密切关联，基本生理需要的满足与否关乎个体的生死存亡。因此，马克思说，人的"需要即他们的本性"②，就是说，人的需要虽然来源于客观外部世界，但却体现着人的内在本性。所以，人的需要的充分满足是人的全面发展的重要内容之一。正当需要的满足是个人不可剥夺的权利，任何对满足正当需要的压制都是对人性的违背，是对人本身的否定。

需要是动机的源泉，动机是行为的内部动因，促使个人去行动、去实践，从而满足人的需要。旧的需要满足以后，在新的实践活动刺激下，人又会产生新的需求，将人的行动推到更加广阔的时间空间中，满足人们更多更大的需求。正如马克思所说："已经得到满足的每一个需要本身、满足需要的活动和已经获得的为满足需要而用的工具又引起新的需要。"③ 就这样在一次次的循环往复中，人的需要得到充分满足，人本身也得到了充分发展。

2. 人的能力的全面发展

能力是在先天遗传素质的基础上，通过后天的教育及环境影响，在与客观世界互动中展示出来的能动的力量，这种能动力量是从事任何实践活动都必须具备的。马克思把人的能力分为体力、智力，自然能力和社会能力多种类型。能力是个人整体素质的重要体现，通过能力的大小、水平的高低可以探视人本身的发展状况。故而，人的能力的全面发展是人的全面发展的重要构成部分，在人的全面发展理论中，人的能力的全面发展是马克思强调最多的一个价值指标。"任何人的职责、使命、任务就是全面地发展自己的一切

---

① 马克思恩格斯全集：第 42 卷 [M]．北京：人民出版社，1979：123．
② 马克思恩格斯全集：第 3 卷 [M]．北京：人民出版社，1960：514．
③ 马克思恩格斯选集：第 1 卷 [M]．北京：人民出版社，1995：79．

能力"①，"每个人都无可争议地有权发展自己的才能"②。各种能力和谐发展、不断完善、不断提高是人的能力全面发展的追求目标。

3. 人的个性的自由发展

个性是指个人在社会实践活动中表现出来的独特的行为方式。这种行为方式体现了个人所特有的心智才能、情感意志、需要动机、兴趣爱好、价值观念、气质性格等身心发展的全部要素，代表了人整个的精神面貌。个性的自由全面发展就是指上述各要素之间的均衡协调的发展，包括个体的兴趣、理想、需求等得到足够的尊重和满足，体力和智力水平得到充分发展，性格和气质不断趋于完善，自身发展和社会需求相得益彰。

马克思高度重视人的个性的自由发展，早在《德意志意识形态》中他就指出，共产主义社会就是要"确立有个性的人"，"个性的自由发展是一切人自由发展的条件"。个性充分自由的发展是人的全面发展的重要内容和根本标志。

4. 人的社会关系的丰富与发展

全面而丰富的社会关系的创立并合理建构是人的发展的重要内容。马克思指出："人的本质并不是单个人所固有的抽象物。在其现实性上，它是一切社会关系的总和。"③ 因为任何个人的成长及其能力的发展都必须在一定的社会环境下进行，完全脱离社会的人的发展是不现实的。只有在一定的社会环境中发展，个人才能顺利成为一定社会的成员，形成一定社会需要的各种品质。马克思说："个人的全面性不是想象的或设想的全面性，而是他的现实关系和观念关系的全面性。"④

社会关系实际上决定着一个人能够发展到什么程度。马克思认为，脑体分工出现以前的原始社会的人的发展是比较全面的，但那并不是人的发展的理想状态。"在发展的早期阶段，单个人显得比较全面，那正是因为他还没有造成自己的丰富的关系。"⑤ 随着人们"共同的社会生产能力成为他们的

---

① 马克思恩格斯全集：第3卷 [M]．北京：人民出版社，1960：330.
② 马克思恩格斯全集：第2卷 [M]．北京：人民出版社，1960：614.
③ 马克思恩格斯全集：第1卷 [M]．北京：人民出版社，1995：82.
④ 马克思恩格斯全集：第46卷 [M]．北京：人民出版社，1972：36.
⑤ 马克思恩格斯全集：第46卷 [M]．北京：人民出版社，1979：109.

社会财富"，人们终将扬弃社会关系中的异化状态，由此"人终于成为自己的社会结合的主人，从而也就成为自然界的主人，成为自己本身的主人，成为自由的人"①。

（二）马克思主义关于人的全面发展理论对大学生弱势群体救助的指导意义

人的全面发展是社会发展的根本问题，也是大学生弱势群体救助的根本目的和价值取向，对人的全面发展的认识，是做好大学生弱势群体救助工作的前提和基础。

大学生弱势群体是在某一方面或某几方面发展落后于其他学生群体的人，是一群没有得到全面发展的人。弱势的存在说明他们的需要没有得到满足，也说明他们在相应领域能力发展欠缺。弱势大学生自卑、焦虑、悲观等不良情绪的存在严重影响他们个性的健康发展，孤独、怯懦、封闭的性格特点大大压缩了他们社会交往的广度和深度，加剧了他们社会关系的弱化和社会资源的匮乏。他们距离成为自由全面发展的人还有很远的路程。

大学生弱势群体救助要以马克思主义关于人的全面发展理论为指导，深入了解弱势大学生的具体情况，剖析他们的个性结构、能力水平和社会资源占有状况，进行需求评估，帮助他们厘清自己究竟弱在哪里、缺少什么，哪里弱，哪里的需要没有得到满足，哪里就有救助之需，就是救助的出发点和着力点。然后，运用专业技术和方法，有针对性地满足他们不同的需求，弥补发展短板，促进他们全面健康地成长。

二、人本主义心理学理论

（一）人本主义心理学理论的基本内容

人本主义理论是美国当代心理学主要流派之一，于 20 世纪五六十年代在美国兴起，七八十年代迅速发展。主要代表人物是 A. H 马斯洛和 C. R 罗杰斯。人本主义心理学受人本主义哲学思想影响，反对将人的心理低俗化和

---

① 　马克思恩格斯全集：第 3 卷［M］．北京：人民出版社，1972：443.

动物化的倾向，强调人的尊严、价值，强调人的创造力和自我实现，是继精神分析和行为主义之后对心理学产生重大影响的理论流派，被称为心理学的第三大势力。

1. 马斯洛的需要层次说

马斯洛否认弗洛伊德的本能论，将需要看成推动个体发展的根本动力。1943年，在《动机与人格》中马斯洛系统阐述了他的需要层次理论。马斯洛认为，人的需要是有层次的，他提出个体有五种不同的需要，按照从低级到高级的顺序分别是生理需要、安全需要、归属和爱的需要、尊重的需要、自我实现的需要。①

生理需要是指人对食物、水分、空气、睡眠和性的需要。

安全需要主要表现为人们要求稳定、安全、受到保护、有秩序、能免除恐惧和焦虑等。

归属和爱的需要是指一个人要求与他人建立感情联系和关系的需要。

尊重的需要包括自尊和受到别人的尊重。

自我实现的需要是指人们追求自己的能力和潜能的发挥与完善的需要。

上述五种需要按照从低到高的顺序逐级出现，低一级的需要没有满足时，就不会产生高一级的需求；生理需要作为最低层次，是个体的最基本需求，人人得以实现，自我实现的需要是最高层次的需要，只有少数成年人才能实现，五种需要构成了一个底大顶尖的金字塔；由于各人的需求状况不同，这五种需要在个体内所形成的优势动机也不相同。

2. 罗杰斯的来访者中心疗法

罗杰斯强调调动来访者的主观能动性，发掘其潜能，不主张给予疾病诊断，治疗则更多的是采取倾听、接纳与理解，即以来访者为中心或围绕来访者的心理治疗。治疗本身就是指导被治者认识和了解自我、发挥潜能。

罗杰斯的这种思想建立在他对人性的认识上。第一，人有自我实现的倾向。罗杰斯认为，人天生就有一种基本的动机性的驱动力，他称之为"实现倾向"。第二，人是可以信任的。每个人都是有价值的，是可以信任的，是可以改变的。第三，人拥有机体的评价过程。个体在其成长过程中，不断与

---

① 王瑞鸿. 人类行为与社会环境：第二版［M］. 上海：华东理工大学出版社，2007：39.

现实发生着互动，不断地对互动中的经验进行评价，这种评价不依赖于某种外部的标准，也不借助于人们在意识水平上的理性，而是根据自身机体上产生的满足感来评价，并由此产生对这种经验及其相联系的事件的趋近或是回避的态度。个体自身的满足感是与自我实现倾向相一致的。有机体的评价过程把个体的经验与自我实现有机地协调配合，使人不断迈向自我实现。

罗杰斯认为个体心理冲突的根源在于"现实自我"与"理想自我"的矛盾。现实自我是个人看待自己的结果，理想自我是个人自认为"应当是"或"必须是"的自我。刚出生的婴儿并没有自我的概念，随着他（她）与他人、环境的相互作用，开始慢慢地把自己与非自己区分开来。当最初的自我概念形成之后，人的自我实现趋向开始激活，在自我实现这一股动力的驱动下，儿童在环境中进行各种尝试活动并产生出大量的经验。通过机体自动的估价过程，有些经验会使他感到满足、愉快，有些则相反，满足、愉快的经验会使儿童寻求保持、再现，不满足、不愉快的经验会使儿童尽力回避。

在这些愉快的体验中，有一些是来自成人（父母）的关怀和肯定，但要得到关怀和肯定是有条件的，只有符合成人价值观念的才能得到肯定，不符合的则被斥责。这种附带条件被罗杰斯称为价值条件。儿童不断通过自己的行为体验到这些价值条件，会不自觉地将这些本属于父母或他人的价值观念内化，渐渐地儿童被迫放弃按自身机体估价过程去评价经验，变成用内化了的社会的价值规范去评价经验，此时产生的评价结果实际上是与成人要求相一致的自我（理想自我），而非儿童真实的自我（现实自我），如果两种自我渐行渐远，自我的不协调状态就会出现。这种状态随着进入青春期后个体自我意识的觉醒而变得更加明显。自我冲突就是由于外界环境不良，如不被接纳，或一味地迎合他人的需要忽视自己的感受而导致的理想自我与现实自我的冲突。个体不能化解自我冲突就会出现心理适应障碍，从而陷入困惑，产生憎恨、恼怒、焦虑、失望、悲痛等不健康心理。

因此，人本主义的实质就是让人领悟自己的本性，不再倚重外来的价值观念，让人重新信赖，依靠机体估价过程来处理经验，消除外界环境通过内化而强加给他的价值观，让人可以自由表达自己的思想和感情，由自己的意志来决定自己的行为，掌握自己的命运，修复被破坏的自我实现潜力，促进个性的健康发展。心理治疗的关键是治疗者对来访者的尊重和信任，以及建立一种有助于来访者发挥个人潜能，促其自我改变的合作关系。来访者处于被接纳的氛围中，充分展现自我，调节自我冲突，利用个体固有的自我成长的能力，达到自我完善。建立这种合作关系要把握三个要点：第一，真诚相待；第二，无条件地积极关注；第三，准确的共情。也就是无条件地关怀、尊重和接纳，设身处地理解他们，相信他们有能力、有发展潜质。

（二）人本主义理论对大学生弱势群体救助的指导意义

马斯洛需要层次说告诉我们，对大学生弱势群体的救助必须建立在充分了解大学生弱势群体的实际需要基础之上，始终能够从需要的观点出发，看到一个个活生生的、有需要的个体，并对这些需要给予准确的了解，把握每个弱势大学生具体的需要层次，那么，工作者就能够针对弱势大学生的不同需要开展各种救助活动，激发和鼓励弱势大学生学习用积极和恰当的方式去满足需要，由此高层次的需要不断出现，逐步达到自我实现，最终达成个人需要的充分满足，增进弱势大学生的改变和成长。

罗杰斯的来访者中心疗法十分重视建立平等和谐的咨访关系，强调充分信任人的自由、价值、个性、潜能，这些思想已经成为心理咨询的通用观念，也是大学生弱势群体救助必须遵循的基本理念。作为身心发展逊于一般大学生的群体，弱势大学生常常自卑、怯懦、自我认知不良，同时又敏感多疑，担心别人瞧不起，封闭自我、孤独脆弱。大学生弱势群体救助必须把握这些特点，无条件地尊重接纳，用共情打破他们的心理樊笼，只有这样，各种救助措施才可能真正发挥作用，才能真正激发弱势大学生的成长潜力，促使他们迈向自我实现，成为全面发展的人。

以人为本，助人自助，尊重，接纳，共情，无条件地积极关注是大学生弱势群体救助贯串始终的核心理念，是实践工作的重要指导思想。

三、增能理论

（一）增能理论的基本内容

"增能"一词由英文"Empowerment"翻译而来，又可译作"充权"或"赋权"，意思是让人有更大、更多的责任感，有能力去做自己应该做的事。"增能"一词的使用可以追溯到 20 世纪 70 年代，当时美国哥伦比亚大学学者 Solomon 提出对被歧视的美国非洲裔黑人增能的工作，从而把增能注入了社会工作的议程。20 世纪 90 年代以来，增能已成为社会工作领域提倡的重要价值观念和工作模式之一。

增能是个人在与他人及环境的积极互动过程中，获得更大的对生活空间的掌控能力和自信心，以及促进环境资源和机会的运用，以进一步帮助个人获得更多能力的过程。这里的"能力"是指个人或群体拥有的能力，是对外界的控制力和影响力，强调的是人们对他人、组织或社会的拥有、控制和影响。除此之外，这种能力还表现为人们的一种主观感觉，即权力感。正是这种权力感可以增进人们的自我概念、自尊感、福祉感及重要感。因此，增能应该主要指从人本身的能动性出发，唤醒其权力观念，增加其权力和能力，从而达到改善其状况的目的的过程。

增能观点的基本假设有以下几点：

第一，个人的无力感是由于环境的排挤和压迫而产生的。社会中的弱势群体之所以会处于弱势地位，并非他们自身有缺陷，而是由于他们长期缺乏参与机会所导致。造成无力感的根源有三个：一是受压迫群体的自我负面评价，二是受压迫群体与外在环境互动过程中形成的负面经验，三是宏观环境的障碍使他们难以有效地在社会中行动。

第二，社会环境中存在着直接和间接的障碍，使人无法发挥自己的能力，但是这种障碍是可以改变的。

第三，每个人都不缺少能力，个人的能力是可以通过社会互动不断增加的。

第四，服务对象是有能力、有价值的。社会工作者的作用在于通过相应的活动帮助服务对象去除环境的压制和他们的无力感，使他们获得能力，并能正常发挥他们的社会功能。

第五，社会工作者与服务对象的关系是一种合作性的伙伴关系。

增能可以在三个层次上实施：一是个人层次，聚焦于个人的权力感和自我效能感，使个人感觉到有能力去影响或解决问题；二是人际层次，个人通过与他人合作解决问题并获得经验，强调使个人可以有更多能够影响他人的能力和技术；三是环境层次，指能够改变那些不利于实现自助的制度和规则。

（二）增能理论对大学生弱势群体救助的指导意义

在大学校园里，大学生弱势群体处于学生群体的底层和边缘，地位低下，资源匮乏，能力薄弱，竞争力差，缺乏主张自我利益的能力，缺乏对外界的控制力和影响力。能力的不足弱化了权力感，他们自我认知水平低，自我效能感差，缺乏自信，封闭退缩。

高等教育的稀缺性特点致使大学校园中的竞争异常激烈。在与环境互动过程中，弱势大学生经常四处碰壁，负面体验突出。不利的处境强化了他们的无力感，他们倾向于负面自我评价，更加难以有效地适应环境，发挥应有的社会功能。

基于此，大学生弱势群体迫切需要帮扶救助，增加权能。依据增能理论，可以从三个层面为弱势大学生赋权增能。第一，针对弱势大学生个体层面开展工作，强化自尊、自强、自信等增能元素的供给，同时根据每个弱势大学生不同的薄弱点，提供经济援助、情感抚慰等相应的增能措施。第二，在人际关系层面，引导弱势大学生走出自我，彼此之间交往互动，与其他非弱势大学生交往互动。在互动中重新认识自己，提升自我形象，改变对自身的负面评价。第三，在环境建设方面，完善制度供给，整合社会资源，优化校园文化环境，去除不良环境造成的紧张感和压迫感，为大学生弱势群体赋权增能营造有利的环境氛围。

在实施增能的过程中，社会工作者切忌把自己当成"救世主"，要与弱势大学生建立平等、信任、尊重、合作式的工作关系，用积极肯定的眼光看待他们，相信他们的能力和价值，帮助他们去除无力感，获得能力，由弱变强。

四、生态系统理论

（一）生态系统理论的基本内容

生态系统理论（Ecological Systems Theory），有时也被称作背景发展理论或者人际生态理论，由尤里·布朗芬布伦纳（Urie Bronfenbrenner）1979 年在《人类发展生态学》一书中首次提出。布朗芬布伦纳认为，个体并非是孤立的社会存在，而是处于一定的自然环境和社会环境中，与周围环境发生着千丝万缕的联系，通过与环境的相互依赖、相互作用，个体得以生存和发展，环境对于个体身体和心理的发展有着重要的影响。在布朗芬布伦纳看来，环境是"一组嵌套结构，每一个嵌套在下一个中，就像一套俄罗斯的嵌套娃娃一样"。在他看来，个体与其所处的环境的相互适应过程受各种环境之间的相互关系，以及这些环境赖以存在的更大环境的影响。这一观点主要包括三个方面的内容：第一，在环境中发展的个体不是由所处环境所任意塑造的"机械木偶"，而是一个不断发展变化并时时会对环境产生影响的动态生命；第二，人与环境之间的相互作用是交互的、双向的；第三，个体发展所处的环境不仅包括即时的环境，还包括各种环境之间的相互联系，以及这些环境所根植的更大的环境。

根据与个体发生作用的远近，布朗芬布伦纳把个体与周围环境之间相互联系而形成的系统划分为四种系统：微观系统、中间系统、外层系统和宏观系统。

微观系统：微观系统处在环境系统中的最里层，是指与个体活动关联度最大的环境因素。家庭、学校、邻里、同伴等都属于微观系统，对于学生而言，学校是除家庭之外对他们影响最大的微观系统。

中间系统：中间系统在微观系统之外，是环境系统中的第二层次，指的是各个微观系统之间的相互联系、相互关系。布朗芬布伦纳认为，各个微观系统之间的关系越紧密，互动越强，对个体的影响越好，越能促进个体发展。

外层系统：外层系统处在环境系统中的第三个层次，指的是那些个体并未与之发生直接联系但对个体成长产生影响的环境因素。比如，对于学生而言，家长的工作环境就属于外层系统，外层系统虽然没有与学生的生活直接相关，但是在其发展过程中，父母的工作环境可能会影响父母对孩子的物质支持、情感态度、发展方向指导等。

宏观系统：宏观系统是指社会的大环境、社会文化等，这些影响因素存在于上述三个系统中，间接影响个体的成长与发展。

（二）生态系统理论对大学生弱势群体救助的指导意义

生态系统理论简言之是用以考察人类行为与社会环境的交互关系的理

论。在生态系统理论的观点中，人被看成在环境中和各种系统持续互动的人，在环境中，人们受到各种不同社会系统的影响，持续和具有活力地与其他系统相互作用。

生态系统理论的这些观点对于我们进行大学生弱势群体救助工作具有积极的指导意义。

首先，要从生态系统理论视角去认识、分析大学生弱势群体。弱势大学生不是孤立存在的社会个体，他们也身处微观系统、中间系统、外层系统和宏观系统构成的环境系统中，与各种系统发生着持续的互动，同时也深受各种系统的影响。大学生弱势群体的心理特征、行为表现等都是与家庭、学校、同学、社区等各种社会系统持续互动的结果。大学生弱势群体的弱势反映了大学生与周围环境的互动不良。同时，也应该认识到，弱势大学生与周围环境的关系是动态变化的，既可能互动不好造成弱势，也可能通过改善彼此的关系，相互适应，去除弱势。

其次，要用生态系统理论指导大学生弱势群体救助实践工作。既然环境障碍是造成大学生弱势群体问题的重要因素，那么，对大学生弱势群体的救助就不能仅着眼于个人，要把他们置于系统之中，将他们与其生活的环境作为一个整体看待，从相关系统入手，通过改变系统来实现弱势大学生需要的满足。

所以，进行大学生弱势群体救助要以生态系统理论为指导，考虑到人与环境互动、互惠、互调的关系，把大学生弱势群体的问题放在环境中去理解、去判断，从家庭、同伴、学校、社区等外界环境中争取资源，汲取力量，这一点恰恰是社会工作的优势所在。生态系统理论是大学生弱势群体救助的重要理论依据。

第三章

大学生弱势群体的存在状况

开展大学生弱势群体救助必须以客观事实为依据，只有了解把握该群体真实的存在状况，精准发力，才能取得理想的救助效果。然而，作为一个新兴概念，人们对大学生弱势群体的认识比较模糊，学界的研究也相对粗浅，理论阐述多、实证研究少，研究结果差异大、不成体系，这直接影响了救助工作的实施。因此，我们运用问卷调查法对大学生弱势群体的现状进行实地研究。通过分析整理调查数据，了解大学生弱势群体的存在状况，为后续的救助研究提供事实依据。

第一节　大学生弱势群体存在状况调查的准备与实施

一、研究对象

本次调查运用自编调查工具《大学生弱势群体现状调查问卷》，在山东大学、中国海洋大学、山东理工大学、滨州学院、淄博职业学院五所不同层次高校随机选取了 1500 名大学生作为调查对象，发放问卷 1500 份，回收 1403 份，回收率 93.5%。1403 名被试中自认为是弱势群体的有 510 人，占比 36.4%，其中女生 242 人，占比 47.5%，男生 268 人，占比 52.5%。

二、研究方法

调查采用分层随机取样方法。抽样层次涵盖了大一至大四四个年级，文、理、工、艺体四类专业，同时兼顾性别、生源地、家庭等维度，学校层次上分为重点本科高校、普通本科高校、专科学校三种类别，同时兼顾不同的经济发展水平状况，如，山东大学在济南，中国海洋大学在青岛，均属于经济发达地区；滨州学院地处鲁西北，经济相对落后。确定好层次后，分别在五个大学进行随机抽样调查。问卷回收后使用 SPSS17.0 进行数据统计分析。

第二节　大学生弱势群体的基本生存状况

一、大学生弱势群体的比例和类型

鉴于目前没有大学生弱势群体的鉴别标准，我们根据惯例运用自陈报告的形式进行了大学生弱势群体与非弱势群体的划分，表 3－1 显示，36.4% 的大学生认为自己是学生中的弱势群体，此结果与以往的研究基本相符。①

表 3－1　大生弱势群体的比例和类型　　　　　　单位：%

大学生弱势群体		大学生非弱势群体	未选择	合计
36.4		57.5	6.1	100.0
经济弱势	25.5			
学业弱势	24.2			
心理弱势	23.7			
就业弱势	23.9			
其他	2.7			
合计	100.0			

注：$N_{总}$ = 1403　　$N_{弱}$ = 510

梳理文献发现，人们对大学生弱势群体的类型划分有不同的观点，经济弱势、学业弱势、心理弱势和就业弱势是几种比较认可的类型。但也有人提出大学生弱势群体还存在着身体弱势（身体残疾或有严重疾病）②、行为弱

---

① 赵雄辉. 大学生弱势群体特征的调查研究 ［J］. 高等教育研究，2006（2）.
② 李铮. 高校大学生弱势群体问题研究 ［D］. 济南：山东大学，2011.

势（存在问题行为）①、思想弱势（世界观、价值观不正确）② 等类型，我们认为，问题行为与世界观、价值观的不正确属于心理问题，应该归于心理弱势，身有残疾在大学生群体中的比例极小，因此，在设计问卷时列出了四个选项，即从经济、学业、心理、就业方面让被试选择自己与别人相比所处的弱势。为兜底还设计了"其他"选项。调查结果显示，经济、学业、心理、就业四个选项选择比例分别是25.5%、24.2%、23.7%和23.9%，非常接近，几乎都占了1/4，选择"其他"的仅占2.7%，这些数据说明大学生弱势群体的类型基本上可以分为经济弱势、学业弱势、心理弱势和就业弱势四种类型。

二、基于人口学变量的大学生弱势群体的基本状况

为了减少抽样误差，我们通过大学生弱势群体与非弱势群体的差异比较来考察大学生弱势群体的一般状况。从表3-2可以看出，大学生弱势群体没有性别差异，大部分来自农村，家庭类型、年级、学历层次、担任学生干部等方面与非弱势群体没有显著差异，大学生弱势群体中的艺术生明显多于非弱势群体，参与社团活动明显低于非弱势群体。具体分析如下：

表3-2 大学生弱势群体的一般状况及与非弱势群体差异比较表　单位:%

		大学生弱势群体 ($N_弱$ =510)	非弱势群体 ($N_非$ =893)	Z
性别	男	52.5	47.8	1.69
	女	47.5	52.2	-1.69
生源	农村	64.6	54.3	3.76**
	小城市	31.3	38.2	-2.59**
	大城市	4.1	7.5	-2.53**

---

① 杜军. 高校学生弱势群体的分析与对策［D］. 武汉：华中师范大学，2007.
② 曾准. 大学生弱势群体的界定、成因及扶助［J］. 泰山乡镇企业职工大学报，2005（2）.

续表

		大学生弱势群体 （N弱 = 510）	非弱势群体 （N非 = 893）	Z
家庭	正常	88.8	90.8	-1.21
	单亲	9.4	8.3	0.70
	孤儿	1.9	0.9	1.61
年级	大一	31.4	29.1	0.90
	大二	33.3	32.3	0.38
	大三	24.7	27.6	-1.18
	大四	10.6	11	-0.23
学历	本科	75.1	71.8	1.34
	专科	24.9	28.4	-1.34
专业	理科	28.4	30.8	-0.94
	工科	34.2	33.4	0.30
	文科	24.8	29.5	-1.89
	艺体	12.6	6.2	4.13**
干部	是	39.2	44.1	-1.79
	否	60.8	55.9	1.78
社团	是	64.5	73.1	-3.38**
	否	35.5	26.9	3.38**

注：* ——P < 0.05，* * ——P < 0.01。

（一）女生不是弱势群体

在大学生弱势群体中，男女生的比例为52.5%和47.5%，比较接近。女生在大学生弱势群体中占47.5%，在非弱势群体中占52.2%，经过比例的差异显著性检验得知，Z = -1.69，P > 0.05，二者差异不显著，说明，在大学生弱势群体与非弱势群体的划分上不存在性别差异，即在大学生中女性不是弱者。社会心理学研究表明，男女两性在认知、情感、行为等方面存在差异，有各自不同的优势领域，如，男性的运动能力、空间能力、推理能力优于女性，女性的想象力、语言能力、机械记忆、知觉速度、敏感性等优于男性，总体上智力没有性别差异。所以，进入大学后，在学习上女生并不逊于男生。在情感互动、人际交往等心理活动上，女生虽有敏感、易冲动的弱点但也可以用亲和力强、口头表达能力强等优势来抵消。就业方面，虽然社会上的确存在歧视女性现象，但也未必如传言那般恐怖。随着生产力的不断进步，越来越多的职位要求求职者智能高而非体力强，对性别的要求越来越淡化，女性漂亮的外表常成为就业的有利条件，有些行业对女性青睐有加，女性比男性更珍惜就业机会也有利于女性就业。综合而言，大学生弱势群体没有性别差异就是很自然的事了。

（二）大学生弱势群体大部分来自农村家庭

比较大学生弱势群体的生源地发现，来自农村的占到了64.6%。为排除抽样误差，又进一步比较了大学生弱势群体与非弱势群体中农村学生的百分比，发现 $Z = 3.76$，$P < 0.01$，二者差异极显著，即弱势群体中的农村大学生远多于非弱势群体中的农村大学生，也就是说，大学生弱势群体大部分来自农村家庭。我国巨大的城乡差别导致了来自农村的大学生在经济条件、知识广度等方面与城市大学生有较大差距，容易影响他们产生消极的自我认知、自我体验，家庭较低的社会经济地位又加剧了就业的难度。因此，相比于城市大学生，来自农村的大学生更易感受到经济、心理、就业等方面的差距，这导致大学生弱势群体中的农村学生比例显著偏高。

（三）艺体类学生在大学生弱势群体中的比例远大于在非弱势群体的比例

本研究中艺体类包括音乐、美术和体育三个专业。这类学生虽然在全样本中所占比例不是很大（11.3%），但是在大学生弱势群体和非弱势群体中的比例却有显著差异，在大学生弱势群体中占12.6%，在非弱势群体中占6.2%，差异性检验得知 $Z = 4.13$，$P < 0.01$，二者差异极显著，即艺体生在弱势群体中的比例远大于在非弱势群体中的比例。这种结果与人们的一般观念差异较大。在人们的印象中，搞艺体的人能歌善舞、精力旺盛、活泼开朗，似乎与忧愁不沾边。实际上，他们也承受着较大的生活压力，最突出的就是就业压力。在前几年高校扩招中，由于利益驱使，艺体类专业扩张迅速，大量毕业生涌入社会，供大于求。同时，招生规模迅速扩大导致教学条件相对滞后，生源质量也有所下降，专业素养不高的毕业生被用人单位拒之

门外，进一步加剧了艺体类学生的就业难度。

另外，艺体类学生的学习压力也很大。现行教育体制下，大部分的艺体生文化课水平较差。进入大学以后，要开设政治、外语等多门公共必修课，要学习专业理论，较差的文化基础增加了理论学习的难度。由于就业难，他们很多人选修了第二学位，如会计、法学等热门专业，较差的文化基础又成了阻碍他们学习的因素。办学规模的迅速扩大导致了生源质量的降低，较差的专业基础使得部分学生在专业课的学习上倍感吃力。而且，音体美专业收费标准较普通专业高，某种程度上加大了贫困家庭的负担。总之，就业难、学习压力大、学费高三个因素叠加的确让部分艺体类学生踏入了弱势群体行列，需要引起教育工作者的高度关注。

（四）大学生弱势群体在参加社团活动方面比较积极，但参与度明显低于非弱势群体

调查数据显示，大学生弱势群体参加社团活动的比例是 64.5%，超过半数的弱势学生积极参与集体活动，这是一个很好的现象，是他们改变弱势的有利条件。

但是，数据还显示非弱势群体的参与比例是 73.1%，差异检验发现 $Z = 3.38$，$P < 0.01$，二者差异极显著，说明在参加社团活动方面，弱势大学生明显低于非弱势大学生。我们认为这与大学生弱势群体的心态有直接关系。心理是对现实的反映，各方面的弱势必然会引起弱势大学生的心理反应，引发消极的情绪体验，其中自卑、不自信、自我认知差是他们突出的表现（这一点在本次调查中也得到验证，详见下文对大学生弱势群体心理问题的分析）。在这种心态作用下，他们比非弱势大学生较少的参与社团活动就是自然的事了。

三、大学生弱势群体的经济状况

从表 3-3 可以看出，大学生弱势群体的经济状况明显比非弱势群体差。月生活费 1200 元以上的大学生弱势群体占 15.6%，非弱势群体占 29.5%，$X^2 = 33.95$，$P < 0.01$，差异极其显著；而月生活费 800 元以下的大学生弱势群体占 36.3%，非弱势群体占 18.2%，$X^2 = 55.07$，$P < 0.01$，差异也极其显著。说明大学生弱势群体的经济状况整体不良。具体到各类不同的弱势群体

上，在800元以下档次上，四种弱势群体之间差异显著（$X^2 = 10.84$，$P < 0.01$）。进一步运用杜养志法进行两两比较，查询调整 X^2 检验界值表①得知，经济弱势与学业弱势差异极显著（$X^2 = 6.81$，$P < 0.01$），经济弱势与心理弱势差异显著（$X^2 = 8.59$，$P < 0.05$），其他类型两两比较差异不显著，这种结果表明在月生活费低于800元的档次上，经济弱势的大学生明显偏多。综合说明，大学生弱势群体的经济状况不好，而经济弱势学生的经济条件又更差。

表3-3 不同大学生平均月生活费比例表　　单位:%

	1200 元以上	1200～800 元	800 元以下
大学生弱势群体	15.6	48.1	36.3
大学生非弱势群体	29.5	52.2	18.2
X^2	33.95**	2.16	55.07**
经济弱势	11.1	41.9	46
学业弱势	15.9	52.8	31.3
心理弱势	19.7	51.4	28.9
就业弱势	15.5	46.9	37.6
X^2	4.27	3.92	10.84**

注：** —— $P < 0.01$。

　　资本是能为人类创造物质和精神财富的各种社会经济资源的总称。法国著名社会学家布迪厄（P. Bourdieu）将资本划分为经济资本、社会资本和文化资本三种形式。经济资本又称物质资本，指的是财产、土地、收入等物质资料，是个体所拥有的物质和金钱的体现。② 生活费、学费是大学生所拥有的经济资本的主要形式。根据我们的文化传统，大学生上学所需费用基本上来源于家庭的支持，家庭的经济条件一定程度上决定了大学生经济资本的拥有量。本次调查显示，64.7%的大学生弱势群体来自农村，明显多于非弱势

①　刘勘. 多个样本率差异比较的统计检验方法之二［J］. 临床荟萃, 1997（12）.
②　冯婧琨. 对布迪厄社会学理论中"资本"概念的解读［J］. 内蒙古农业大学学报（社会科学版）, 2009（6）.

群体（$X^2 = 14.41$，$P < 0.01$）。巨大的城乡差异导致了农村大学生的经济条件与城市大学生有较大差距，所以出现了大学生弱势群体的经济状况明显差于非弱势群体的结果。而其中的经济弱势群体则是经济条件更差的学生群体，他们的家庭提供的经济支持难以维系基本的生活开支，因此不得不想尽办法开源节流，比如外出打工，比如不与同学发生经济往来，等等。窘迫的经济状况给他们的人际交往、学习、心理健康等各方面带来了不利的影响。

四、大学生弱势群体的学习问题

表3-4数据显示，大学生弱势群体感到学习负担大的占20.6%，非弱势群体占11.6%，卡方检验得知 $X^2 = 19.97$，$P < 0.01$，二者差异极显著。这说明在学习上大学生弱势群体感到负担非常大，明显多于非弱势大学生。

表3-4　不同大学生学习负担差异表　　单位:%

	大	较大	一般	小
大学生弱势群体	20.6	30.6	46.3	2.4
大学生非弱势群体	11.6	34.6	51.2	2.5
X^2	19.97**	2.24	2.96	0.04

注：**——$P < 0.01$。

表3-5是被试对自己在哪方面存在学习弱势的回答结果。数据显示，不论是弱势大学生还是非弱势大学生都把学习兴趣作为第一选择，比例数均超过了30%，由此可见缺乏学习兴趣是阻碍大学生学习的第一因素。除了学习兴趣，在大学生弱势群体中学习能力是第二选择，比例数是24.3%，即近四分之一的弱势大学生认为学习能力差是学习上的弱势，明显高于后面几个选项。把选择学习兴趣和选择学习能力的比例数相加，达到56.3%，即超过一半的弱势大学生认为学习上的弱势主要体现在没有学习兴趣和学习能力差上。相应地，非弱势群体选择学习能力的占13.4%，卡方检验 $X^2 = 26.15$，$P < 0.01$，差异极显著，说明大学生弱势群体比非弱势群体在学习能力上更显弱势。另外，39.8%的学业弱势大学生认为学习兴趣是他们学习上的最大弱势，其他弱势大学生选择学习兴趣的比例是30.4%，$X^2 = 5.07$，$P < 0.05$，说明学业弱势大学生与其他弱势大学生相比，在学习兴趣上差异显著。

表 3 - 5 不同大学生学习弱势差异表　　　　单位:%

	学习能力	学习兴趣	天资	学习方法	学习基础	其他	无
大学生弱势群体	24.3	32.0	12.9	12.7	9.0	4.9	1.8
大学生非弱势群体	13.4	38.6	11.0	15.1	6.7	9.0	4.4
X^2	25.16**	5.91*	1.18	1.42	2.57	7.49**	6.47*
学业弱势	25.6	39.8	11.4	13.6	7.4	2.3	0
其他弱势	26.1	30.4	13.3	12.9	8.8	6.0	1.9
X^2	0.03	5.07*	0.49	0.04	0.37	3.87*	3.37

注: * —— P<0.05, * * —— P<0.01。
其他弱势是指经济弱势、心理弱势、就业弱势三者平均数。

总之,在学习方面,大学生弱势群体比非弱势群体更多地感受到了学习的压力,他们认为学习的弱势主要是学习兴趣差和学习能力低,学业弱势大学生与其他弱势学生相比在缺少学习兴趣方面又十分突出。

大学生弱势群体学习压力大与他们薄弱的经济资本密切相关。打工占用了学习时间导致学业成绩不良,进而影响学习兴趣,学习兴趣的降低又使他们更加远离书本、远离课堂,导致了学习能力下降,学习能力一旦下降,学习压力陡然提升,再加上学习兴趣的丧失,恶性循环最终陷入了学业弱势的泥潭。

此外,大学生弱势群体社会资本的匮乏也是导致学习困难、丧失学习兴趣的重要原因。社会资本是蕴含于人际关系网络中的无形资源,是指个体或团体之间的关联、互惠性规范和由此产生的信任。布迪厄认为这种存在于关系网络中的无形资产从集体性拥有资产的角度为每个成员提供支持,提供为他们赢得声望的凭证。① 大学生弱势群体或因经济条件窘迫无力与同学礼尚往来而不参与同学聚会,或忙于打工赚取生活费而无暇与同学交往娱乐,或因个性内向羞涩而远离同学老师……人际疏离造成了他们缺乏相应的人际关

① 吴军. 国外社会资本理论:历史脉络与前沿动态 [J]. 学术界,2012 (8).

系网络，很难从中获得帮助与支持。当他们遇到学习困难时不能把老师同学这些社会资源化为自己的社会资本，得不到帮助自己又无力解决，自然感到学习压力大、负担重，对学习产生厌倦之情，失去学习兴趣。学习弱势者体会更深，所以与其他弱势群体相比学习兴趣更低。

五、大学生弱势群体的心理问题

在问卷中我们设计了一个问题，即"你认为在心理上有哪些不足?"列出的选项有人际交往能力、自我认知、自信心、心理承受能力、焦虑抑郁等不良情绪、其他、无七个方面，调查结果如表3－6所列。大学生弱势群体认为自己心理的不足主要表现在人际交往能力、自我认知和自信心上，分别占33.9%、24.2%、21.4%，明显高于心理承受能力（7.9%）和不良情绪（7.5%）。非弱势群体的心理不足排在前三位的也是人际交往能力、自我认知和自信心，但是比较大学生弱势群体与非弱势群体发现，在自我认知上，二者差异极显著（$X^2 = 18.13$，$P < 0.01$），说明大学生弱势群体的自我认知水平远低于非弱势群体。

表3－6　不同大学生心理弱势差异表　　　　单位:%

	人际交往能力	自我认知	自信	心理承受能力	不良情绪	其他	无
大学生弱势群体	33.9	24.2	21.4	7.9	7.5	1.6	3.4
大学生非弱势群体	32.2	14.8	20.2	7.0	12.9	2.8	10
X^2	0.40	18.13**	0.25	0.31	8.82**	1.99	19.09**
心理弱势	37.0	24.3	19.7	9.8	8.7	0.6	0
经济弱势	51.6	11.3	21.5	7.0	3.8	1.6	2.2
学业弱势	35.8	27.8	19.9	8.0	6.6	0.6	1.1
就业弱势	44.8	15.5	22.4	6.3	7.5	1.7	1.7
X^2	12.09**	19.97**	0.55	1.70	3.84	1.91	6.37

注：*——$P < 0.05$，**——$P < 0.01$。

进行大学生弱势群体之间的比较，发现在人际交往能力和自我认知方面四类群体差异极显著，X^2值分别是 12.09 和 19.97，P 值均小于 0.01；其他选项差异不明显。在人际交往能力和自我认知两个维度上进行样本间的两两比较，并通过查询调整 X^2 界值表进行差异检验，结果发现，在人际交往能力上，经济弱势与心理弱势达到极显著差异水平（$X^2 = 7.75$，$P < 0.01$），与学业弱势的差异达到显著水平（$X^2 = 9.19$，$P < 0.05$），其他不同的弱势群体之间差异不明显，说明在大学生弱势群体中，经济弱势的大学生人际交往能力最差。在自我认知方面，学业弱势与就业弱势及经济弱势的差异均达到极显著差异水平（$X^2_{学就} = 7.82$，$P < 0.01$；$X^2_{学经} = 15.88$，$P < 0.01$），心理弱势与就业弱势的差异也达到显著水平（$X^2_{心就} = 4.18$，$P < 0.05$），而学业弱势和心理弱势差异不明显。这种结果说明，在四个弱势群体中，学业弱势和心理弱势群体的自我认知水平明显低于经济弱势和就业弱势群体。

为了进一步了解大学生弱势群体的心理问题，我们又做了更深层次的调查。一个是问卷第 3 题：对于自己在某些方面存在的弱势，你会感到怎样？（A）苦恼烦闷，心理压力大，觉得自己处处不如人，没自信；（B）正视自己的不足，通过努力改变现状；（C）意志力薄弱，做事没动力，无法适应环境；（D）其他。调查结果如表 3-7 所列。

表 3-7　大学生弱势群体对身处弱势的不同反应　单位:%

	经济弱势	学业弱势	就业弱势	心理弱势	X^2
自卑苦恼	23.1	21.1	13.8	36.4	17.67**
努力改变	57.7	54.5	68.1	46.3	12.03**
意志力薄弱	13.9	16.3	13.1	12.4	0.93
其他	5.3	8.1	5.0	4.9	1.55

注：*——$P < 0.05$，**——$P < 0.01$。

从表 3-7 可以看出，无论哪种弱势群体，"正视自己的不足，通过努力改变现状"都是最大的选项，说明他们都有改变弱势的愿望。卡方检验得知 $X^2 = 12.03$，$P < 0.01$，显示四类弱势群体之间差异极显著，心理弱势明显比其他三类的愿望低。同时，调查结果还显示，当自己身处弱势时，"苦恼烦闷，心理压力大，觉得自己处处不如人，没自信"在四类弱势群体中占比也

很大，平均达到 23.6%，其中心理弱势最高，达到 36.4%，卡方检验显示 $X^2 = 17.67$，$P < 0.01$，说明四种弱势群体间的差异非常显著，自卑、没自信是弱势群体的一个重要心理表现，且心理弱势在这方面表现更突出。另外，从表 3-7 还可以看出，对"意志力薄弱，做事没动力，无法适应环境"的选择也占到一定比例，平均是 13.9%，且各个弱势群体之间没有显著差异，说明大约一成半的弱势大学生在身处弱势时意志力薄弱，行动无力，难以适应环境，这也应当引起我们的注意。

大学生弱势群体的不自信从对自己未来社会地位的期望和对自己能力大小的判断上也能更清楚地表现出来。表 3-8 显示，在对未来社会地位的期望上，选择较小到很小的，弱势群体的选择率是 5.8%，非弱势群体是 1.8%，$X^2 = 16.02$，$P < 0.01$，差异极显著，说明大学生弱势群体对未来社会地位期望低的明显多于非弱势群体。

从对自己能力大小的判断上，虽然大学生弱势群体选择较大到很大的达到 41.5%，但是相比非弱势群体 49.6% 的选择率差异还是很显著（$X^2 = 8.01$，$P < 0.05$），且从选择较小到很小的比率看，弱势群体的选择是 8.8%，非弱势群体的是 1.7%，差异极其显著（$X^2 = 37.96$，$P < 0.01$）。上述结果显示，在对自己的能力判断方面大学生弱势群体比非弱势群体总体上评价较低，认为自己能力较大的明显少于非弱势群体，而认为自己能力较差的又显著多于非弱势群体，这明显表现出大学生弱势群体的不自信。

表 3-8　不同大学生群体对未来社会地位的期望及自
我能力判断的差异比较　　　　单位：%

	社会地位期望			能力		
	很大—较大	一般	较小—很小	很大—较大	一般	较小—很小
弱势群体	53.9	40.3	5.8	41.5	50.7	8.8
非弱势群体	57.1	41.0	1.8	49.6	48.4	1.7
X^2	1.33	0.07	16.02**	8.01**	0.66	37.96**

注：*——$P < 0.05$，**——$P < 0.01$。

总之，大学生弱势群体认为他们在心理上的不足主要是人际交往能力差、自我认知水平低和自信心差，与非弱势群体相比，自我认知水平低表现得更突出。在弱势群体内部，经济弱势和就业弱势的学生人际交往能力更差，心理弱势和学业弱势的学生自我认知更不足。

上述大学生弱势群体的心理问题与他们的社会认同危机高度关联。社会认同是指人们在面对一定的社会、群体时会参照特定社会或群体特征、边界来确定自己的归属，最早缘于英国学者泰费尔（H. Taifel）对"内群体"的研究。① 社会认同是人们对自身角色以及与他人关系的定位，即同一群体的成员具有共同的信仰、价值观和行为取向，人们从中可以获得期望和认可，是人们获取安全观和自信心的重要途径。

由于社会资本的匮乏，弱势大学生处于人际关系网络的边缘，这削弱了他们参与社会活动的能力，一定程度上剥夺了他们与人沟通的机会，严重影响了他们的社会认同，产生认同危机，他们会自然地把自己隔离在大学生主流群体之外。同时，人际交往的边缘化也使得同学和老师容易忽视他们的存在，割裂了彼此之间的联系，从而引发社会排斥，导致进一步的疏离与隔膜。凡此种种使弱势大学生与主流群体的心理距离越来越远，产生了与大学生主流群体之间的认同断裂。他们很少甚至不能从主流群体中获取支持，安全感和自信心备受打击，严重影响他们的自我认知和人际关系，在学习、交往等诸多方面的异化、边缘化越来越严重。经济弱势群体由于经济条件限制常常刻意减少与人交往，久而久之交往能力降低。大学生求职择业需要推销自己，敢于与人沟通交流，就业弱势者往往在这方面裹足不前，故而人际交往能力差是他们的一大不足。心理弱势群体的心理能力较弱，自卑，缺乏自信，因而更容易看低自己，自我认知不足。学业弱势者则由于学习成绩——学生获取自信的最主要源泉——不能令人满意而产生自我怀疑，进而导致自我认知不足。

六、大学生弱势群体的就业问题

关于就业问题，我们主要调查了大学生认为自己在就业方面存在的不足，结果如表3-9所示。不论是大学生弱势群体还是非弱势群体，缺乏职业规划

① 石德生. 社会心理学视域中的社会认同［J］. 攀登，2010（1）.

都是影响他们就业的最大问题，大学生弱势群体所选比例达到48.8%，非弱势群体也达到41.2%。而且，排在前三位的都是缺乏职业规划、缺乏求职能力、信息闭塞。进行大学生弱势群体和非弱势群体的对比，发现二者在缺乏职业规划方面差异显著（$X^2 = 8.84$，$P < 0.01$）。这些数据说明，大学生弱势群体在就业方面存在的问题主要是缺乏职业规划、缺乏求职能力以及信息闭塞，其中缺乏职业规划最严重，将近一半的同学因为不会规划职业而影响就业。

表3-9　大学生就业问题差异比较　单位:%

	缺乏职业规划	缺乏求职能力	信息闭塞	工作能力差	缺乏人脉	其他
大学生弱势群体	48.8	21.2	14.5	5.5	9.5	2.3
大学生非弱势群体	41.2	19.2	12.9	3.9	11.3	11.1
X^2	8.84**	0.91	0.83	2.08	1.41	45.4**
就业弱势	51.2	19.0	17.2	5.2	7.2	0.6
经济弱势	48.4	16.7	17.2	5.9	10.2	1.6
心理弱势	43.4	32.9	8.7	5.8	8.1	1.2
学业弱势	49.4	19.3	13.1	5.7	6.3	5.7
X^2	2.34	16.91**	7.26*	0.10	2.03	12.89**

注：*——$P < 0.05$，**——$P < 0.01$。

进一步对上述三个主要问题进行弱势群体内部的比较。卡方检验得知，缺乏职业规划方面 $X^2 = 2.34$，$P > 0.05$，四种弱势群体之间没有显著差异；缺乏求职能力上 $X^2 = 16.91$，$P < 0.01$，差异极其显著。进行样本间的两两比较，并通过查询调整 X^2 界值表进行差异检验，结果发现，心理弱势与其他三种弱势群体之间差异极其显著（$X^2_{心就} = 8.83$，$P < 0.01$；$X^2_{心经} = 12.84$，$P < 0.01$；$X^2_{心学} = 8.41$，$P < 0.01$），而经济弱势、学业弱势、就业弱势之间差异均不显著，说明相比于其他三种弱势群体心理弱势的大学生更加缺乏求职能力。信息闭塞方面 $X^2 = 7.26$，$P < 0.05$，差异显著。进行样本间的两两比较，并通过查询调整 X^2 界值表进行差异检验，结果发现，就业弱势与心理弱势之间有显著差异（$X^2 = 5.65$，$P < 0.05$），其他三个弱势群体之间差异不显著，结合实际百分比，可以看出信息闭塞是影响大学生弱势群体就业的第三大因

素，而且对就业弱势群体的影响比对心理弱势群体的影响更大。

大学生弱势群体就业方面出现的问题与他们自身的特点及学校就业教育不足都有关系。大学生弱势群体的能力、自信心相对较弱，需要在职业规划、求职能力等方面加强训练。但是现在许多高校还未从传统的教育管理理念中转变过来，对就业教育重视不够，时间、师资难以保证，教育内容也跟不上不断变化的就业市场的要求，学生对这样的教育也不感兴趣，实际效果较差，难以满足学生的需要。弱势大学生社会资本的缺失，人际关系网络的脆弱又减少了他们通过交往互动学习职业规划、提升求职能力、获取就业信息的机会和途径，进一步降低了就业竞争力，求职择业变得更加困难。

综上所述，通过分析调查数据，大学生弱势群体的存在状况体现出如下几方面的特点：

第一，大约三分之一的大学生认为自己属于大学生弱势群体，大学生弱势群体基本可以划分为经济弱势、学业弱势、心理弱势和就业弱势四种类型。

第二，大学生弱势群体整体上经济状况不良，经济弱势的经济条件更差。

第三，学习方面，大学生弱势群体比非弱势群体学习负担大、学习兴趣差和学习能力低是阻碍他们学习的主要因素，其中，学业弱势学生在缺少学习兴趣方面十分突出。

第四，大学生弱势群体的心理问题主要是人际交往能力差、自我认知水平低和自信心差。具体而言，经济弱势和就业弱势群体人际交往能力更差，心理弱势和学业弱势群体自我认知更低。

第五，缺乏职业规划、缺乏求职能力、信息闭塞是大学生弱势群体就业方面面临的主要问题，其中缺乏职业规划最严重，而且各类弱势群体之间没有显著差异。心理弱势群体更加缺乏求职能力，就业弱势群体信息闭塞问题突出。

经济资本的薄弱、社会资本的匮乏、社会认同的断裂恶化了大学生弱势群体的伦理处境。他们承受着超出常人的生活压力、学习压力、精神压力，孤独、退缩、缺乏自信成为生活常态，这种负性心理体验使他们陷入了身体和精神的双重折磨，变得更加自卑、敏感，不愿与人交往，不愿参加集体活动，因而也越来越得不到老师同学的重视，丧失了许多表现和锻炼自己的机会，能力、素质得不到提高，素质能力低下又使他们在竞争中处于更加不利的境地。如此循环下去，他们在经济与社会资源的获取、人际交往与互动、表达及争取自己的正当利益等方面越来越处于劣势，越来越无法与其他群体进行平等竞争，从而身陷困境难以自拔。

因此，增加经济资本和社会资本存量，提高社会认同感是救助大学生弱势群体的出发点和着眼点，具体而言就是引导他们改善经济生活条件，提高人际交往能力，健全自我意识，克服自卑、培养自信，提高学习能力，提升就业技能等。救助形式上要他助与自助相结合，激发大学生弱势群体的内生力，提高他们的社会适应能力。这些恰恰是学校社会工作的优势领域，所以，结合实际情况，运用个案工作、小组工作、社区工作等具体方法对帮助大学生弱势群体增强能力、摆脱困境必将起到积极的作用，这也是后续救助工作的重点。

第四章

大学生弱势群体救助的成就与问题

作为学生工作的重要组成部分，大学生弱势群体救助问题已经引起了高校学生管理部门的重视，采取了一定的措施，取得了一定的成就，应该给予肯定。但是不可否认的是救助工作还存在着诸多问题，救助效果也不尽如人意。梳理取得的成就，分析存在的问题，对于搞好大学生弱势群体救助工作，提高救助效率具有重要的意义。

第一节　大学生弱势群体救助的成就

一、"奖、贷、助、补、减"，救助经济弱势大学生

新中国成立以来，我国高校学生资助政策借鉴国外发展经验并结合我国实际，大致经历了"免费加人民助学金阶段（20世纪50年代—1983年），人民助学金与人民奖学金阶段（1983—1986年），奖学金与学生贷款并存阶段（1986—1994年）和'奖、贷、助、补、减'资助体系及国家助学贷款与国家奖学金的试行阶段（1994年至今）"四个阶段。近几年，我国财政部、教育部、人民银行、银监会等部门先后制定出台了一系列资助高校经济困难学生的政策与措施，确保绝大多数经济弱势大学生顺利完成学业。之后又广泛征求意见，对其推行过程中出现的问题进行了调整和完善：政府、学校和社会各界设立各种形式的奖学金；国家或金融机构向经济困难的学生提供贷款；设立国家助学金；国家、地方政府和高校每年都拿出一定的资金作

为专款，补助困难的学生；减免学费等。①

　　下面以山东省教育厅发布的山东省2019年高校学生资助政策为例，梳理一下党和国家对大学生经济弱势群体的支持和救助。

　　①提供生源地信用助学贷款。家庭经济困难学生每年可申请8000元用以支付学费和住宿费，在校期间免除贷款利息，最长还款期限是20年。

　　②国家助学金和国家奖学金。家庭经济困难学生入学后可申请国家助学金，平均每人每年3000元，以解决在校期间的生活费。特别优秀的学生从二年级开始可以申请国家奖学金，每人每年8000元。

　　③省政府奖学金。为激励学生积极进取，山东省政府为特别优秀的大学生每人每年提供6000元的省政府奖学金。

　　④国家励志奖学金和省政府励志奖学金。品学兼优的家庭经济困难学生从二年级开始可以申请国家励志奖学金和省政府励志奖学金，每人每年均为5000元。另外，对品学兼优家庭经济困难的新疆、西藏、青海的少数民族学生还设有专门的省政府励志奖学金，每人每年也是5000元。

　　⑤山东籍的普通本专科学校建档立卡家庭经济困难学生可以免除学费。

　　⑥鼓励勤工助学改善贫困学生的学习和生活条件。

　　⑦高校毕业生学费和国家助学贷款补偿。对于到山东省财政困难县艰苦行业工作的应届高校毕业生和县级特殊教育学校任教的应、往届高校毕业生，服务年限连续达3年以上的，实行学费和国家助学贷款补偿，每生每年最高可补偿8000元。

　　⑧对于家庭经济特别困难的大学生，学校开设"绿色通道"，开学时先报到，入学后视情况采取不同措施给予资助。

　　⑨对于特别困难，无力缴纳学费的学生，还可以获得减免学费的资助。

二、心理健康教育，救助心理弱势大学生

　　针对大学生心理健康教育，我国出台了多个文件：《教育部关于加强普通高等学校大学生心理健康教育工作的意见》（教社政〔2001〕1号），《普

---

① 姜旭萍，肖迪明，张晓松. 高校学生资助体系政策效果评估研究［J］. 当代经济，2009（07）.

通高等学校大学生心理健康教育工作实施纲要》（教社政厅〔2002〕3 号），
《中共中央国务院关于进一步加强和改进大学生思想政治教育工作的意见》
（中发〔2004〕16 号），《教育部 卫生部 共青团中央关于进一步加强和改进
大学生心理健康教育的意见》（教社政〔2005〕1 号），《教育部办公厅关于
印发〈普通高等学校学生心理健康教育工作基本建设标准（试行）〉的通
知》（教思政厅〔2011〕1 号），《教育部办公厅关于印发〈普通高等学校学
生心理健康教育课程教学基本要求〉的通知》（教思政厅〔2011〕5 号）等。
同时，为深入贯彻落实文件精神，进一步促进学校心理健康教育工作的开
展，提高学生心理素质水平，中国心理卫生协会大学生心理咨询专业委员会
于 2010 年成立全国高职院校心理健康教育工作委员会。

十多年来，我国教育行政部门对大学生心理健康问题高度重视，全国有
十几个省市陆续成立了大学生心理咨询、心理健康专业教育委员会，对大学
生定期进行心理测试与心理疏导。

山东省成立省大学生心理健康教育专业委员会、省心理健康教育研究会
等机构来开展心理健康教育研究等，并于 2015 年举办大学生心理健康教育专
题培训班对专职心理教师进行高校危机事件干预技能培训等来推进高校大学
生心理健康教育队伍建设。与此同时，各大高校成立心理健康教育服务中
心，免费为高校师生提供心理健康咨询与帮助，并专门设立心理健康教育课
程加强对大学生的心理健康教育。

为深入贯彻落实《教育部 卫生部 共青团中央关于进一步加强和改进
大学生心理健康教育的意见》《中共山东省委高校工委关于进一步加强和改
进大学生心理健康教育的实施意见》等文件精神，更好地实现大学生人才培
养目标，促进大学生健康成长，山东理工大学自 2010 年起制定《山东理工
大学关于进一步加强和改进大学生心理健康教育的实施意见》，用于进一步
加强和改进学校学生心理健康教育工作。

三、学习困难辅导，救助学业弱势大学生

针对学习困难大学生的帮扶，目前所采取的主要措施包括：

第一，开展个案或团体心理辅导，培养提高学习困难大学生的学习心理
素质，组织开展心理互助活动，为学习困难的大学生营造良好的氛围。南京

农业大学在 2014 年 3 月份的学校第十一次党代会上，对该校已经形成的咨询预约、个案辅导、团体辅导、邮件咨询、网络在线辅导和电话咨询等多种辅导方式进行了成就总结，为我国进一步开展高校大学生辅导新形式提供了初步借鉴。

第二，实施分类管理。目前，很多高校都针对大学生的实际情况进行分类管理，除了一般的辅导员管理办法，又采取小班制的班主任管理办法对大学生进行学业规划和行为习惯分析指导，任课老师进行课程学习规划指导，心理咨询老师进行心理辅导等。山东理工大学从 2014 年起开始在辅导员管理的基础上引入小班班级导师制，由各系的任课老师担任班级导师，实行更贴近学生的管理模式，在指导大学生的学习和生活各方面有了一定的改善。

第三，全面深化教学改革，多措并举促进学生学习。加强学生学习过程管理，逐渐形成以学生为主体的自主学习机制；教师逐渐转变课堂教学模式，采用启发式、研究式及讨论式教学方法，教会学生如何学习、学会学习，提高学习能力；从体制上强化学生的读书、实践和实验设计等自主学习环节；实行学分制，除去必须学分之外的课程，大学生可以根据自己的兴趣爱好或专长选修自己擅长的课程进行学习，以取长补短。如今，在全国很多高校，大学生学习与发展中心、大学生素质拓展中心等校级、院级组织逐渐建立，试图从学生自主管理的角度出发，规整和改善大学生学习中存在的问题。

第四，部分学校开始引入针对大学生的社会工作辅导，从社会工作的专业角度分析和解决大学生学业弱势群体的问题，如在 2013 年 7 月 8 日，东莞理工学院就首次将社会工作服务团队引入学校，为全校师生提供社会工作专业化服务等。

四、多元就业指导，救助就业弱势大学生

大学生由于专业限制、动手能力差、家庭条件薄弱、生理心理问题以及就业中的性别歧视等原因导致的各种就业弱势现状，已经逐渐发展成为一个必须引起重视的社会问题，这一问题的不断扩大，会直接或间接地对我国高校教育的改革与发展以及社会的和谐稳定等带来一定的影响。

针对这一现象，我国在实践探索过程中不断采取措施加以解决，主要从

国家、社会、高校和学生自身四个方面入手。

（一）国家层面

1. 利用多方资源对困难毕业生开展有效就业援助

调动学校、社会、企事业单位的力量，摸清困难毕业生的基本状况，包括数量规模、求职意向、遭遇困难、需要帮助等，建立毕业生就业信息数据平台，有的放矢地开展提供就业信息、推荐就业岗位、培训就业技能等精准对接服务，建立"一对一"帮扶机制。例如，2009年7月教育部发布通知，要求各级教育行政部门和高等学校，抓紧在毕业生离校前的关键阶段，对高校困难毕业生摸清底数，通过"一对一"帮扶、专人辅导、岗位推荐等方式，重点针对困难家庭毕业生、残疾人毕业生以及少数民族毕业生等群体开展就业帮扶工作，尽快帮助他们实现就业。

2. 出台多项促进大学生就业的政策文件

制定多项取消大学生就业歧视的方针办法，完善各项政策执行的监督机制，以规范社会招聘的公开公正公平，保障大学毕业生平等就业。早在2010年2月，国家人社部、卫生部和教育部三部委就已联合下发通知，要求卫生、教育、人社部门的"乙肝歧视"规定要立刻废止，地方政府做出的不合理政策也要在30天内修改或废止，进一步明确取消了入学、就业体检中的乙肝检测项目；2014年，人社部也就"保障女大学生就业：努力消除性别歧视"等做出多项努力，有关国家领导人就此做出了相应的工作指示。

3. 努力提供更多国家工作岗位以缓解大学生就业压力

党政机关、各企事业单位等面向高校毕业生公开招考招聘，鼓励大学毕业生应征入伍，制定促进就业的五大计划（西部志愿者服务计划、三支一扶计划、大学生村官计划、农村教师特岗计划和农村教育硕士计划）等。

4. 大力拓展新的就业领域

鼓励高校毕业生多渠道多形式就业，各省级工作部门因地制宜，研究制定有关政策并实施引导高校毕业生面向农村教育、科技、文化、卫生和城市社区服务的就业新项目。积极协调配合人社、发改、财政、工信、民政、商务等有关部门，拓展毕业生到战略性新兴产业、先进制造业、现代服务业等领域的就业渠道，鼓励高校毕业生到各类中小微企业、社会养老服务业、海外汉语教学等岗位就业。

5. 鼓励高校毕业生自主创业和灵活就业

凡高校毕业生从事个体经营的，除国家限制的行业外，自工商部门批准其经营之日起一年内免交登记类和管理类的各项行政事业收费；有条件的地区由地方政府确定，在现有渠道中为高校毕业生提供创业小额贷款和担保。教育部新修订的《普通高等学校学生管理规定》，鼓励大学生创新创业，明确大学生创新创业可折算成学分，并且可以实施弹性学制，放宽学生修业年限，允许调整学业进程，保留学籍休学创新创业。① 北京市教委与北京市财政局联合印发《北京高校大学生就业创业项目管理办法》，对优秀大学生创业团队给予最高 20 万元奖励，对高校示范性创业中心给予每校 50 万元的支持；除了物质上的鼓励，还要照顾到大学生创业者的心理感受；北京市还为创业的高校在校生办理"就业创业证"，持证学生可按规定申请享受税收优惠政策。②

（二）社会层面

各社会团体、企业和个人响应国家号召，建立起了帮助大学生就业的社会支持网络，并积极承担其社会责任，面向大学生毕业生公开招聘招考，为大学生群体提供更多的就业机会和公平的就业待遇，取消招聘或工作中的各种不平等条款和要求等。阿里巴巴、京东等著名企业响应国家号召，面向大学生展开校园招聘，在一定程度上缓解了该年度大学应届毕业生的就业压力。这些措施为大学生就业弱势群体带来了福音。

很多社会公益组织团体为困难毕业生提供各种免费或优惠性的就业指导、技能培训等，设立有关基金用于援助大学困难毕业生的就业或入职。

各种传播媒体积极关注和传播国家出台的关于大学困难毕业生就业援助的各种方针政策等，对于该群体就业过程中遇到的问题、困难和不平等待遇等进行曝光，营造了全社会关心高校毕业生就业的良好舆论氛围，使该群体得到社会的更广泛认识和认可。

---

① 弹性学制和休学创业有"杠杠"，烟台日报［N］. 2016 - 3 - 10（9）.
② 北京市教育委员会 北京市财政局关于印发《北京高校大学生就业创业项目管理办法》的通知［EB/OL］. 新职业，2015 - 11 - 04.

（三）高校层面

1. 针对大学生就业弱势群体的思想教育

通过对该群体开展思想教育，树立其正确的世界观、人生观和价值观。高校普遍开展各类就业指导课、思想教育课等，来纠正大学生的错误观念，指导其树立正确的就业观。

2. 针对大学生就业弱势群体的心理健康教育

通过个别辅导、团体辅导、心理行为训练等方式为该群体提供相关心理健康教育，帮助其树立正确、乐观的就业心态。各高校普遍建立大学生心理咨询中心、咨询处等，用以解决大学生自身存在的各种问题与困惑。

3. 开设职业指导课程

主要是开设职业生涯规划课程以及就业指导课程等，引导就业弱势大学生正确规划自己的大学生活和就业生活，提升就业竞争力。目前在我国各大高校，大多数都开设了针对大学生入学后的大学生职业发展规划课程以及毕业离校前的就业指导课程，用以指导大学生对自己未来的就业进行准确定位等。

4. 拓宽就业渠道

现在高校的相关就业部门通过联系校友、调动其他社会资源等方式，积极为就业弱势大学生群体拓展就业渠道，促进其就业。山东理工大学每年都利用寒暑假发动学生开展"访校友"以及"走百县、访千企"等活动，收集整理校友以及社会各种就业资源用于引导和促进其毕业生就业。

（四）学生自身

就业弱势大学生在认清当时就业形势之后的自我帮扶，自我就业心态和就业观念的转变，对于其实现就业，扭转弱势现状起到重要作用。

第二节　大学生弱势群体救助中存在的突出问题

大学生弱势群体问题的日益暴露，逐渐引起了社会各界对这一群体的广泛关注，并相应地积极采取措施对该群体予以援助。我国政府和各级有关部门也对该群体的救助工作起到了一定推动作用。然而，尽管对于解决大学生弱势群体问题已经给出了很多举措，却还是存在很多方面的问题，制约救助工作的有效进展。

一、救助观念陈旧

如前所述，目前我国各大高校在对大学生弱势群体的经济救助方面，一般采用"奖、贷、助、补、减"的直接资助政策，为大学生弱势群体解决经济困难，却忽视了对该群体的深层次的心理照顾，如心理辅导、精神鼓励和思想教育等。① 这种重表面而忽视该群体主体性的发挥及其能力建设的救助措施，易使该群体中的部分经济弱势学生逐渐在受助过程中养成懒惰心理，滋生国家对自己的帮助是理所当然的依赖心理，进而增长这部分学生不劳而获的消极思想，可能会使其发展成为心理弱势大学生。同时，经济弱势群体也容易产生自卑心理，认为自己穿的用的不如别人，所以就要低别人一等；性格孤僻，对社会现实缺乏清晰的认识，觉得社会对待自己不公平，容易走极端；意志力薄弱，适应能力差，对自己的未来缺乏深刻的认识和明确的规划等心理问题，这些心理问题得不到解决，大大降低了救助的效果。

近年来，高校对大学生心理健康教育的重视程度不断提高，成立了不少大学生心理健康咨询中心等组织用以指导大学生群体。然而，由于起步较晚且缺乏完善的心理健康教育理论指导，而仅仅只是把心理健康教育看作思想政治教育的一种工具，使得大学生的心理健康教育出现德育化倾向。甚至部分高校的心理健康咨询中心的辅导老师只是由思政教师或者辅导员担任，而非专业的心理咨询师或心理医生，缺乏专业且系统的心理学知识和方法，使得对大学生群体的心理咨询辅导工作一直处于较低水平。另外，心理咨询遵循的"来者不拒，去者不追"的咨询原则一定程度上妨碍了大学生弱势群体的心理救助效果。

在对某一高校大学生进行访谈时他提到，在其刚升入大学时，学校对大学生弱势群体的救助只是单纯的经济援助，设立奖助学金，帮助解决大学生弱势群体缓解经济困难。学校没有设立专门的心理咨询室，对于他们的心理问题没有关注。直到大三时，学校才配备了心理辅导室和心理辅导员。然而

---

① 崔晴. 大学生弱势群体救助研究［D］. 长沙：湖南师范大学，2006.

心理辅导员却是由每个班的团支书担任，学校安排团支书每个月对班级同学进行一次全面谈话，并将访谈内容做好记录制成表格，根据谈话结果对出现问题学生提供帮助。在该措施实施之初，心理辅导员和被访者都感到很害羞，无法完全敞开心扉面对面与对方交流，但双方交流了一段时间后，心理辅导员得到了被访者的充分信任，被访者把自己的困境和遇到的问题都告诉心理辅导员。但是因为心理辅导员是每个班级的团支书，辅导者与被辅导者的年龄、阅历、经验几乎是一样的，遇到的问题与困境很多也是相似的，所以很难起到心理疏导的作用，只能是两个人相互安慰，无法解决心理弱势大学生的心理问题；而且，团支书没有经过正规的培训，无法像正规的心理辅导员一样帮助弱势群体走出困境，解决问题。而且刚开始时，每个班的团支书都较积极执行学校的这个决定，但是随着时间的推移，访谈渐渐变成了空谈，每个月一次的访谈在进行了两三次之后就不了了之了，之后每次的访谈记录也都是从网上摘抄的，并没有对弱势大学生继续进行救助。

二、救助效能不高

近几年来，高校大学生弱势群体规模的扩大化和形式的多样化，令政府有关部门对大学生弱势群体的关注度不断增加，也相应地摸索出了一系列针对大学生弱势群体的救助方法、策略和政策等。但是随着高等教育体制的不断改革，救助的方法越来越不适应改革的需要，救助措施政策的调整与高等教育的改革之间存在一定误差，救助过程中的一些弊端逐渐显现，救助效能不高。

（一）救助队伍工作效率低下

救助队伍是救助体系中非常重要的一部分，它的人员的多寡、素质的高低、积极与否将直接影响到救助效能的高低。

首先，大学生弱势群体的专职救助人员数量不足。前几年我国高校不断扩招，致使高校的在校大学生数量不断增长，由此引发的大学生弱势群体问题日益凸显。而与之不相符的是，各大高校并未针对这种大学生弱势群体突增情况配备相应数量的专职性救助人员。以学生辅导员为例，扩招导致一个辅导员教育管理二三百名学生，个别学校甚至达到四五百名，例行的日常工作就已经让他们疲于应付，很少有精力刻意关注弱势大学生，故而很多情况下对大学生弱势群体的救助帮扶要么不做要么走形式，应付公事，应付检查。再如，在大学生毕业就业指导工作方面，我国高校就业指导部门的工作人员一般为 4—5 个人，有的学校甚至更少，只有极少数高校达到 10 人以上；而国外的高校就业指导工作人员一般在 30 人以上。① 这么看来，我国关于大学生弱势群体的专职救助人员与国外相比差距很大，数量严重不足。

其次，大学生弱势群体救助队伍的素质参差不齐。我国高校对大学生弱势群体的救助工作起步较晚，相应的配套措施等还不是很完善，特别是大学生弱势群体救助队伍的建设存在很多问题，救助队伍的素质参差不齐且普遍低下。救助队伍大多没有经过专门的培训，缺乏心理学、社会学和教育学等相关的知识，队伍良莠不齐，整体素质偏低，严重制约了大学生弱势群体救助工作的开展。最明显的问题就是高校大学生心理健康咨询中心咨询工作人员的构成，很多高校缺乏专职的心理咨询师或心理医生，工作人员大多由学校的辅导员或思政课教师兼职组成，真正专业化的全职性人才很少。近几年，虽然有社会机构提供专业技术培训服务，如各种培训班、工作坊等，但是，局限于较小的规模、短暂的时间和高昂的费用，实际的社会效益并不是很大，高校心理咨询工作人员专业化不足依然是制约救助队伍质量的重要因素。

最后，弱势群体救助人员的工作积极性较低。目前，我国各大高校大学生弱势群体救助队伍多由思政教师、辅导员以及学校负责资助、就业指导的工作人员组成。对于思政教师而言，救助大学生弱势群体是教学科研之外的额外工作，在高校繁重的教学科研压力下，老师们很难投入较多的时间和精力。辅导员应该是救助大学生弱势群体的专职人员，可现实的情况是辅导员疲于应付各种日常行政事务，对这项工作也是有心无力。至于学校负责资助、就业指导的工作人员，他们是学校的行政人员，受传统观念的影响，他们更多把自己定位于管理者而非教育者的角色，不在乎教育学、心理学素养，每天忙于应对各种行政事务，无暇顾及深入研究和继续学习等，更不会

---

① 王海东. 我国高校学生弱势群体救助中存在的问题及对策研究 [D]. 沈阳：东北大学，2009.

主动找学生谈话，对学生进行个性化辅导，帮助弱势学生。由此可见，当前高校大学生弱势群体救助队伍的工作热情和积极性明显不足。而救助工作质量的高低与否，将直接影响到弱势大学生的个人成长成才，还进一步关系到校园的和谐稳定和社会的安定团结等。因此，对大学生弱势群体救助队伍工作人员的工作热情和积极性提出了更高的要求。

（二）经济救助效能低下

1. 奖学金对经济弱势群体的救助作用不明显

奖学金是国家、学校、企业设立的用来奖励品学兼优的学生的奖金，一般金额较高。奖学金虽然使一些家庭贫困且发愤图强的学生受益，但对于整个经济弱势大学生而言获奖面窄，收益较小。奖学金最基本的评比条件是品学兼优，实际操作起来就是拼学习成绩，看综合排名（学习成绩至少占75%以上）。经济弱势群体学生主要来自偏远的农村，由于农村中学与城市中学在教学水平、教学设施和教学条件之间的差异，大部分经济弱势大学生很难取得优异的学习成绩。另外，相当一部分经济弱势大学生迫于生计勤工助学，一定程度上侵占学习时间，影响了学习成绩。上述种种原因导致奖学金获得者中大学生弱势群体的比例非常小。除了奖学金之外，高校还设有专门针对贫困学生的助学金，但是也存在着不合理的地方。比如，专项助学金的资助比例很小，经济弱势学生很难争取到。而且，无论是奖学金还是助学金都强调家庭困难且品学兼优，然而这样在实际工作中却很难操作。家庭困难且学习成绩好的毕竟是少数，所以奖助学金对大学生经济弱势群体的救助作用十分不明显。①

2. "助、免"政策涵盖范围小、覆盖率低

"助"指困难补助，"免"指减免学费。困难补助虽然为一部分学生解了燃眉之急，但是仍然存在着补助金额少，次数少的特点，对于经济弱势学生来说，无异于是杯水车薪；而减免学费覆盖率太低，只是解决了"点"的问题，而无法解决"面"的问题，只能解决极少数学生的经济困难，并不能满足绝大多数人的需求。另外，这种补助政策还会使得大学生产生惰性心理和

---

① 崔晴. 大学生弱势群体救助研究［D］. 长沙：湖南师范大学，2006.

依赖性心理，有一定的副作用。

在针对大学生弱势群体的调查中，一名调查对象王某就读于某本科院校，地处二线城市，学费及生活费高。其学校设立的奖助学金分别为4000元、3000元、2000元，除此之外，国家奖学金为8000元。然而，这些奖助学金的名额少之又少，而且这些仅仅针对的是家庭贫困且品学兼优的学生。而根据这些规定，能获得这部分奖助学金的学生更是寥寥无几。该学生家庭贫困，父亲身有残疾，行动不便，家中有两个孩子正在同时接受高等教育，全家的收入仅仅靠其母亲一人，这样的家庭情况使得她内向、不爱说话、不善交际，除此之外更重要的一点是学习成绩不够优秀，难以达到学校申请困难补助的标准，所以只要学校每次申请贫困生，她都会被"学习成绩不够优秀"这个标准卡住，根本无法获得学校为学生提供的奖助学金，无法体现学校奖助学金的救助效用。即使王某申请了国家助学贷款，减免了一部分学费，然而家中仍然负担不起剩下的学费和生活费，所以国家现在出台的对大学生的"助、免"政策涵盖范围小、覆盖率低，这是接下来国家应该重点关注的一个方面。

另外一位同学李某，则对奖助学金产生了严重的依赖心理。该生学习成绩优异，家庭贫困，父母双双下岗，只在家乡农村摆小摊卖蔬菜水果，一个月挣不到多少钱。李某很争气，每次考试都名列前茅，而且经常利用休息日或者假期的时候出去打工，自己挣生活费和学费。然而，自从开始获得学校奖助学金以后，李某变得懒惰，开始对奖学金产生依赖性，产生了惰性心理。李某认为获得了奖学金，就不用每天打工给自己挣生活费，开始整天沉迷于网络，学习成绩直线下降。在大四申请贫困生的时候，由于李某大三一年的学习成绩不够申请标准，所以学校取消了他的贫困生资格。虽然奖助学金解决了李某的经济困难，但是也给李某带来了副作用，使得学习成绩下降。

（三）救助重形式轻实效

尽管国家和各级政府出台了多项救助政策和措施，涵盖了经济援助、心理辅助、学业引导、就业指导等各个方面，但是实际的落实情况并不乐观。目前，落实得最好的是贫困生资助工作，尽管还有这样那样的问题，但每年的救助资金还是按时发放下来了，的确使部分经济弱势大学生的生活状况得到改善。但其他的如学习指导、就业帮扶之类的更多是重形式轻落实。在政策要求下，各高校大张旗鼓地成立了各种学习发展中心、就业指导中心等，但是真正开展活动的却是少数，开展的活动也往往由于缺乏专业理论与方法的指导而难以取得理想的救助效果。比如，组织毕业生供需见面会是许多大学指导学生就业的常用办法，常见的场景是用工单位一字排开，求职学生蜂拥而至，熙熙攘攘，热热闹闹，一派繁忙景象。一天下来，成功签约者高高兴兴，不成功者垂头丧气；组织者忙忙碌碌，筋疲力尽。一年年、一次次周而复始。很少有人认真思考总结学生就业失败的原因是什么，大学生要想成功就业需要具备什么样的知识和能力储备，怎样提升大学生的就业能力，等等。至于将这些思考付诸实施，进行大学生就业技能培养训练就更少有人涉足了。重形式轻落实自然就会降低救助的效果。

三、救助过程中人文关怀缺乏

人文关怀以人为本，体现的是对人、人类社会的生存和发展、命运和前途的关心，提倡的是一种人文精神，是对人的主体地位，对符合人性的需求，对生存状态、生活条件以及保障的关注，是对人的尊严、人格、诚信、善与爱等品质的肯定。在当代中国，人文关怀的实质是：在理顺人与其他种种对象的关系中，确立人的主体性，从而确立一种赋予人生以意义和价值的人生价值关怀，实现人的自由而全面的发展。从这个意义上讲，人文关怀不仅仅是从经济和道义上给予关怀，更重要的是在政治上、精神上充分实现人的价值。说到底，人文关怀就是以应有的人文精神关怀人的生命和全部发展，它反映了一种现代的理念和取向。① 大学生弱势群体逐渐引起社会各界的关注，社会各界对大学生弱势群体纷纷伸出了援助之手，这本是值得褒扬之事，但他们却往往把人文关怀忽略了，一些救助方式在实行的过程之中和实行之后对部分大学生也产生了某些负面影响。

（一）教育主体人文关怀缺失

在上文的大学生弱势群体的救助成就中，我们可以看出：

---

① 李芳芳. 贫困大学生人文关怀对策研究［D］. 哈尔滨：哈尔滨理工大学，2012.

第一，高校在对大学生弱势群体开展救助时，往往仅侧重于解决他们的经济困难，而忽略将救助的目标延伸至该群体的情感、学业和能力等方面。在进行经济救助时，工作人员常常把这项工作当成是常规管理工作，行政色彩浓厚，忽视对受助学生的尊重。

第二，在对弱势大学生开展心理救助时，一些高校由于缺乏科班出身的心理辅导工作人员，在组织开展各种心理健康教育活动时，常常只是当作一般的学生管理工作进行操作，不懂得"以人为本，助人自助"，"尊重、共情、接纳、真诚"等专业价值和理念，更不用说运用到实践活动中去，缺乏让弱势大学生群体充分体验和领悟世间温情的人文关怀。

第三，辅导员和思政课教师迫于沉重的行政工作任务和教学科研压力，对于额外承担的大学生弱势群体救助工作常常感到力不从心，疲于应付。在具体工作过程中经常关注不到学生的独立性和自主性，忽视了与他们的平等沟通与交流，很难真正深入学生心里，与他们进行心与心的对话，了解他们真实的想法和需求。

（二）学校思想政治教育中人文关怀缺失

大学生弱势群体救助隶属于高校中的学生思想政治工作，受传统观念的影响，思政教育工作还带有浓厚的"灌输式""说教式"色彩，在实际教育过程中常常忽视了"以学生为本"的育人理念，忽视弱势大学生的群体特征和个体差异，很少考虑他们独特的人格特征和心理需求，缺乏真诚的关心和尊重。在教学内容设计、教学方法选择等方面缺乏针对性，学生的主体性不突出，妨碍创造性的培养与激发。在进行经济资助、学习辅导、就业帮扶等具体救助活动时，也常常表现得刻板生硬，缺乏人文关怀，使得救助效果大打折扣。

（三）社会救助中人文关怀缺失

大学生弱势群体，特别是大学生经济弱势群体引起了越来越多的爱心人士的关注，许多人加入资助队伍中来，为经济弱势大学生解贫济困贡献力量。但是，在资助过程中却出现了两个问题。一个是部分爱心人士纯粹是出于同情怜悯之心关心困难大学生，他们无条件地提供资助，帮助经济困难学生摆脱困境，完成学业。这种"只付出，不索取"的资助方式，缺乏"回报社会，传递关爱"的深层次教育，不利于感恩情怀的培养，不利于正确的人生观、世界观、价值观的形成，已经出现部分受助学生只看重金钱，只知道索取，养成了自私、贪婪、冷漠的不良性格特征。

第二个是资助者过于强调受助学生感恩回报，对成人成才有着迫切的期望，给受助者带来巨大的压力。这种过高的期望容易使受助学生焦虑紧张、恐慌不安，特别是他们预感到达不到理想目标时，挫败感激增，极易否定自我，陷入消极自卑、悲观失望中难以自拔，影响了心理健康，加剧了弱势状况。

因此，要完善社会救助中的人文关怀思想，关注弱势大学生的身心特点和情感需求，营造适合他们健康成长的社会环境，让社会救助发挥出更好的作业，促进人格健全发展。

第三节　大学生弱势群体救助存在问题的原因

一、缺乏合理的救助观念

尽管我们已经在大学生弱势群体救助方面做了大量工作，也取得了一定的成就，但毋庸置疑的是落后陈旧的观念影响了救助工作的效率，制约着大学生弱势群体问题的解决。合理科学的救助观念还没有得到广泛的应用，也不够深入人心。

合理的救助观念的前提应该是平等和尊重的意识。我国有着五千年的灿烂文化，自古以来就有友爱互助的精神传承，儒家的"仁爱"思想深入人心，这为我们进行大学生弱势群体救助工作提供了坚实的思想基础。我们应该将优秀传统文化运用到实际工作中去，充分利用社团、课堂等途径，通过组织丰富多彩的活动大力弘扬仁爱之德，大力宣传师生间、同学间的平等尊重、互助友爱，营造反对歧视、无私奉献的积极氛围，为弱势大学生创造良好的成长环境。一旦有了这样的环境，大学生弱势群体救助工作的开展就有了观念的倾向性。同时，我们也要积极学习国外先进的救助理念，强化以人为本的思想，提高救助效率。

二、缺乏科学的救助方法

科学的救助方法是救助成功与否的关键所在。我国针对高校弱势大学生的救助还处在初级探索阶段，吸收借鉴国外弱势群体救助的先进经验是必不可少的。然而由于我国大学生弱势群体的实际情况与国外有所出入，探索初期对其救助方法的生搬硬套，使得我国实际救助开展进程缓慢，且成效较低，由此可见科学的救助方法对救助有效开展的重要性和必要性。

高校的大学生弱势群体，其数量越来越规模化、形式越来越多元化，而且该群体存在的问题越来越多样化，不只是人们单纯意义上理解的贫困大学生。因此，对该群体展开救助，就需要更加合理化、科学化的救助方法和措施。

真正科学合理的大学生弱势群体救助方法，可以从以下几个角度出发。

（一）救助方法的实施对象

显而易见，救助最主要的实施对象即大学生弱势群体本身，不管我们采取何种救助措施、以何种方法和形式或者是在何时何地开展救助，我们救助的主要对象都是高校的弱势大学生这一特殊群体。我们所做的大部分工作都应该直接针对弱势大学生本身，采用的各种方法都应该能直接帮助弱势大学生应对存在的问题，激发潜能，恢复社会功能，促进他们健康成长。

除此之外，我们还要明白，人是社会的人，生态系统理论的观点告诉我们，大学生之所以存在弱势现象，与自身之外的生活环境密切相关。从这个意义上讲，大学生的身心发展出现弱势状况是也社会化的结果，因此在救助大学生弱势群体时要考虑调动第三方的力量，即调动与弱势大学生发展关系密切的影响因素，如老师、舍友、学校各职能部门等，共同协作，促进弱势大学生摆脱困境，恢复社会功能，健康成长。

（二）救助方法的开展形式

1. 以个案工作的形式开展

现今大学生弱势群体的形式多种多样，存在的问题也各不相同，运用个案工作方法可以为每一个救助对象量身打造针对性的救助方案，提高救助的有效性，特别是对于一些存在个别特殊情况的弱势大学生，就更需要我们单独对其采取个案工作的形式实施救助。

2. 以小组工作的形式开展

我们可以根据大学生弱势群体中弱势类型或问题的不同，将其划分为不同的救助小组，以小组工作的形式展开救助。

3. 以社区工作的形式开展

如上文救助实施对象中提到的从大学生弱势群体生活的社区角度入手开展援助一样，我们可以采取学校社区工作的形式和方法对大学生弱势群体展开救助。

以上救助措施是立足于社会工作这一专业化角度进行实际探索得出的。然而，这些救助管理方法仅在少数地区的个别高校予以实施，而在全国范围内，其实施力度严重不足，更有甚者对这些措施方法不甚了解、未有所闻。这就造成我国高校的弱势大学生群体越来越规模化、弱势问题越来越多样化，而相应的救助措施却停留在起步阶段、救助成效停留在低水平。由此可见，真正切实有效的救助方法和措施对大学生弱势问题解决的重大意义；更可以看出，科学化救助方法的缺失对救助工作的顺利开展的巨大阻碍作用。

三、缺乏高素质的专业救助人员

除了救助理念不合理，救助方法不科学以外，大学生弱势群体救助问题多发还有一个很大的原因是缺乏专业的救助工作人员，且现有参与人员的素质不高。

第一，专业救助人员的素质不高首先体现在部分高校的大学生弱势群体救助人员思想认识不到位，服务意识不足。他们仍然秉持着上对下的管理思想，没有从心底里树立平等尊重的观念，没有做到以人为本，致使其工作的方式方法缺乏针对性，救助效果不理想。

第二，目前，我国部分高校大学生弱势群体救助参与人员的学历有了很大的提升，然而救助工作人员的高学历与其能力的高低、对救助工作的帮助大小并不一定成正比。例如，现在的事业编和教育编制招聘考试中，对辅导员的招聘多是限制其学历，而对其所学专业却没有具体限制。这一点就注定了高校对大学生管理，特别是对弱势大学生的管理与救助效能不高，极易产生问题。毕竟现在多数高校内部大学生弱势群体救助队伍中，辅导员的比例占据绝大部分，因此高校辅导员队伍素质的高低很大程度上影响了救助效能的高低。而毕业于思政教育、心理学、教育学、社会学等相关专业的辅导员，他们的政治理论、人文素养和文化底蕴等综合素质明显会高于其他专业的辅导人员，而且这些专业的辅导员更能有效地为学生提供日常性的咨询服务，促进大学生主体性的实现和创造性的发挥。

第三，专业的社会工作者在高校中的比例太小。虽然经过十几年的高速发展，社会工作专业教育培养了大批专业社工人才，但是由于社会工作职业化发展的滞后，也由于整个社会对社会工作专业的认识度、接纳度不高，大量的专业社工并未从事专业化的社会工作。而且，由于目前我国大部分地区还没有社会工作博士培养单位，这也大大增加了社工进入高校的难度。专业社会工作者的严重缺乏影响了救助队伍素质的提升。

第四，专业的、合格的心理咨询工作者严重不足。不同类型的大学生弱势群体一般都或轻或重存在心理困扰，心理咨询辅导是救助工作中的重要一环，专业合格的心理咨询人员是高校学生救助工作队伍的重要组成部分。心理咨询是一项专业性极强的服务活动，需要受过专门训练、取得专业资格认证才能胜任。同时，实践经验的积累对心理咨询的效果有着重要的影响。由于种种原因，高校中的专业心理咨询人员数量较少，能力突出、能够完全胜任弱势大学生心理疏导的更是严重不足，这也是制约大学生弱势群体救助工作顺利发展的一个重要因素。

尽管近几年多地相继开展了高校心理咨询人员专业培训，但是实际效果与期望存在较大差距。诸多技能培训中，心理咨询师考试是规模最大的一种形式，但是突击一两个月，看几本书就能拿证，让很多没有心理学基础的持证人员仍然不敢独立进行门诊咨询服务。为整顿考试乱象，2018年起，国家心理咨询师考试暂停，何时重启考试至今没有明确说法。其他的培训一般时间较短，内容安排上要么笼统，要么只能以讲座的形式点到为止，知识技能碎片化，不能让受训者形成系统的知识与技能体系。一些培训者看到了掌握系统理论技能的重要性，顺势而为以工作坊的形式推出来系列技能培训，但是费用贵得令人咋舌，每期动辄上万元甚至几万元的培训费让大部分学校吃不消。即便是经费宽裕，出于平衡考虑，也很少有学校支持一个员工从头到尾参与全程系列培训，而是采取轮番受训的方式，达到利益均沾，如此一来还是达不到系统提升专业能力的要求。由此可见缺乏专业心理咨询师依然是影响救助效果的重要因素，需要各级教育管理部门认真思考，找出一个有效的解决办法。

第五章

学校社会工作与大学生弱势群体救助

通过前文分析，我们发现当前大学生弱势群体救助存在诸多问题，迫切需要合理的救助理念和科学的救助方法。本章通过对学校社会工作价值理念和工作方法的介绍，论证学校社会工作救助大学生弱势群体的适当性、合理性。

第一节　学校社会工作的价值理念与基本方法

一、学校社会工作的价值理念

"以人为本"是学校社会工作遵循的基本价值理念，以人为本在学校教育领域就是以学生为本，尊重关爱学生，促进学生成长，具体体现在以下三个层面上。

（一）尊重平等

尊重平等的理念就是尊重当事人，确认帮助者和被帮助者之间的平等关系。社会工作者相信，所有人都有与生俱来的价值和尊严，而不论是百万富翁还是无业游民，不论是达官贵人还是平头百姓，不论是健康人还是残障人士，不论肤色、性别、年龄、信仰……而且这种尊严与价值是与生俱来的，不因个人的地位高低、权力大小、贡献多少而有所增减。

尊重平等的价值理念，体现在操作层面上主要包括接纳、包容、平等几个方面。

　　所谓接纳，就是社会工作者在实施专业服务过程中，从内心接纳当事人，将他们看作工作过程中的重要伙伴，对其价值偏好、信仰、风俗习惯等保持宽容与尊重的态度，不因年龄、性别、种族（民族）、职业、社会地位、生理心理状况等的差异而有任何的歧视，更不能因为上述原因而拒绝为其提供服务。在学校社会工作中，社会工作者贯彻接纳原则就是要无条件地接纳每一个学生，无论他优秀还是落后，"学霸"还是"学渣"，还是身有残疾、行为失范等，都要把他视为一个人来看待，承认他的价值和尊严，毫无保留地接纳。

　　接纳不等同于"赞同"。接纳强调的是社会工作者要尊重和接纳服务对象整体的个人，无论他是什么人，做了什么事。这种对服务对象的理解和看待并不意味着社会工作者赞同服务对象的行为、态度、建议，也不是给予他肯定和支持。给予接纳并不意味着社会工作者不评估服务对象的行为或者尝试阻止破坏性行为，而是要将个人的价值观与行为分开。社会工作者要帮助服务对象对自己的行为进行自我评估。

　　所谓包容，就是社会工作者对服务对象秉持不批判的态度，即不对服务对象做出是非对错等的结论性或倾向性的意见。

　　包容不代表不需要判断力。社会工作者不批判服务对象，但却可以对他的言行、观念等进行分析，提出建议，以帮助服务对象改变不被社会认可的问题行为，去除不符合社会规范的价值观念，协助服务对象以积极的态度应对自己的问题。

　　所谓平等，有两个层面的含义，一是学校社工与服务对象之间是平等的工作关系，服务对象无需仰视社工，社工也不能俯视服务对象，双方处于平等地位，共同努力解决问题。在我国，由于受到"一日为师终身为父"传统观念的影响，师生之间没有实现真正的平等互动，基本上处于亚平等状态。在此影响下，学生就会不自觉地降低了自己的地位，在接受社工服务时也会不知不觉地将这种心理惯性带到与工作者的关系中，从而压抑个性，妨碍了自我成长能力的提升。二是学校社会工作要推动实现教育机会平等。就是为那些因经济、家庭、社会、心理、生理等因素不能获得充分的教育发展机会的学生提供学习上、生活上的辅导与帮助，维护他们的公平受教育权，促进他们身心的和谐发展，促进潜能的发掘与提升。

（二）助人自助

助人自助顾名思义就是帮助他人自主自立。学校社会工作深受人本主义思想影响，相信人是有能力、有价值的，每个人都具有与生俱来的向上的自我成长的力量。求助者所以深陷困境主要是由于不良的生存环境阻碍了潜能的发挥。工作者的主要任务是运用专业知识和技能，为求助者创造良好的成长环境，帮助他们发掘潜能，激活固有的成长能力，迈向自我实现。学校社会工作坚信求助者的领悟力、自决力和创造力，社会工作者最终的工作目标就是帮助求助者自救自助、自主人生，变"他助"为"自助"，做掌握自己幸福命运的主人。

在具体操作层面，助人自助的理念常常以"案主自决"的形式指导约束社会工作者的思想和言行。案主自决意味着问题的解决者是服务对象而不是社会工作者，服务对象对问题解决负主要责任；服务对象面临的问题有多种解决方案，他们有权利也有能力做出选择而不必屈从工作者的压力；自决并不禁止或限制工作者对服务对象提出意见和建议，与服务对象共同分析问题、分享观点是工作者的责任，关键是用建议的形式而非强制服务对象接受工作者的观点。

（三）服务精神

服务是指通过提供必要的手段和方法，满足接受服务之对象的需求的过程。学校社会工作起源于 20 世纪初美国的"访问教师"运动，最初是帮助移民子女解决学习和生活适应问题。① 为人服务从开创之初就成为学校社会工作的基本存在之道。在随后百年的发展历程中，服务精神始终贯串其中，已经成为学校社会工作的本质特征。

学校社会工作提供的服务是一种专业性的服务活动，需要以专业的理论方法技术为背景，有别于一般性的思想政治教育。具体说就是将社会工作的理论与方法运用于学校教育领域，为有需求者提供有效的服务，帮助他们发现问题现状、分析问题成因、制订应对措施，解决困难、走出困境、并且通过问题的解决获得能力的提升，从而能够应对未来学习生活中的种种挑战。

---

① 李晓凤. 学校社会工作［M］. 北京：中国社会出版社，2010：28.

这样的服务需要受过专门训练的专业工作者组织实施，因此是专业性的、经常的、持之以恒的。

经过不断地总结凝练，学校社会工作根据自己的工作目标，已经发展出完整有序的技术体系，服务的方法和手段更专业、更科学，提高了服务的效果。

二、学校社会工作的基本方法

作为社会工作在学校教育领域内的分支学科，社会工作的三大基本工作方法也被运用于学校社会工作中，伴随着学校社会工作的不断发展，逐渐形成了学校个案工作、学校小组工作和学校社区工作这样三种学校社会工作基本的工作方法。

（一）学校个案工作

学校个案工作是个案工作在学校教育领域内的细化和延伸，也是学校社会工作三大具体方法中最基本最重要的工作方法。它是专业的学校社会工作者运用专门的理论与技术，对全体在校学生特别是存在问题、面临困境的学生以个别化的方式提供的一种物质或精神上的支持和服务，以帮助他们解决问题、摆脱困境、挖掘潜能，从而达到个人最佳的发展状态。[①]

从学校个案工作的定义，可以看出学校个案工作具有如下特征：

第一，个别化。与以一群人为工作对象的小组工作和以整个社区为服务对象的社区工作不同，学校个案工作从形式上来说就是工作者和案主一对一地沟通交流，个别化是它的突出特点。一对一、面对面的服务形式使得工作者能够与案主进行深度沟通，把握案主内心深层次的问题，了解案主独特的困难，为案主量身打造服务方案，更有针对性地帮助案主解决困难，摆脱困境。

第二，专业性。学校个案工作是以专业理论和技术为基础的社会工作方法之一，其操作主体是受过专业训练的社会工作者。与学校一般的专业教师、班主任、辅导员的角色和工作不同，学校社工必须坚持学校社会工作的

---

　　① 范明林，张洁．学校社会工作［M］．上海．上海大学出版社，2005：90.

专业价值理念，运用社会工作的方法技巧为学生提供合格的专业服务。尽管目前由于各家学派对学校个案工作运用的知识理论理解不同、对问题的看法不同，形成的工作途径各不相同，但学校个案工作仍然是一项专业工作，就像律师、医生一样，只是在实际服务过程中运用各种不同的理论与技巧来处理问题。①

第三，以学生的需要为宗旨。学校个案工作致力于为全体学生，尤其是身处困境的学生提供个别化的服务，学生是工作的中心，学生本位是它的又一特征。学校个案工作的服务设置、方法运用都要以学生的需要为出发点和落脚点，既要帮助困难学生解决问题，铺平前进道路，也要扶助全体学生挖掘潜能，促进全面发展，始终以满足学生的需要为最高宗旨，始终把学生放在第一位，以此提升学生自我成长的能力。

（二）学校小组工作

学校小组工作又称学校团体工作，是学校社会工作三大基本方法之一，也是小组工作在学校教育领域内的细化和延伸。它是社会工作者在学校这一特定领域内的延伸，以两个或两个以上学生组成的小组为服务对象，运用小组工作的方法和技术，通过引领学生参与小组活动及组员之间的互动，获得小组经验，产生行为改变，恢复和提升社会功能，小组学生更好地面对现在及未来的社会生活。②

学校小组工作具有以下特征：

第一，对象的群体性和同质性。虽然学校个案工作与学校小组工作都以学生为服务对象，与学校个案工作不同，学校小组工作的服务对象不是一个学生个体而是由两个或两个以上学生组成的群体，以3—20人的群体最为常见。在学校中，常见的小组主要有兴趣小组、服务或志愿性质的小组、成长小组、互助小组等，这些小组都有特定的目的，成员的筛选上都要求有共同的需求或面临相同的问题，具有高度的同质性。

第二，服务的高效性和经济性。相对于学校个案工作一对一的服务方式，小组工作以群体为对象，小组成员高度的同质性使得工作者能够使用相

---

① 黄维宪，曾华源，王惠君．社会个案工作［M］．台北：五南图书出版公司，1985：4.
② 王思斌．社会工作概论［M］．北京：高等教育出版社，2004：185.

同的服务模式、方法和技术解决他们共同面临的问题或满足他们共同的需要，一次服务可以使多人受益，提高了服务效率，节约了社会资源，是一种高效而经济的工作方式。

第三，小组自身具有动力性。小组是由几人或几十人构成的群体。根据美国著名社会心理学家勒温的场域理论，小组就是一个场。① 具体讲就是，小组一旦产生就会形成一个物理学所讲的场，当组员进入小组就进入了一个由自身和不同的力量和变量组成的心理场中，个人的行为就会受到这些力量和变量组成的心理场的影响，这些发生在小组内的所有觉察到的或未被觉察的心理倾向和行为表现就是小组动力，它常常通过组员的交往互动表现出来，并且贯串于小组从启动形成到发展成熟直到最后结束跟进的全过程。小组工作从本质上讲就是借助小组动力达成工作目标。在学校小组工作中，由于学生年龄相仿，社会化程度相近，彼此间的影响互动更明显，在面临相同或相似问题时，组员间的经验分享更能起到相互帮助的作用，所以，学校小组工作运用小组动力帮助学生改变和成长是个案工作所不具备的。

（三）学校社区工作

生态系统理论认为个人不是完全独立自存的个体，人的行为是内在的心理因素与外在的环境因素相互作用的结果。研究一个人必须将他放在他所处的环境中去，注重研究社会环境及其各要素之间的关系，用系统论的方法去分析情境中的人的行为。基于此，在开展学校社会工作时，自然而然地就会考虑学生生活的环境，社区因此进入了学校社会工作者的视野。学校社区工作的基本含义是，运用学校社会工作的理念、原则、方法、技术，在社区范围内开展学生工作，协助社区建设，改善教育环境，促进学校与社区建立良好的关系，协助学生更好地成长。②

正确理解和把握学校社区工作的概念还要区分学校社区工作与一般性的社区工作的不同。一般意义上的社区工作是指在社区内开展的社会工作，通过组织社区居民参与社区集体行动，合力解决社区问题，改善居民生活环境，推动社区经济、社会关系和民主政治的发展。它主要强调的是促进社区

---

① 刘梦. 小组工作［M］. 北京：高等教育出版社，2003：33.
② 范明林，张洁. 学校社会工作［M］. 上海：上海大学出版社，2005：159.

健康发展，实现居民的福利。而学校社区工作则强调两个方面的诉求，一方面将学校的理念、知识、师资、学生等资源运用于社区，参与社区建设，促进社区发展。另一方面，运用社区内部的人际关系、组织机构、场地设备、人员资金等各种有形无形的资源为学生提供精神的、物质的支持，优化学生成长环境，协助学生解决问题，摆脱困境，促进学生潜能开发。所以，学校社区工作实质上是在学校与社区之间建立良好的关系，既能协助学生更好地成长，又能促进社区健康发展，达到双赢的效果。

学校社区工作具有以下特征：

第一，研究视角的宏观性。与微观的学校个案工作和学校小组工作不同，学校社区工作被称为一种宏观的工作方法。它的工作对象既不是个人也不是小组，而是整个社区。学校社区工作采用宏观的视角分析问题、解决问题，认为问题产生的根源不仅在于个人自身而且与所处的社区环境、社会制度以及整个社会有密切联系。社区工作者解决问题的方法不是要纯粹地改变个人，而是通过在社区内开展各种集体活动，参与社区建设，改善社区环境，最终促进学生的成长。

第二，学校与社区的互利性。学校社区工作将学校社会工作延伸到社区环境中去，在社区范围内开展学生工作。通过组织学生参与社区活动，将学校的教育资源运用到社区建设中，合力解决社区问题，优化社区环境，这对社区发展具有积极的促进作用。另外，促进学生全面发展、健康成长是学校社会工作的最终目标，它所有的理念、原则、方法和技巧都为实现这个目标服务。学校社区工作作为学校社会工作的三个基本方法之一，自然不能例外。实质上，学校社区工作是在社区内开展的学生工作。学校社会工作者综合运用各种社会资源帮助学生解忧脱困，发掘潜能，提升素养。同时，社区环境的改善也优化了学生的生存环境，对学生的成长大有裨益，对学校教育工作也具有积极的促进作用，所以，学校社区工作对于社区和学校具有互利性，是一个双赢的过程。

第三，资源利用的广泛性。在社会学中，社区是指一定数量居民组成的、具有内在互动关系和文化维系力的地域性的生活共同体，地域、人口、组织结构和文化是社区构成的基本要素。① 地域要素指社区存在的特定地理空间，包括自然地理空间（如所处位置、自然资源、地貌特征等）和人文地理空间（如人文景观、建筑设施等）。人口要素是指居住在本区域的居民。社区人口的数量多少、质量优劣，性别、年龄、职业等的构成情况，人口分布与流动状况等是人口要素的主要子要素。组织结构要素是指社区内部的各种社会群体、社会组织以及它们的构成方式和相互关系。文化要素指的是社区文化，包括风俗习惯、生活方式、历史传统、社区归属感认同感等。上述四个要素既是构成社区的必要条件，又是社区的重要资源。在社区内开展学生工作，不能单纯依靠专业工作者的力量，学校社区工作者要扮演好资源发掘者、整合者、关系疏通者的角色，充分挖掘利用社区中蕴含的这些丰富的自然资源、人力资源、文化资源，有目的、有计划地为学生服务，为教育服务。

第二节 学校社会工作是救助大学生 弱势群体的突破口

一、学校社会工作的理念符合大学生弱势群体救助的宗旨

大学生弱势群体救助的根本目标就是帮助他们去除弱势、自立自强，就是要培养他们自尊自信的人格特征、自我成长的能力特点。社会工作强调以人为本，以人为本的思想在学校社会工作中主要体现为三种价值理念：尊重平等、助人自助、服务至上。分析其内涵可以看出这三种理念非常适用于大学生弱势群体的救助工作。

（一）尊重平等的理念有利于保护大学生弱势群体的自尊心、增强自信心

尊重平等的理念就是尊重当事人，确认帮助者和被帮助者之间的平等关系。大学生弱势群体是大学校园里处于不利地位的群体，由于自身的弱势，

---

① 许永祥. 社区工作［M］. 北京：高等教育出版社，2004：8.

他们总感到比别人低下，担心被人看不起，自卑敏感、缺乏自信成了他们普遍存在的心理问题。自卑是一种消极的自我评价或自我意识，总是过低地看待自己的能力和品质。敏感则表现为对外界刺激的过度反应。弱势大学生对自己的弱势耿耿于怀，出于自我保护的目的他们常常把自己的想法投射到别人身上，认为别人也和自己一样对自己的弱势放不下，看不起自己，于是就变得格外敏感多疑，别人不经意的言谈举止常常引起他们负面的感受，表现出过分的自尊。

自卑敏感不仅造成了大学生弱势群体的紧张焦虑，也容易使他们产生认知偏差，造成心理失衡，影响人际交往，更加退缩孤独，更加难以相处，进一步强化了弱势，离正常学生群体越来越远。所以说，对大学生弱势群体的救助，不仅要用经济资助、技能培训等具体方法针对性地应对弱势，更要用精神关怀、心理慰藉帮助弱势大学生摆正心态、克服自卑、树立自信，这既是大学生弱势群体救助的基础与前提，也是该项工作要达到的重要目标。只有摆脱自卑，树立自信，他们才能正视自我、接纳自我，才有可能调动自我的力量走出困境，真正实现救助的目的。

学校社会工作作为一种专业的助人工作，以人道主义为理论基础，坚持以人为本的思想，尊重平等是其基本的价值理念。学校社会工作要求社会工作者以平等的态度对待每一个工作对象，不因年龄、性别、问题状况等不同而有所歧视。强调每个个体都是重要的，都有获得社会理解、社会尊重、社会关怀的权利，也都拥有享受社会所提供的各种机会和资源的权利。尊重平等就意味着无条件的接纳，大学生弱势群体自卑心理产生的根本原因是害怕别人对自己的排斥与拒绝，当他们真切感受到社会工作者的真诚尊重时，内心的恐惧与担忧就会渐渐消退，从而敢于正视自我、接纳自我，激发出自我成长的力量，由此提高了自信心，同时也产生了对帮助者的信任，为接受各种救助措施做好了心理准备。

（二）助人自助的理念有助于培养大学生弱势群体自我成长的能力

学校社会工作专业价值中的"助人自助"，具体说就是帮助那些有困难的人学会自己解决自己的问题。学校社会工作以人本主义理论为价值依据，认为每个人都有内在的能力和动力，都有潜在地发挥自己优势、实现自己价值的能力，开展工作的关键是如何协助服务对象挖掘个体的潜能，改变并调整其自身与社会之间的不适应状态，最终改善其处境。根据人本主义对人性的理解，只有满足了个体尊重的需要，个体有了自信心，才能激发其潜在的能力，达到自我实现。因此，社工助人并非单纯提供物质的帮助，而是致力于被帮助者自信的恢复，激发被帮助者顽强的生命力和强大的自助力，最终依靠被帮助者个人的力量走出困境，恢复自信，重新面对生活。在具体工作中，社会工作者一方面立足于服务对象当下的实际问题，充分利用服务对象及其所生活的社会环境等多方面的资源，提供必要的物质、机会、生活条件、良好的社会环境、生活范式和社会关系等社会资源，另一方面，时刻遵守尊重、真诚、共情等职业操守，激发服务对象内在的潜能，鼓励服务对象自己做决定，最终由"他助"变"自助"，提升被帮助者自我成长的能力。

在大学生弱势群体救助工作中，助人自助的理念有着重要的价值。如前所述，大学生弱势群体救助的根本目的是促使弱势大学生有信心、有能力适应环境、走出困境。弱势大学生之所以陷在弱势的旋涡里出不来，固然与他们不良的生活环境有关，更重要的是他们缺乏走出困境的信心和能力。他们需要"输血"，但更需要"造血"，需要学习如何发掘利用现有的资源、如何积极争取可能的资源帮助自己战胜困难、适应生活。助人自助这种不仅"授人以鱼"更是"授人以渔"的价值理念更符合大学生弱势群体救助工作的需要，对于促进弱势大学生自立自强、健康成长有着重要的价值与意义。

（三）服务至上的理念有助于保障大学生弱势群体的权益

所谓服务至上的理念就是说学校社会工作是一种专业的服务活动，以利他主义为指导，以科学的知识为基础，运用科学的方法帮助遇到困难的学生摆脱困境，正常发展。服务是学校社会工作的基本特征，学校社会工作者是服务者，有困难的学生是服务对象。

"服务"一词是舶来品，英语是 service，包含着两层意思，一是给予实际的帮助，二是这种帮助是服务者对服务对象的奉献、付出，体现了对服务对象的尊重。在大学生弱势群体救助工作中贯彻服务至上的理念凸显了对弱势大学生的尊重，更能保障大学生弱势群体的权益。现行的思想政治工作模式不强调对学生的教育管理是服务学生，习惯于上对下的指导，把弱势学生看作需要"救济"而非"服务"的对象。学生工作者作为资源的掌控者高高在上，对弱势学生的救助常常包含着"给予""施舍"的味道。这样的做法使得敏感自卑的弱势学生在接受帮助的同时付出了颜面与自尊，心理上受到二次伤害，心理健康受到影响，违背了教育救助的初衷。更有甚者一些弱势大学生为保持尊严而拒绝接受救助，这些都损害了弱势大学生的公平待遇权，进而影响他们其他权益的获得。

服务至上的理念运用于大学生弱势群体救助工作将会大大改变现有的工作状况。服务理念强调尊重，要求学生工作者要调整认知，改变观念，从高高在上的位置上降下来，与被救助学生人格平等，甚至要把被救助学生放在较高的地位上为他们服务，让他们满意。一旦学生工作者真正接纳了服务理念，在救助工作中不仅会真诚地对待弱势大学生，还会产生共情，对他们的困境感同身受，就会主动地维护和保障他们的各项权益，从而帮助他们尽快走出困境，自立自强。对于弱势大学生自身来说，服务至上的理念让他们感受到了尊重，维护了尊严。马斯洛需要层次理论告诉我们，当个体的尊重需要得到满足以后，自我实现的需要就会自然出现，产生出一种积极向上的力量推动个体发掘潜能、努力奋进，从而使他们有信心有勇气冲破低人一等的心理藩篱，大胆地追求和维护应有的各项权利，实现新的飞跃。这种内在动机的激发对于促使弱势大学生战胜困难、摆脱困境具有重大作用。

二、学校社会工作的具体方法更适应大学生弱势群体问题的解决

在教育实践活动中，学校社会工作提炼出三大经典工作方法——学校个案工作、学校小组工作、学校社区工作，它们秉承社会工作的专业价值理念，以科学的理论体系为指导，有独特的工作形式与程序，操作严谨规范，非常适合大学生弱势群体问题的解决。

（一）学校个案工作体现个别化原则，满足个别化要求

学校个案工作是学校社会工作者通过直接的、面对面的沟通方式，运用专业知识和技术，为解决学生在学习、人际交往、个人成长以及学校生活适应等方面的困难或问题而提供的个别化服务。学校个案工作以处于困境的学生为工作对象，注重建立一对一的专业助人关系，突出体现了个别化原则。

大学生弱势群体是一个笼统的称呼，包含着大学校园里方方面面处于劣势地位的大学生，并且每个人具体的弱势程度、造成弱势的原因也各不相同，因此弱势大学生的具体问题千差万别各不相同，只有为他们量身打造个性化的救助方案才能有效解决问题。目前高校学生救助工作属于思想政治工作的范畴，传统的思想政治工作因其突出的政治目的，要求面向全体人员，往往过分强调统一思想、统一认识，按统一标准与方式行动。反映在大学生弱势群体救助工作上往往是重视面上的工作，很少考虑每个受助学生的细微差别，一方千用，救助结果常常不尽人意。引入学校个案工作方法，对在学习、生活中遇到困难和出现适应性障碍的学生进行针对性的个别辅导，可以增进与学生的交流，对症下药，满足个别化要求，有效解决形形色色的具体问题，实现帮助大学生弱势群体摆脱困境、健康成长的发展目标。

而且，学校个案工作的操作过程也更加专业化、规范化。在面对面的沟通交流形式下，学校个案工作有着丰富的理论模式，如心理与社会治疗模式、人本治疗模式、行为修正模式、理性情绪治疗模式，等等。这些模式或挖掘问题根源、或激发内在潜力、或矫正不良行为、或形成正确认知，针对性强、步骤规范严谨。面对面的交流也不是随意的闲谈，里面贯串着会谈技巧、倾听技术等专业方法，贯串着接纳、尊重、共情等专业理念。这一切进一步提高了大学生弱势群体的救助效果。

（二）学校小组工作解决同类问题，提高救助效率

学校小组工作是学校社会工作者把具有相同问题困扰的学生组成小组，在专业社会工作的价值、理论和方法的指导下，充分运用小组动力，协助学生组员在小组中汲取他人的经验，以解决自己的问题、改变自己的行为和提升自己的能力并促进自我成长的专业服务活动。

与个案工作相比，小组工作的一大优势就是同时可以解决多名求助者的问题。小组一般由十名左右的组员组成，多的可以达到二三十个。小组组织者可以根据小组成员的共同问题设计解决方案，通过小组活动达成问题的解决。虽然弱势大学生每个人都有自己独特的困扰，但是他们也存在着一般的、共性的问题，如自卑心较重、自我认知水平低、人际交往能力较差等，同一类型的大学生弱势群体也存在共同的问题，如经济弱势群体的经济困

难、就业弱势群体的求职能力薄弱等。将有共同问题的人集合起来同时解决比一个个逐一解决将会大大提高工作效率。

作为一种专业的助人方法学校小组工作具有鲜明的任务导向，每个小组都有明确的目的，或为了矫正行为、或为了提升能力、或为了解决困难等。为实现目的，从组员的筛选到小组活动的设计实施都有严格要求，小组活动的每一个环节，从小组筹建到活动初期、中期、后期直到最后的评估都要紧紧围绕任务展开，针对性极强。同时小组工作重视理论指导，根据不同助人目标运用不同的理论模式，提高了助人的科学性。另外，小组工作十分强调组员的参与性、主动性，重视运用组员间互动产生的小组动力促进组员成长，达到小组活动目标。由此可见，学校小组工作过程完整规范、理论依据明确、问题导向清楚，更适合于大学生弱势群体救助工作，效率更高。

（三）学校社区工作调动各种资源形成合力提高救助的有效性

学校社区工作是学校社会工作的理论与方法在社区环境中的运用，一方面，学校社区工作者利用学校的教育资源为社区服务，促进社区的发展，另一方面学校社会工作者借助社区内部的各种资源为学生提供良好的成长环境，促进学生能力和潜能的发挥①。在我国目前的高等教育体制下，高校就是一个社区。原因主要在于，第一，高校坐落在固定的地域，有学生、教职工、后勤服务人员在这里长期学习、生活、工作；第二，学生、教职工、后勤服务人员这些群体之间存在着频繁的社会互动；第三，在高校学习、生活、工作的学生、教师等人群享受共同的资源和共同利益，比如，体育设施、绿地、花园、图书馆等；第四，高校围绕着一定的目标形成了自己的制度、组织和文化，高校成员对高校有认同感和归属感。上述四点符合了作为社区所必需地域、人口、组织结构、文化等基本要素，所以说高校就是大学生生活的社区，在高校从事学校社区工作主要的工作空间就是大学校园，学校社区工作救助大学生弱势群体也主要在高校社区中进行。鉴于大学校园兼具学校与社区两种属性的特殊状况，在高校中运用学校社区工作方法开展大学生弱势群体救助工作，主要的任务就是整合各种资源，改善教育环境，形

①　李晓凤. 学校社会工作［M］. 北京：中国社会出版社，2010：130 – 131.

成教育合力，促使弱势大学生摆脱困境，适应正常的学习和生活。这些资源既包括来自社会的国家相关政策法规、各种爱心捐助、各种就业供需见面会、各种专业培训等，也包括学校的教师资源、学生资源、各种后勤服务等。救助者主要扮演着资源整合者、关系疏通者、变迁使能者的角色。大学生弱势群体得到救助，提升了素质和能力的同时，学校的教育管理水平也得到了完善与发展，实现双赢的效果。

学校社区工作对如何整合各种资源有一套完整规范的做法，组织一次社区活动理论依据是什么，要达到什么目标，工作对象是谁，社会工作者扮演哪种角色，具体的操作过程如何，怎样进行效果评估以及后续的跟进等都有明确的要求，具有很强的可操作性。大学生弱势群体对资源的占有处于劣势地位，需要各方面的扶持与帮助，规范的学校社区工作方法更适合他们的要求，有利于提高救助的有效性。

三、社会工作专业教育的快速发展为大学生弱势群体救助提供了人员保障

我国的社会工作专业教育是在西方文化影响下产生的，在最初的萌芽之后停滞了 30 多年，改革开放以后才开始逐步发展起来，特别是进入新世纪以来，发展势头迅猛，人才培养的数量和质量大幅提升，为社会工作的开展，当然也为大学生弱势群体救助工作提供了重要的人员保障。

（一）我国社会工作专业教育的发展历程

1. 萌芽时期

我国的社会工作专业教育开始于 20 世纪 20 年代。19 世纪后半叶，伴随着西方列强的经济入侵，西方文化也以各种方式进入中国。当时美国教会在中国各地设立了基督教男、女青年会，并开办了一些社会福利设施，急需社会服务的专业人才。在此背景下，1922 年，燕京大学成立了社会学系，目的是为美国在中国设立的社会团体和社会福利设施培训社会服务人才。社会学系的成立标志着我国社会工作专业教育的正式开启。特别值得一提的是，为培养实际应用人才，社会学系在理论社会学专业基础上还特别开设了应用社会学专业，说明从一开始社会工作专业教育就注重实用性，注重为社会实践

服务。1925年，该系改名为"社会学与社会服务系"，进一步强化了培养应用型人才的办学方向。之后，金陵大学、金陵女子文理学院、华西大学、齐鲁大学等高等院校或成立社会福利行政系、社会事业行政系，或开设社会服务和社会工作方面的课程，开始了社会工作专业教育的探索与实践。

2. 恢复重建时期

1949年，中华人民共和国成立。出于对社会学、社会工作的偏颇认识与理解，1952年高校院系调整时政府取消了社会学、人口学、社会工作等专业，中国社会工作教育被迫中断。

党的十一届三中全会以后，我国开始改革开放，重新步入现代化的进程。1987年9月，民政部在北京马甸举行社会工作教育论证会，确立了社会工作的学科地位。1988年，国家教委首先批准北京大学设立社会工作与管理专业，并于次年开始招生。随后，中国人民大学、上海大学、厦门大学、吉林大学等也相继开设了社会工作专业课程。1993年4月，中国青年政治学院建立了社会工作系，成为我国恢复社会工作专业教育后首个系级的教育机构。1994年4月，在第二届华人社区社会工作教育发展研讨会上，中国社会工作教育协会宣告成立，我国的社会工作专业教育获得了组织上的支撑。1998年，在教育部颁布的《高等院校本科专业目录》中，社会工作专业由原来的"控制发展"专业改为"非控制专业"，这一举措解除了社会工作教育发展的制度制约，为社会工作教育的发展提供了更大的空间。

从1987年到1998年，我国的社会工作教育得到了一定的恢复和发展，步伐逐渐加快。1993年，全国开设社会工作专业和课程的院校还不到10所，到1998年，已经有30多所高等院校开设了社会工作专业和课程。

3. 快速发展时期

1999年，我国高等教育吹响了扩招的号角，高等教育由"精英教育"向"大众教育"转型，持续扩大的招生规模直接促进了社会工作等应用学科的迅速发展。随着改革的不断深入，社会管理也在不断创新发展。由"全能政府"向"小政府大社会"转变，改善民生，构建社会主义和谐社会成为重要的目标和战略部署，这为社会工作教育的快速发展提供了重要的契机。同时，高等教育改革持续深化，招生权、专业设置权越来越多地下放到高等院校。学校为了生存发展，紧跟时代需要，社区建设、社会福利、社会保障等广受社会关注的专业受到越来越多的青睐，于是社会工作专业在更多的院校如雨后春笋般出现了。从 2000 年开始，平均每年都有 20—30 所高校增开社会工作专业，招生规模不断扩大，招生层次不断提升完善，我国的社会工作教育进入了快速发展时期。①

（二）快速发展的社会工作教育培养了大批专业人才

2006 年 10 月，中共中央十六届六中全会做出《中共中央关于构建社会主义和谐社会若干重大问题的决定》，提出"造就一支结构合理素质优良的社会工作人才队伍，是构建社会主义和谐社会的迫切需要"，明确提出要在 5 年内培养千名高级社会工作者、万名中级社会工作者和 10 万名初级社会工作者。2008 年 6 月，社会工作师职业水平考试在我国首次开启，加快了"建设一支宏大的社会工作专业人才队伍"宏伟目标的落地生根。2010 年 4 月，中共中央国务院发布了《国家中长期人才发展规划纲要（2010—2020 年）》，把社会工作人才列为与党政人才一起要重点发展的六类人才，并决定到 2015 年我国要建成 200 万人的社会工作人才队伍，2020 年社会工作人才队伍要达到 300 万。2011 年 11 月，中央组织部、中央政法委、民政部等 18 部委联合发布了《关于加强社会工作专业人才队伍建设的意见》，指出加强社会工作专业人才队伍建设是构建社会主义和谐社会的一项重大而紧迫的战略任务，对社会工作专业人才培养做出了更加全面细致的部署和要求。各省（自治区、直辖市）也相应出台了本地区加强社会工作专业人才队伍建设的实施意见或专项规划。

随着社会工作教育的不断发展，社会工作人才培养层次也在不断提高。2009 年开始培养社会工作专业硕士（MSW），首批共有北京大学、中山大学、山东大学等 33 所高校作为社会工作专业硕士授权单位。后来经过多次增设，目前全国共有 156 所社会工作专业硕士授权单位。

在这一系列制度设计框架下，社会工作专业人才队伍迅速发展壮大。来自民政部的消息显示，目前，全国已有 348 所高校开设了社会工作专业本科，82 所高校开设了社会工作专业专科。社会工作者职业资格制度已经纳入了

---

① 林小秋．社会工作专业教育在中国的发展［J］．社会工作，2008（1）．

《国家职业资格目录》。2019 年度累计有 33.2 万人取得了助理社会工作师证书，10.7 万人取得了社会工作师证书，全国社会工作者总量已经达到120 万。①

四、社会工作与思想政治教育的契合性为学校社会工作介入大学生弱势群体救助奠定了基础

大学生弱势群体救助隶属于高校学生工作范畴，当前的高校学生工作仍然以思想政治工作为基本工作模式，学校社会工作与思想政治工作有没有融合的可能性？研究发现，二者的终极目标是一致的，工作中的优势领域是互补的，这些不同层面上的契合性为学校社会工作介入大学生弱势群体救助奠定了基础。

（一）终极目标的一致性

学校社会工作和思想政治工作都以现实中的人为研究对象，二者的终极目标是一致的，都是为了实现人的全面发展。

思想政治工作的理论基础是马克思主义。马克思主义高度重视人的解放与发展，强调人的发展不仅是作为"类"的人的发展而且也是个体的人的发展。如何以科学的方法帮助作为个体的人发展是社会发展的重要使命之一。个体的人的发展包括三个维度，一是人的能力的发展，二是人的社会关系的丰富与发展，三是人的个性的发展，这三个层面的发展使每个个体都成为全面发展的"大写"的人②。要做到这一点，在思想政治工作中就要把人作为教育的出发点和归宿，注重以人为本，突出人的主体作用和地位，关心人、理解人、激励人，实现人的全面发展。

学校社会工作作为一项助人活动其价值理念与人道主义密切相连，人道主义坚持以人为本的思想，强调人的尊严、人的价值。在学校社会工作中人本主义的思想具体体现为尊重平等、助人自助和服务精神。尊重平等就是要求学校社会工作者平等地对待每一个工作对象，无论他身上存在多少问题和

---

① 民政部：348 所高校开设社工专业本科教育［EB/OL］．中国网，2019 - 07 - 31.
② 杨鲜兰．经济全球化条件下人的发展问题研究［M］．北京：中国社会科学出版社，2006：37 - 41.

缺点，都有权利获得理解、尊重和关怀；助人自助就是学校社会工作者在为服务对象解决当下的实际问题时要运用各种办法激发他们内在的潜能，帮助他们学会走出困境的办法，实现自我发展；服务精神就是强调学校社会工作是一种助人的服务活动，以服务为特征，是纯粹的利他行为，通过提供各种有效的专业服务帮助服务对象摆脱困境、正常发展。可以看出，上述三种基本理念均体现了学校社会工作对人的价值的尊重、对人的能力的信任。学校社会工作的根本目标就是通过解除服务对象面临的困惑帮助他们发挥潜能，最终实现个体的全面发展。由此可见，学校社会工作和思想政治工作的终极目标是一致的，都是为了人的全面发展。

当然，二者是有差异的。思想政治工作所强调的人的全面发展更多的是一种抽象的概念，是一种指导理念，学校社会工作则更具有可操作性，是操作理念，是人的主体性在实务工作中的具体化。正是如此的相同与差异的存在为学校社会工作介入大学生弱势群体救助提供了操作空间。

（二）优势领域的互补性

思想政治工作是在革命战争年代诞生和发展起来的。在当时的历史背景下，思想政治工作的目的就是要宣传党的方针政策，启发广大人民群众的政治觉悟，提高他们的政治热情。面向全体群众，"使他们团结，使他们进步，使他们同心同德，向前奋斗"①。由此可见，思想政治工作本质上是一种激励手段，主要用以激发群众的革命动机。在具体的工作实践中，结合当时军队对思想政治工作的迫切需要以及官兵文化水平普遍较低的事实情况，第一强调面向全体，第二强调注重实务、注重经验推广。面向全体，关注的就是"面"，要做到经验推广就必须做到标准化，而能够标准化的东西必然是共性的、普遍的。所以，思想政治工作的特征是作为一种激励手段解决一般的、普遍的而非个别化的问题，这也是它的优势工作领域。②

大学生思想政治工作是思想政治工作在高校中的延伸，自然保持它的基本特征。大学生思想政治工作主要是激发大学生的学习动机，教育大学生树

_____

① 毛泽东．毛泽东选集：第 3 卷［M］．北京：人民出版社，1991：849.
② 孙跃．我国高等院校学校社会工作介入模式研究［D］．天津：南开大学，2009：114－116.

立坚定的政治方向,形成正确的世界观、人生观、价值观,培养他们的集体主义精神、社会责任感,使他们成为有理想、有道德、有知识、有纪律的社会主义合格建设人才。在激励方式上强调面向全体学生,重点关注大多数学生的表现,主要解决大学生中普遍存在的一般性问题。虽然在实际工作中也会遇到"少数的"或"个别现象",也要解决他们的问题,但这不是思想政治工作的优势所在。

学校社会工作起源于 20 世纪初美国的"访问教师"活动,一开始就定位于为有问题、有困扰的学生提供必要的帮助。① 在百年的发展过程中,学校社会工作注重吸收社会学、心理学等相关学科的研究成果,逐渐形成了比较成熟的理论体系,如社会化与再社会化理论、标签理论、角色理论、互动理论、精神分析理论、行为主义理论、赋权理论、危机介入理论,等等。每一种理论都针对性地解决学生学习及社会适应方面出现的问题,包括行为偏差、适应困难、人格缺陷、精神危机、处境恶劣等。不难发现,学校社会工作与思想政治工作在关注的对象和解决问题的领域方面大不相同,学校社会工作重点关注的是有问题的个别学生,而不是面向全体学生;学校社会工作的主要任务是增强能力而非激发动机,致力于帮助那些因各种原因而能力不足的学生摆脱困境,提高学习能力、适应能力、应对未来挑战的能力,等等。解决个别学生的特殊问题是学校社会工作的优势领域。

虽然思想政治工作和学校社会工作在教育学生、管理学生方面各有优势,但二者并不冲突,也不矛盾,可以相互配合,相互补充。特别是进行大学生弱势群体救助工作更需要将学校社会工作引入当前以思想政治工作模式为主体的高校学生工作中来,这主要是由大学生弱势群体的特殊性所决定的。大学生弱势群体主要是由于某方面或某几方面能力不足(如学习能力、人际交往能力、社会适应能力、资源整合能力等欠缺)而身处劣势地位,他们迫切需要的是能力的提升。另外,大学生弱势群体本身在大学生群体中就属于少数的、末端的特殊群体,而且弱势群体又有多种类型,具体到每个弱势学生个体身上情况更是千差万别,所以具体的救助工作必然极具个别性,单纯依靠传统的思想政治工作常常力不从心。若把学校社会工作的理念与方

---

① 范明林,张洁. 学校社会工作 [M]. 上海:上海大学出版社,2005:13.

法引进来，与思想政治教育相互配合，则更有利于发挥各自的优势，提高救助工作的效率，促进弱势大学生健康成长，最终实现全体学生全面发展的教育目标。

综上所述，通过对学校社会工作的理念与方法的分析可以看出，学校社会工作完全可以适用于大学生弱势群体救助工作，对帮助弱势大学生走出困境、由弱变强有着重要作用。学校社会工作与思想政治工作的契合性又告诉我们，在当前大学生弱势群体救助以思想政治工作为基本模式的现实情况下存在着学校社会工作的介入空间，在具体的救助过程中完全可以发挥学校社会工作的功能优势，提高救助工作的有效性。社会工作专业教育的快速发展，社工人才队伍的迅速壮大又为学校社会工作救助大学生弱势群体提供了人员保障。所以，学校社会工作介入大学生弱势群体救助是可行的。

第六章

大学生弱势群体救助中的学校个案工作

学校个案工作是学校社会工作者运用专门的理论与技术，对在校学生特别是存在问题、面临困境的学生以个别化的方式提供的一种物质或精神上的支持和服务。个别化是其基本原则之一。大学生弱势群体虽然都是身处困境，但是他们具体的困难状况以及由此带来的困扰是各不相同的，针对具体个体解决具体问题的个案工作的理论与方法是帮助大学生弱势群体摆脱困境的有效工具。那么，适合大学生弱势群体救助的学校个案工作的理论模式主要有哪些？救助工作应当怎样开展？有什么方法和技术？本章将结合具体实例加以探讨。

第一节　大学生弱势群体救助学校个案工作理论模式

一、心理与社会治疗模式

心理社会治疗模式诞生于 20 世纪 20 年代，它植根于多元决定论之中，与传统社会工作实务关系最为密切。它吸收了精神分析、人在情境中、人际沟通等理论精髓，强调应同时从两个方面来理解大学生弱势群体，既要识别并评估影响大学生弱势群体的心理因素（如人格、智力和能力），还要识别并评估影响大学生弱势群体的社会因素（如校园环境、同伴关系等）。其理论发展至今，试图综合人类行为与社会环境的各种理论，系统地阐明人格发展与社会功能之关系。运用心理社会治疗模式，需要探讨和了解大学生弱势群体生物的、物质的、身体的、个人的、人际与文化的互动因素。

（一）基本假设

1. 个人的成长受心理、生理和社会三方面因素的影响

心理社会治疗模式认为，人生活在社会环境中，受生理、心理、社会三方面因素影响，这三个因素相互作用，共同推动个体的发展。因此，要了解大学生弱势群体发展过程中出现的问题不能只考虑是某一个方面的原因，它是多种因素综合作用的结果。

心理社会治疗模式在其发展过程中深受生态系统理论的"人在情境中"思想的影响，要求社会工作者要把案主放到他所生活的日常生活环境中，通过了解案主所处的社会环境把握他的问题。对于大学生弱势群体的救助来说，就要考虑他们所处的学校、班级、宿舍等微观环境，考虑这些日常生活情境对他们的心理和行为的影响。

2. 个人早年未被满足的欲望、情绪需要或冲突，仍藏在个人的潜意识中

心理社会治疗模式深受精神分析学派的影响，认同弗洛伊德的潜意识理论，认为个体早年未被满足的欲望、需要以及各种心理冲突并没有被个体彻底遗忘，而是被压制在潜意识中。潜意识如同一口沸腾的大锅，一旦条件许可，那些被压抑的欲望、需要、冲突等就会蹿升到意识层面，造成心理痛苦和困扰。所以，心理社会治疗模式重视探索案主早年的经历，特别是早年创伤性的经历，通过与案主深度沟通，让案主领悟自身问题的根源所在，通过倾诉让案主把内心的负面情绪宣泄出来，获得心理平衡。

3. 个体的问题与过去的、现在的和问题处理过程中的压力密切相关

过去的压力是指个体早年与环境互动中被压抑的未满足的欲望、未解决的冲突以及消极的情绪所带来的压力。这些压力作为个体行为的原始动力影响现实的行为取向，干扰个体现实的生活，妨碍个体对新环境的适应。

现在的压力是指个体感觉到的当前的社会生活环境造成的压力，比如，经济弱势大学生由于窘迫的经济条件造成的心理压力，就业弱势大学生面对激烈的就业竞争产生的恐慌无助的心理感受等。现在的压力过大或者压力源与早年的创伤性经历情境相似时还会唤起被压抑的负面情绪、经验和感受，使早期的问题重新显现出来。

问题处理过程中的压力是指个体在处理自身问题时对外部环境缺乏理性

处理能力、对自身情绪控制能力欠佳，降低了应对外部环境的能力，从而造成新的压力，带来新的问题，使得个体的问题与困扰更加难以摆脱。

过去的压力、现在的压力和问题处理过程中的压力共同造成了个体当前面临的问题。由此可见，探寻大学生弱势群体的困惑与问题要从上述三个方面入手，综合考虑三种压力的影响。

4. 沟通在互动中不可或缺

心理社会治疗模式重视人际沟通在个体健康成长中的作用，认为沟通是个人与个人有效交流的基础，是形成个人健康人格的基本条件。沟通不畅也是造成个体深陷困境的一个重要原因。个案工作的基本形式——个案会谈就是一种个案工作者和案主之间的人际沟通，心理社会治疗模式非常强调运用这种特殊的人际沟通形式引领案主探寻问题产生的根源，发现解决问题的办法，寻找有利于问题解决的各种资源。对于大学生弱势群体而言，一方面要考察他们的人际关系，分析不良的人际沟通给他们带来的消极影响，另一方面要建立良好的专业关系，充分运用有效的沟通技巧引导弱势大学生寻找自己身陷弱势的原因，发掘自身优势，摆脱困境，自立自强。

5. 每个人都是有价值的，都有有待发掘的潜力

心理社会治疗模式秉承着社会工作"以人为本"的价值理念，相信人是有能力的，有价值的，每个人都有与生俱来的自我生长的能力，个体深陷困境是因为不良的环境阻碍了潜能的发挥，每个人都有有待发掘的潜力。个案工作者救助大学生弱势群体时要充分相信他们的潜能，接纳、尊重、无条件地积极关注，积极营造良好的环境，激发他们的自我成长能力，实现以人为本，助人自助。

（二）治疗技巧

根据上述基本假设，心理社会治疗模式发展出一套行之有效的治疗方法和技巧。主要包括直接治疗和间接治疗两大类型，每一种类型又有许多具体的方法和技巧。①

---

① 许莉娅. 个案工作 ［M］. 北京：高等教育出版社，2013：195－196.

1. 直接治疗技巧

所谓直接治疗技巧就是直接针对弱势大学生个体开展的辅导、治疗。直接治疗技巧根据是否强调工作者与受助弱势大学生的互动情况又可分为非反映性（non‐reflective）直接治疗技巧和反映性（reflective）直接治疗技巧。

非反映性直接治疗技巧指的是工作者根据弱势大学生的具体问题直接提供各种必要的服务，受助者处于被动服从的位置，不关注受助者自身的感受和想法。这种治疗技巧又包括了支持、直接影响和探索—描述—宣泄三种具体形式。

支持是工作者运用专注、倾听、共情、鼓励等态度和技巧减轻弱势大学生的不安，缓解他们的压力，表达对他们的尊重、理解和接纳的工作方式。作为身处困境的学生群体，自卑敏感、缺乏自信是弱势大学生常见的心理问题，他们渴望帮助又害怕被人瞧不起，对于是否接受救助常常处于矛盾焦灼的状态。在救助过程中，工作者关注的眼神、真诚的倾听、设身处地的理解时刻传递着接纳、尊重的信号，对于促进大学生弱势群体的成长有着积极的作用。

直接影响是工作者直接表达自己的意见和态度促使弱势大学生的心理行为发生改变，主要包括提供信息、自我披露、建议、忠告、面质等形式。提供信息是指工作者基于专业特长和经验，向弱势大学生提供所需要的知识、观念、技术等方面的信息。自我披露是指工作者选择性地向弱势大学生披露自己的亲身经验、处事方法和态度等，从而使弱势大学生能够借鉴他人的经验作为处理自己问题的参考。建议是指工作者对弱势大学生的情况、问题有所了解和评估后，提出客观、中肯、具有建设性和有助于解决问题的意见。忠告是指工作者向弱势大学生指出其行为的危害性或他必须采取的行动。面质又称对质，是指工作者发觉弱势大学生的行为、经验、情感等有不一致的情况时直接发问或提出疑义的技术。使用面质的方法就是对弱势大学生自相矛盾的地方进行描述，进而揭示其隐藏的心理矛盾和冲突，让他们看到自己的问题之所在。

探索—描述—宣泄是工作者引导弱势大学生解释和描述自己困扰的产生原因和发展过程，同时提供必要的宣泄情绪的机会。通过语言描述解释自己为什么会产生问题，问题是怎样一步一步发展起来的，可以使弱势大学生更准确地认识自己、了解自己，甚至能使自己过去意识不到的深藏在潜意识中的矛盾冲突意识化，起到修通、领悟的效果，再配合负性情绪的宣泄，使得弱势大学生的心理困扰得到缓解。退一步讲，即使弱势大学生带着偏见进行描述和解释，不能准确地认识自我，工作者通过倾听、观察，也能发现问题所在，特别是了解掌握弱势大学生的负性自动想法和不合理信念，为后续辅导提供事实依据。

反映性直接治疗技巧是指社会工作者在与弱势大学生相互沟通交流的基础上，关注其感受和想法，引导他们分析和理解自身问题的各种具体技巧，主要包括现实情况反映、心理动力反映和人格发展反映三种形式。现实情况反映指的是工作者帮助弱势大学生对自己所处的实际状况做出正确的理解和分析，比如，自己所在的宿舍、班级、学校、社区以及整个社会大环境等，了解这些环境因素对自己的影响，发现可从中利用的社会支持。心理动力反映是利用精神分析的潜意识理论协助弱势大学生正确了解和分析自己内心的反映方式，可帮助大学生认识自己惯常的自动想法。人格发展反映则帮助弱势大学生重新认识和评价自己的以往经历、调整自己的人格，保持本我、自我和超我相互作用的平衡，促进人格健康成长。

2. 间接治疗技巧

间接治疗技巧就是通过改善环境或者辅导第三者来间接影响弱势大学生。根据"人在情境中"的观点，弱势大学生心理社会行为的形成与发展受周围的环境和个体、群体的影响，改善环境、发挥第三者的作用，对于帮助弱势大学生脱离困境有重要意义。第三者范围广泛，弱势大学生的同学、老师、父母、亲属、朋友等与他们有关联、对他们有影响的均属于第三者的范畴。

（三）心理社会治疗模式的特点

心理社会治疗模式把服务过程分为研究、诊断和治疗三个实施阶段。它们相互影响、紧密关联，形成心理社会治疗模式自身的特点。

1. 注重从人际交往的场景中了解弱势大学生

研究阶段就是了解弱势大学生问题状况的阶段，这是社会工作者帮助弱势大学生走出困境的前提条件，具体时间段上指的是从工作者和弱势大学生第一次见面建立专业工作关系开始到收集完成与弱势大学生问题相关的各种资料，也就是主要体现在材料收集阶段。心理社会治疗模式认为，只有把弱势大学生放回到具体的人际交往场景中，并把他们目前的内心冲突与以往的经历联系起来，才能准确揭示困扰产生的真实原因。

2. 运用综合的诊断方式确定弱势大学生问题的原因

心理社会治疗模式对于弱势大学生问题诊断包括三个方面。第一，心理动态诊断，就是对弱势大学生的人格的各部分之间的相互关系进行评估，评估自我、本我、超我的运行状况，评估自我的协调功能发挥是否正常，评估自我失调的严重程度，等等。第二，过程诊断，就是对困扰产生、变化的过程进行分析。第三，分类诊断，就是对弱势大学生问题的生理、心理和社会三个方面的影响因素做出判断。根据"生理—心理—社会"的影响模式，综合考虑弱势大学生的性别、年龄、身体健康状况等生理因素，考虑气质、性格、能力、情绪反应、认知习惯等心理特点，考虑他们的经济条件，所在的宿舍、班级、学校、社区及整个社会文化环境的影响，分析导致问题产生的各种缘由。

3. 采用多层面的服务介入方式帮助弱势大学生摆脱困境

基于研究阶段获得的问题现状和各个层面探究的问题的影响因素，心理社会治疗模式注重采用多层面的服务介入方式帮助弱势大学生摆脱困境，既包括直接面对弱势大学生个体展开辅导和治疗，也包括通过辅导周围的同学、老师、朋友以及改善所处环境等间接影响弱势大学生；既有对弱势大学生直接进行的说服、教导，也通过沟通互动引领弱势大学生自觉地产生改变的动机和行为。总之，通过多种方式的综合运用，帮助弱势大学生有效解决各种心理问题、社会生活困扰，协助他们走出困境，开发潜能，重新适应社会生活。

二、行为修正模式

行为修正模式运用心理学的第二大势力——行为主义的基本思想，以弱势大学生的问题行为为着眼点，探讨不良行为产生的外部条件、机制以及具体的发展过程，提出了一系列矫正不良行为的具体方法和技巧，用以帮助弱势大学生调整或矫正不良的行为方式，更好地适应外在环境。

（一）基本假设

行为主义基于环境决定论的基本观念，认为人的一切行为都是后天习得的，是学习的结果。他们提出了三种学习理论作为行为修正模式具体方法技巧的理论依据。

1. 经典条件反射理论

经典条件反射理论是行为主义学派发展初期最基本的理论依据，来源于巴甫洛夫的条件反射实验。后来，行为主义早期代表人物华生用艾伯特学会害怕的"恐惧实验"再一次阐释了经典条件反射理论的基本内涵，即当一个刺激和另一个带有奖赏或惩罚的无条件刺激多次联结，可使个体学会在单独呈现该一刺激时，也能引发类似无条件反应的条件反应。他们认为人的所有行为都是对刺激的反应结果，是刺激（Stimulate）与反应（Response）的联结，即"S—R"联结。有什么样的刺激就会有什么样的反应，将条件刺激与无条件刺激多次结合呈现，可以获得条件反应和加强条件反应，此为获得；对条件刺激反应不再重复呈现无条件刺激，即不予强化，反复多次后，已习惯的反应就会逐渐消失，此为消退；消退了的条件反应，遇到合适的刺激也可能重新被激发，再次出现，此为恢复；某种特定条件刺激反应形成后，与之类似的刺激也能激发相同的条件反应，此为泛化。获得、消退、恢复、泛化这四种特点广泛运用于具体的行为疗法中。

按照经典条件反射理论观点，大学生弱势群体的消极心理和问题行为都是由外界不良的环境刺激造成的，改变外界环境，问题行为就能得到矫正，良好的行为也能塑造出来。实际工作中常用的厌恶疗法、系统脱敏疗法、行为塑造法等都来源于经典条件反射理论。

2. 操作性条件反射理论

操作性条件反射理论又称工具性条件反射，由新行为主义代表人物斯金纳根据实验而提出。他认为操作性条件反射是指强化有机体的自发活动而形成的条件反射。当有机体偶然做出的行为与积极的刺激（如进食）相连时，偶然的行为就得到强化，最终变成有目的的目标行为；当有机体偶然做出的行为与消极的刺激（如电击）相连时，偶然的行为就被惩罚，进而消退。与经典条件反射的"S—R"联结不同，操作性条件反射是"R—S"联结，而且强化或者惩罚对于是否形成这种联结起到至关重要的作用。

作为行为主义的一个重要分支，操作性条件反射理论同样坚持外部环境刺激是行为产生的根源，认为大学生弱势群体的问题行为是由不良的环境刺激引起的。只是与经典条件反射理论相比，操作性条件反射理论更加注重强化和惩罚在矫正问题行为、塑造良好行为中的作用，并对强化的程序有了更深入细致的研究。

3. 社会学习理论

社会学习理论是心理学家班杜拉在一系列实验基础上提出的一种新的学习方式。与传统的行为主义强调行为的获得与改变必须是行为者自身的直接行动不同，社会学习理论认为，行为可以根据别人的行为后果，通过示范、观察、模仿获得，这叫观察学习或模仿学习。观察学习的全过程由四个阶段构成。注意阶段：对模仿的行为进行观察；保持阶段，把观察到的行为信息储存在记忆里；再现阶段，通过自己的行为组合再现观察到的行为；动机确立阶段，即确立行为模仿的动机。① 个体通过观察模仿他人行为产生替代性奖赏或惩罚，从而修正自己已经习得的行为，同时，也可以通过观察模仿他人行为强化已习得的行为。

社会学习理论突出强调了榜样在行为塑造中的重要作用。获得什么样的行为以及行为的表现如何，有赖于榜样的作用。榜样是否具有魅力、是否拥有奖赏、榜样行为的复杂程度、榜样行为的结果和榜样与观察者的人际关系都将影响观察者的行为表现。所以，运用社会学习理论解决弱势大学生的问题行为，就要注意提供合适的个体作为行为的榜样，通过榜样的力量激发弱势大学生塑造良好行为的动机。

（二）治疗方法和技术

根据上述三种学习理论，行为修正模式发展出一套系统完备的具体治疗方法，有数十种之多。这里主要介绍几种常用的方法技巧。

1. 放松疗法

放松疗法又称松弛疗法，它是一种通过训练有意识地控制自身的心理生

---

① 许莉娅. 个案工作［M］. 北京：高等教育出版社，2004：167.

理活动、降低唤醒水平、改善机体紊乱功能的心理治疗方法。人的身体与心理是相通的，当人们心情紧张时，不仅"情绪"上"张皇失措"，连身体各部分的肌肉也变得紧张僵硬，即所谓心惊肉跳、呆若木鸡。同理，当人的身体放松、肌肉松弛时，紧张焦虑的情绪也能平静下来。人体的肌肉运动受随意神经系统的控制，可由人们的意念来操纵，所以，通过有意识地放松肌肉运动，可以达到解除紧张、缓解焦虑的目的。

放松疗法由简到繁可分为深呼吸放松法、想象放松法和放松训练三种形式。深呼吸放松法用时最少，但功效维持最短，适于紧急情况下暂时缓解焦虑。放松训练是一套体操，用时相对较多，但是一旦掌握了动作要领，可以较长时间发挥作用。三种方法各有所长。

大学生弱势群体作为身处困境之人，焦虑紧张是其常见的情绪困扰。运用放松疗法可以有效缓解紧张、焦虑、不安、气愤等不良情绪，帮助他们振作精神，镇定情绪，消除疲劳，恢复体力。

除了作为一项独立的技术使用以外，放松疗法还可以作为其他行为治疗技术的配套方法一起使用，共同缓解焦虑情绪。

2. 系统脱敏疗法

系统脱敏疗法又称交互抑制法，利用这种方法主要是诱导个体缓慢地暴露出导致焦虑、恐惧的情境，并通过心理的放松状态来对抗这种焦虑情绪，从而达到消除焦虑或恐惧的目的。

系统脱敏疗法主要建立在经典条件反射和操作性条件反射的基础上，它的治疗原理是对抗条件反射。外界刺激引起个体的情绪紧张，这种刺激与紧张情绪形成条件反射，因而个体一想到这个刺激情境就会产生焦虑。所以去除焦虑的积极方法就是解除刺激对象，消除焦虑，即当引起焦虑的刺激存在时，造成一个与焦虑不相符的反应，则能引起焦虑的部分或者全部抑制，从而削弱刺激与焦虑之间的联系。就是采用放松的方式，鼓励个体逐渐接近造成焦虑恐惧的刺激情境，直到消除对该刺激的恐惧感。

系统脱敏的基本原则是交互抑制，即在引发焦虑的刺激物出现的同时让个体做出抑制焦虑的反应，直至最终切断刺激物与焦虑的条件联系。

系统脱敏疗法的操作过程主要包括三个环节，称为"系统脱敏三部曲"。

第一步是放松训练，以达到能在实际生活中运用自如、随意放松的娴熟程度为标准。第二步是建立恐惧或焦虑的等级层次。找出所有使个体感到恐惧或焦虑的事件，将这些恐惧或焦虑事件按严重程度由小到大的顺序排列，采用百分制来划分主观焦虑程度，分数越大越严重。第三步是实施脱敏。包括想象脱敏和实地实物脱敏两种方式。先进行放松训练，然后从焦虑（恐惧）等级表的最低层次开始，想象或直接接触刺激情境，如果不能直接想象或接触，就再进行放松训练，直到不再感觉焦虑恐惧为止。如此一个等级一个等级由低到高逐次展开，直到最后。放松训练穿插于整个脱敏过程。

在矫正大学生弱势群体的不良行为中，系统脱敏疗法多用来解决考试焦虑、社交恐惧等问题，效果非常好。

3. 冲击疗法

冲击疗法又称满灌疗法、暴露疗法和快速脱敏疗法。它是让求助者直接处于引致最严重的恐惧焦虑的情境中，直到紧张感觉消失。

行为主义认为，恐惧行为是一种条件反应，恐惧是经过条件作用学习得来的，因此，某一事物或情境在一个人身上所引起的恐惧体验，会激发他产生逃避行为，而不管此事物或情境是否真的构成了对他的威胁。这种逃避行为会进一步强化恐惧体验，使个体的恐惧焦虑情绪越来越严重，越发逃避使他恐惧的事物和情境。由此，研究者认为，与其逃避，不如面对。一旦个体毅然正视恐惧，恐惧就会减轻。这是一种消退性抑制。

运用冲击疗法解除弱势大学生的恐惧情绪，要讲明治疗的意义、目的、方法和注意事项，要求高度配合，树立坚强的信心和决心，尤其要求他们暴露在恐怖情景中不能有丝毫回避意向和行为。可以布置"家庭作业"，不断训练，巩固治疗效果。工作者可采用示范法，必要时与他们共同进行治疗训练，鼓励他们建立自信、大胆治疗、积极暴露。

冲击疗法对消除弱势大学生的恐惧症状有非常好的疗效，花费时间也比较短，但是要求让弱势大学生突然处于严重焦虑状态，会给他们造成极大的身心压力，对体质虚弱、有心脏病、高血压和承受力低的弱势大学生不能应用此法，以防发生意外。

4. 厌恶疗法

厌恶疗法又叫"对抗性条件反射疗法"，它是应用惩罚的厌恶性刺激，通过直接或间接想象，消除或减少某种不良行为的方法。

厌恶疗法利用条件反射原理，把令人厌恶的刺激，如电击、催吐、语言责备、想象等与求助者的不良行为相结合，一出现不良行为就给予厌恶性刺激，形成一种新的条件反射，以对抗原有的不良行为，进而消除这种不良行为。

厌恶疗法治疗时间较短，在消除弱势大学生的不良行为，如酗酒、网络成瘾、贪食等方面，有积极的治疗效果。

常用的厌恶性刺激主要有三类：药物、电击、厌恶情境想象，工作者需要根据不同的情况采取不同的方式。由于厌恶疗法会给弱势大学生带来非常不愉快的体验，工作者在决定采用此法之前，务必向他们解释清楚，在征得同意后方可进行治疗。

5. 行为塑造法

这是根据斯金纳的操作性条件反射原理设计出来的，目的在于通过强化（即奖励）而造成某种期望出现的良好行为的一项行为治疗技术。一般采用逐步晋级的作业，并在完成作业时按情况给予奖励（即强化），以促使出现期望获得的良好行为的次数增加。

大学生弱势群体在学习、人际交往、社会适应、职业发展、资源获得等方面存在许多需要改进完善的地方，行为塑造法在形成期望行为方面起到了非常重要的作用。

在实际操作中，行为记录表是最有效的强化因子（即奖励方法）之一。这种方法要求弱势大学生把自己每小时所取得的进展正确记录下来，并画成图表，根据图表所示的进展，当作业成绩超过一定的指标时即给予表扬或奖励。弱势大学生自己把进展状况记录下来，这样做本身就是对行为改善的一种强大推动力。工作者再根据超额完成的成绩及时给予表扬或奖励，使期望行为得到进一步的强化，通过这种方式，新的期待行为得以塑造，从而取代了旧的、异常的行为。

6. 观摩示范学习法

又称示范疗法、模拟疗法，是一种向求助者提供某种行为榜样，并使其对之进行模仿学习，从而使求助者习得相似行为的治疗方法。

该方法的理论根据来源于班杜拉的社会学习理论。班杜拉认为，人有复杂的文化背景（指社会条件），所以人的行为是极为复杂的。这种复杂行为不可能只通过经典条件反射及操作条件作用来简单地加以控制或改变，还要通过观摩示范式学习，通过模仿来获得。中国古代的"孟母三迁"就是这种疗法的具体例子，即所谓"近朱者赤，近墨者黑"的道理。

观摩示范学习需要工作者进行具体的指导。工作者要明确指出求助者需要观察模仿的具体行为，了解各种行为的要点，求助者在工作者的指导下具体练习正确的行为，工作者根据求助者的行为练习状况及时给予反馈，不断强化求助者的正确行为反应。

在弱势大学生的心理辅导中存在着大量的观摩示范治疗。例如，从国家励志奖学金获得者身上，鼓励经济弱势大学生战胜自卑、超越自我；以成功创业者为榜样，指导就业弱势大学生学习职业生涯规划，找准社会需求与个人兴趣的结合点，提升就业能力；指导学业弱势学生观察、学习成绩优异者的学习理念、学习方法，等等。

7. 果敢训练

果敢训练又称为决断训练或自信训练等，主要适用于人际关系的调整，其目的是帮助求助者在人际交往中顺利地表达自己难于表达的各种正面的或负面的感受，改善求助者的人际关系。

大学生弱势群体在生活中身处困境，自卑敏感是他们常有的情绪困扰，由此带来了自我认知水平低，自信心差，不善于或不敢表达自己的感受，人际交往能力相对较差。果敢训练对于提升弱势大学生的自我表达能力，增进沟通，改善人际关系有重要作用。

果敢训练一般需要经历以下几个步骤。第一，确认需要进行果敢训练的问题。此阶段的任务是帮助弱势大学生查明哪些行为妨碍了他们的人际交流，需要调整。第二，提高弱势大学生进行果敢训练的动机。在确认了问题之后，就需要帮助弱势大学生认清其不适当行为背后的缘由，激发他们参与训练的行为动机。第三，界定合适行为。此阶段的目标是帮助弱势大学生区分哪些是合适行为、哪些是不合适行为，以便让他们明白自己该采取什么样的应付方式。第四，进行果敢行为的训练。这一阶段主要借助角色扮演、模仿、行为预演等方法，帮助弱势大学生建立积极、有效的行为反应方式，改善人际关系。

（三）行为修正模式的特点

行为修正模式从弱势大学生的行为着手，着重探索如何戒除问题行为、如何塑造期待行为，发展出一系列行为治疗的具体办法，与其他的个案工作理论模式相比，具有突出的特色。

1. 强调以行为为中心

行为治疗者把弱势大学生需要戒除的问题行为和期待建立的良好行为统称为"靶行为"，以此为目标，设计方案，实施定向治疗。在实际操作过程中，注重对问题行为的现状描述，注重考察问题症状发展变化的规律，注重探寻改变环境刺激（即各种行为疗法的使用）与靶行为症状变化之间的因果关系，不注重寻找症状背后的病因。

2. 强调环境因素等外在变量的作用

在行为治疗者看来，弱势大学生的一切行为（包括不良行为）都是通过学习获得的，导致这种学习的重要力量存在于环境或情境变量中，如果一个异常行为得以持续，环境中必有维持它的条件。行为治疗的重头工作就是：第一，分析是哪些条件导致弱势大学生不良行为的获得和维持；第二，考虑怎样重新安排这些条件来消除不适应行为。

3. 强调对方法、治疗效果进行明确的、往往是定量的描述

行为治疗者非常重视对所运用的方法从原理上、程序上做明确的描述，这样，别的治疗者可以重复、检验其有效性，可以互相交流。它也重视对治疗效果进行定量评估，以判定疗效的大小。这使得行为修正模式有一种非常明快、精确的风格，也使得工作者很容易了解自己运用行为修正治疗技术的状况，并与他人进行比较分析，做出总结。

4. 行为修正模式以行为心理学为其理论来源，具有科学的实验基础

行为修正模式的方法和技术来自经典条件作用理论、操作性条件作用理论和社会学习理论的科学实验，它们经过了反复的实践检验，具有较为严格的科学性。多年的临床实践也证明，行为修正模式的治疗效果比较明显。

上述特点赋予了行为修正模式可观察、可测量、易操作、见效快的优势，使之成为个案工作的重要理论分析模式，被广泛运用于各种治疗活动中。但是，由于深受"环境决定论"的思想禁锢，行为修正模式在实际应用

中也存在许多不足，影响了效用的发挥。比如，重视环境因素，忽视人的理性、认知等因素，一方面丢掉了个体自身的成长能力，另一方面也使得治疗效果表面化，造成治标不治本的缺陷。再如，关注的是人的行为而非人本身，自然就会不重视求助者的内心感受，使得求助者基本处于被操纵的地位，这不利于求助者的成长，所以，在实际工作中，行为修正模式经常用于矫正不良行为，而对于那些完善个性品质、促进潜能开发之类的发展性咨询和辅导，行为修正模式就不大适合了。

三、理性情绪治疗模式

理性情绪治疗模式是 20 世纪 50 年代由艾利斯（A. Ellis）在美国创立的。理性情绪治疗模式是认知心理治疗中的一种疗法，因它也采用行为治疗的一些方法，故被称为一种认知行为治疗的方法。理性情绪治疗模式有一套相对系统完备的独特的个案辅导技术，并在临床实践中得到了广泛的支持和肯定，因此，在大学生弱势群体救助的个案工作中理性情绪治疗模式是一种重要的方法和技术。

（一）基本假设

1. 艾利斯的人性观

艾利斯提出的理性情绪治疗模式是建立在他对人性的看法基础上的。艾利斯的人性观概括起来主要包括以下几个方面：①

①人既可以是有理性的、合理的，也可以是无理性的、不合理的，当人们按照理性去思维，去行动时，他们就会是愉快的以及行有成效的人。

②情绪是伴随着人们的思维而产生的，情绪上或心理上的困扰是由不合理的、不合逻辑的思维所造成的。

③任何人都不可避免地具有或多或少的不合理的思维与信念。

④人是有语言的动物，思维借助语言而进行。不断地用内化语言重复某种不合理的信念就会导致无法排解的情绪困扰。

⑤情绪困扰的持续是那些内化语言持续的结果。艾利斯曾指出"那些我

---

① 乐国安. 咨询心理学［M］. 天津：南开大学出版社，2015：286.

们持续不断地对我们自己所说的话经常就是，或者就会变成我们的思想和情绪"。因此，每个人都应该对自己的情绪负有责任。

2. ABC 理论

基于对人性的假设，艾利斯宣称：人的情绪不是由某一诱发性事件的本身所引起的，而是由经历了这一事件的人对这一事件的解释和评价所引起的，这就成了 ABC 理论的基本观点。该理论认为，环境中的各种刺激事件（activating event）是否引起人的情绪和行为后果（emotional consequence），关键取决于个体对这些刺激事件的认知评价和信念系统（beliefs），即构成一个 A—B—C 的反应链，其中 B 这个对事件的看法才是如何反应的真正原因。① 如图 6 – 1 所示。

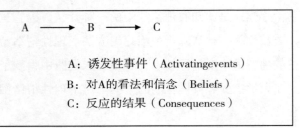

A：诱发性事件（Activatingevents）
B：对A的看法和信念（Beliefs）
C：反应的结果（Consequences）

图 6 – 1　A—B—C 反应链

通常人们会认为，人的情绪的行为反应是直接由诱发性事件 A 引起的，即 A 引起了 C。ABC 理论则指出，诱发性事件 A 只是引起情绪及行为反应的间接原因，而人们对诱发性事件所持的信念、看法、解释 B 才是引起人的情绪及行为反应的更直接的原因。

例如，两个大学生一起在校园里散步，迎面碰到他们的辅导员，但对方没有与他们招呼，径直走过去了。这两个人中的一个对此是这样想的："他可能正在想别的事情，没有注意到我们。即使是看到我们而没理睬，也可能有什么特殊的原因。"而另一个人却可能有不同的想法："是不是上次顶撞了他一句，他就故意不理我了，下一步可能就要故意找我的岔子了。"

两种不同的想法就会导致两种不同的情绪和行为反应。前者可能觉得无

---

① 乐国安．咨询心理学［M］．天津：南开大学出版社，2015：293.

所谓，该干什么仍继续干自己的；而后者可能忧心忡忡，以致无法冷静下来干好自己的工作。从这个简单的例子中可以看出，人的情绪及行为反应与人们对事物的想法、看法有直接关系。在这些想法和看法背后，有着人们对一类事物的共同看法，这就是信念。这两个人的信念，前者在理性情绪治疗模式中称为合理的信念，而后者则被称为不合理的信念。合理的信念会引起人们对事物适当、适度的情绪和行为反应；而不合理的信念则相反，往往会导致不适当的情绪和行为反应。当人们坚持某些不合理的信念，长期处于不良的情绪状态之中时，最终将导致情绪障碍的产生。

从 ABC 理论可以看出，理性情绪治疗模式认为大学生弱势群体存在心理和情绪困扰原因在于这些弱势大学生运用非理性的观念去思考、去行动，当某些不合理的信念在弱势大学生的脑海里不断重复，就会导致他们深陷负性情绪难以自拔。

3. 非理性信念

根据临床实践的总结，艾利斯提出了一般人常见的 11 种非理性信念，韦斯勒经过归纳研究，总结出了非理性信念的三个特征：绝对化要求、过分概括化和糟糕至极。

绝对化要求是指人们以自己的意愿为出发点，对某一事物怀有认为其必定会发生或不会发生的信念，它通常与"必须""应该"这类字眼连在一起。大学生弱势群体中许多人怀有这种观念，比如，"我必须获得成功""别人必须很好地对待我""生活应该是很容易的"，等等。然而客观事物的发生往往不以个人的主观意志为转移，常出乎个人的意料，因此持有这种看法或信念的人极易陷入情绪的困扰。

过分概括化是一种以偏概全、以一概十的不合理思维方式，在对自己和对他人时都可能有所表现。弱势大学生用这种思维方式看待自己时，常凭自己对某一件事物所做的结果的好坏来评价自己为人的价值，其结果常导致自暴自弃、自责自罪，认为自己一无是处、一文不值而产生焦虑抑郁情绪。用这种思维方式看待他人时，别人稍有差错，就认为他很坏，一无是处，其结果导致一味责备他人，并产生敌意和愤怒情绪。

糟糕至极则是认为事件的发生会导致非常可怕或灾难性的后果。弱势大学生如若怀有这种非理性信念就会常常陷入羞愧、焦虑、抑郁、悲观、绝望、不安、极端痛苦的情绪体验中而不能自拔。这种糟糕透顶的想法常常是与弱势大学生对己、对人、对周围环境事物的要求绝对化相联系的。即在人们的绝对化要求中认为的"必须"和"应该"的事情并非像他们所想的那样发生时，他们就会感到无法接受这种现实，因而就会走向极端，认为事情已经糟到了极点。

（二）治疗方法和技术

理性情绪治疗模式注重方法和技巧的运用，在大学生弱势群体救助工作中有一套完整的个案辅导技术。

1. 基本步骤

第一步：通过与弱势大学生的交谈，弄清引起他情绪困扰的不合理信念是什么，找准症结，对症"下药"。

第二步：明确告诉弱势大学生他的哪些信念是不合理的，指出这些不合理信念与情绪困扰之间的关系，使他认识到目前的消极心理状态的根源就是自己的不合理信念，而不是早期经验的影响。

第三步：运用与不合理信念辩论的方法，与弱势大学生进行辩论，通过辩论使他认清自己原有信念的不合理之处，在认识上发生变化之后，才会甘愿放弃原有的不合理信念。

第四步：从弱势大学生现有的不合理信念入手，帮助他以合理的思维方式取代过去那些不合理的思维方式，用理性观念代替非理性观念，以免使自己成为不合理信念的受害者。

第五步：布置认知家庭作业，以巩固疗效。

2. 具体治疗技巧

（1）非理性信念的检查技巧

此方法主要是探寻和识别弱势大学生情绪、行为困扰背后的非理性信念，主要包括：反映感受、角色扮演、冒险、识别。

反映感受：让弱势大学生具体描述自己的情绪、行为以及各种感受，从而识别出背后的非理性信念。

角色扮演：让弱势大学生扮演特定的角色，重新体会当时场景中的情绪和行为，了解情绪和行为背后的非理性信念。

冒险：让弱势大学生从事自己所担心害怕的事，从而使情绪、行为背后的非理性信念呈现出来。

识别：根据非理性信念的抽象、普遍和绝对等不符合实际的具体特征分析、了解弱势大学生情绪、行为背后的非理性信念。

（2）与非理性信念的辩论技巧

辩论的核心是帮助弱势大学生向其非理性信念提出挑战和质疑，以动摇其信念。古希腊哲学家苏格拉底就非常善于运用辩论说服别人或改变他人的思想。苏格拉底式的辩论首先从对方的观点出发，使对方做出肯定的回答，以一个个简洁的问题逼着对方不得不回答"是"，最后在不知不觉中否定了他自己的观点。非理性信念辩论技术就是这一方法的沿袭与发展，所不同的是，后者是对弱势大学生的非理性信念进行质疑，使其做出"不是""没有"等否定性回答，通过一步步的挑战和质疑，最终使弱势大学生的非理性信念发生动摇。

实际应用时，主要有质疑式和夸张式两种辩论技巧。

质疑式是工作者直截了当向弱势大学生的非理性信念发问，如"你有什么证据能证明自己的观点？""是否别人都可以犯错误，而你却永远正确？""是否别人想问题、做事情都必须符合你的意愿？""你怎么能说明事情必须按你设想的那样发生？"等。弱势大学生一般不会简单地放弃自己的信念，面对质疑他们会想方设法为自己的信念辩护，只有当他们感到理屈词穷时，才有可能让其放弃不合理信念，接受合理的信念。有时这种挑战式的提问需要不断重复，最终才会使其放弃不合理信念，并使他们认识到，那些非理性的信念是不现实、不合逻辑的，那些信念是站不住脚的，什么是理性的信念，什么是非理性信念，最终以理性的信念取代那些非理性的信念。

夸张式是工作者针对弱势大学生所持信念的不合理之处，故意提一些夸张的问题，将问题放大了给弱势大学生看，使其认识到自己所持信念的不合理、不现实之处。如一个害怕见人的心理弱势大学生说："别人都看着我。"工作者问："是不是别人不干自己的事，都围着你看？"对方回答："没有。"工作者说："要不要在身上贴张纸写上'不要看我'的字样？"答："那人家不都要来看我了！"问："那原来你说别人都看你是不是真的？"答："……是我头脑中想象的……"

（三）认知家庭作业

社会心理学家科尔曼说过，人的观念的转变是非常困难的。虽然通过与非理性信念辩论动摇了弱势大学生的非理性信念，但是要真正做到接受合理信念、摒弃不合理信念还需不断演练和强化，由此，理性情绪治疗模式非常重视布置家庭作业作为工作者与弱势大学生之间的辩论在一次治疗结束以后的延伸，让弱势大学生自己与自己的不合理信念进行辩论。图 6-2 显示的是认知家庭作业的基本模式。

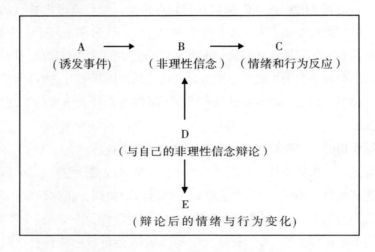

图 6-2　认知家庭作业的基本模式

在实际操作中，最常用的是要求弱势大学生填写 RET 自助量表（RET Self-Help Form）（如表 6-1 所列），即先让弱势大学生写出事件 A 和结果 C，然后从表中列出的十几种常见的非理性信念中找出符合自己情况的 B，或写出表中未列出的其他非理性信念，要求弱势大学生对 B 逐一进行分析，并找出可以替代那些 B 的理性信念，填在相应的栏目中，最后一项，弱势大学生要填写出他所得到的新的情绪和行为。完成 RET 自助量表实际上就是一个弱势大学生自己进行 ABCDE 工作的过程。

例如，一个经济困难的大学生为自己窘迫的经济状况而感到羞耻，沮丧、抑郁，运用认知家庭作业技术，填写 RET 自助量表可以帮助他正确看待自己，接纳自我，消除心理阴影。

表6-1　RET自助量表

A 诱发性事件	B 非理性信念	C 情绪反应	D 与非理性信念辩论	E 新的观念
经济拮据	生在一个贫困家庭非常不幸，父母不能为我提供好的条件令人非常沮丧，贫穷使我低人一等	自卑，沮丧，抑郁，烦恼	出生于贫困家庭就一无是处吗？贫穷就一定会被别人看不起吗？许多名家大家出身贫穷，他们能成功我就不能吗？	虽然我不希望出生在贫困的家庭，但这不是以我的意志为转移的，烦恼不能使境况发生任何改变，只会使情况变得更糟。因此我要学会接纳自我，发现自己的长处，努力进取，赢得他人尊重

（四）理性情绪治疗模式的特点

实践证明，在个案辅导过程中，理性情绪治疗模式效果明显、直接，保持时间较长，很受社工和弱势大学生的欢迎。总体而言，该模式主要具备以下特点。

1. 重视非理性信念对弱势大学生情绪和行为的影响

与行为修正模式不同，理性情绪治疗模式并不是简单地把行为看作外界刺激的直接结果，而是加上了认知的成分，认为对相同刺激的不同认知导致了人们不同的行为后果。弱势大学生的情绪和行为困扰是他们所持有的非理性信念造成的，非理性信念使他们对外界刺激进行绝对化、概括化、消极负性的解释，因此理性情绪治疗模式非常重视非理性信念对弱势大学生情绪和行为的影响。

2. 重视工作者积极、主动介入个案辅导过程

思维具有惯性，某种信念（包括非理性信念）一旦形成，遇到相应的客观刺激就会自动出现，并对刺激进行倾向性的解释。因此，理性情绪治疗模式强调工作者积极主动地介入个案辅导过程，引领弱势大学生发现非理性信念，教会他们与非理性信念辩论，最终用理性信念指导自己的生活，从而解除情绪和行为困扰。工作者积极主动地介入，帮助求助者分析、理解、表达，也使得辅导效果更易出现，提高了辅导效率。

3. 重视面谈辅导和自助辅导的结合

观念的改变不是一蹴而就的，需要一个从服从到认同再到内化的过程，所以理性情绪治疗模式一方面重视面谈辅导，面对面地帮助弱势大学生检查存在的非理性信念，分析形成原因，引导他们用理性信念与非理性信念辩论，体验用理性信念代替非理性信念所带来的情绪和行为的积极改变。另一方面，理性情绪治疗模式又非常重视弱势大学生的自助辅导，强调在面谈结束后的实际生活中也要随时运用面谈时习得的辩论技巧与非理性信念做斗争，以巩固面谈效果，真正接纳新理念，形成新的思维惯性。为此，理性情绪治疗模式派生出"认知家庭作业"这一具体办法，这是其他治疗模式所没有的。面谈辅导和自助辅导的结合，使辅导工作延伸到了弱势大学生的实际生活中，强化了辅导效果。

第二节　大学生弱势群体救助学校个案工作过程

一、接案与建立专业关系

大学生弱势群体遇到学习、生活中的问题前来寻求帮助，学校社会工作者通过与求助者的初步接触，对其问题进行初步评估，与求助者商讨是否可以提供服务，使求助者成为个案工作的对象——案主，这个过程称为"接案"。接案时，最重要的是建立良好的专业关系。良好的专业关系是个案辅导取得成效的基础和前提。

专业关系是学校社工与前来求助的弱势大学生之间建立起来的一种工作关系。这是一种助人关系，目的是通过双方内心感受与情绪的动态交互反应，协助弱势大学生解决问题，使其对环境有最好的适应。

（一）专业关系建立过程中学校社会工作者的工作①

1. 了解弱势大学生的求助意愿并进行适当的处理

"人心不同，各如其面"，前来求助的弱势大学生往往具有形形色色的复杂心态，学校社工首先就要对前来求助的弱势大学生的心态详细了解并加以区分，对不同的求助者采取不同的处理方法。对不需要立刻服务的要对其问题进行一个简单的评估，看是否真的不需要立刻服务还是别的原因，不同情况应不同对待；对询问信息的，要尽可能地提供一些有帮助的信息；对于有求助意愿的，要鼓励他成为案主。

2. 促使有求助愿望的弱势大学生成为案主

对有求助意愿的弱势大学生，学校社会工作者要给予鼓励，树立其解决问题的信心。此时，最重要的是建立学校社工和弱势大学生之间的信任关系，工作者的态度，学校社工机构具有的能够给弱势大学生提供必要帮助的资源等都是鼓励弱势大学生成为案主的必要条件。

3. 澄清弱势大学生的期望

一般情况下弱势大学生都是抱着很大的期望来学校社工机构求助的，希望能够解决自己的问题。如果学校社工不分就里、不了解他的期望和要求就贸然实施服务，很可能出现社工的服务与弱势大学生的需求不匹配的情形。一旦弱势大学生感觉到学校社工机构不能提供满足其期望和需要的服务时，极有可能产生失望、沮丧等情绪，严重者可能产生二次伤害。因此，澄清弱势大学生的期望对学校社工和弱势大学生来说都非常必要。工作者需要做到：

• 介绍学校社工机构的服务范围，告诉弱势大学生哪些可以做，哪些不能做，为不适合本机构的弱势大学生提供适当的转介服务。

• 学校社工要清楚地告诉前来求助的弱势大学生，解决问题不是工作者和机构单方的事，而是需要双方共同的努力，减少求助者的依赖心理，增强他们解决自己问题的责任心，为实现"助人自助"的终极目标打下基础。

---

① 许莉娅. 个案工作 ［M］. 北京：高等教育出版社，2013：172 – 174.

4. 初步评估问题和需要

了解求助弱势大学生的需求，初步评估存在的问题，是判断学校社工机构能否为求助学生提供服务的必要工作。一般而言，要从以下几个方面进行梳理：

● 弱势大学生是否有强烈的求助意愿？主动的还是被动的？

● 前来求助的弱势大学生主要存在何种问题？产生原因是什么？他们期望达到什么样的目标和结果？

● 为什么此时此刻会来求助？此前寻求过什么帮助？自己做过怎样的努力？

● 学校社工机构掌握的资源如何？社工的工作能力如何？能否为弱势大学生提供所需的服务？

在学校社工对上述问题进行评估时，需要不断与弱势大学生一起沟通分享，只有双方相互认可，求助的弱势大学生才能真正成为案主，个案辅导才能继续往下进行。

（二）接案和建立专业关系的基本技巧

大学生弱势群体在学习、人际交往、经济状况、求职择业等方面明显弱于一般的大学生群体，自卑、敏感是其常见的心理特征。因此，学校社工对前来求助的弱势大学生需要付出更多的爱心，秉承人本主义的思想和理念，才能建立相互信任的专业关系，为后续辅导奠定良好基础。

1. 尊重与接纳

尊重与接纳就是学校社工要发自内心地接受前来求助的弱势大学生，把他们作为有思想感情、内心体验、生活追求和独特性与自主性的活生生的人去对待，避免先入为主地将他们定义为"问题人"，对他们一视同仁，以礼相待，尊重信任，保护他们的隐私。尊重与接纳给弱势大学生创造了一个安全、温暖的氛围，使其愿意最大程度地表达自己，使弱势大学生感到自己受重视、被接纳，可以获得一种自我价值感，可以唤起他们的自尊心和自信心，具有明显的助人效果，是救助工作成功的基础。

真正做到尊重与接纳，学校社工必须具备共情的态度和能力。共情（empathy）又翻译为共感、同理心，是指能够设身处地地体验他人的内心世界，而且还能把这种体验传递给对方，让对方感受到对自己的理解。① 实现共情的最根本的一点就是社工必须秉承人本主义思想，相信人性本善，一个人现在的问题总是有其形成的理由，社会工作者就要站在求助者的立场，用他们的视角去体验问题的产生原因与发展脉络，这样，学校社工才能对弱势大学生的各种问题与困惑感同身受，才能真正理解他们，接纳他们。弱势大学生也才会真正感到自己被理解、悦纳，从而会感到愉快、满足，愿意敞开心扉，这对建立相互信任的专业关系会有积极的影响。

2. 专注的倾听

倾听是学校社会工作者利用听觉能力来记录弱势大学生口语或者非口语表达的信息，它是个案工作的一项专业技能。倾听时社工要认真、有兴趣、设身处地地听，并适当地表示理解，不要带偏见和框框，不要做价值评判；对弱势大学生讲的任何内容不表现出惊讶、厌恶、奇怪、激动或气愤等神态，而是予以无条件的尊重和接纳；以机警和共情的态度深入弱势大学生的感受中去，细心地注意他们的言行，注意对方如何表达问题，如何谈论自己及与他人的关系，以及如何对所遇问题做出反应；不但要听懂弱势大学生通过言语、表情、动作所表达出来的东西，还要听出他们在交谈中所省略的和没有表达出来的内容或隐含的意思，甚至是他们自己都不知道的潜意识。

通过专注的倾听，学校社工清晰地向弱势大学生传达着如下信息：我正全神贯注聆听你的语言表达，细读你的非语言行为，关切、疼惜、重视你的遭遇，愿意伴随你上天下海窥视问题的始末。所以说，专注的倾听是一种爱的表达，极易引起弱势大学生的共鸣，是建立专业关系阶段最重要的技巧。

3. 真诚

真诚是指学校社会工作者在与弱势大学生沟通交流时能够以真正的自我出现，不打官腔，不玩深沉，更不是例行公事，而是全身心地投入工作中。这种真正的自我表现出社工内心与外表一致、言语与行为一致，意味着社工没有防卫式的伪装，不会将自己隐藏在专业角色背后。

作为人际沟通的另一方，弱势大学生能够清晰地觉察到社工真实的态度。社工的真挚诚恳，一方面可以解除弱势大学生的面具和伪装，使他们不

---

① 刘晓明，张明. 心理咨询的理论与技术［M］. 长春：东北师范大学出版社，2001：77.

再害怕受到伤害，也为弱势大学生提供了一个良好的榜样，使弱势大学生逐渐放松警戒，自由自在地表达自己内心的伤痛、焦虑、压抑、悲伤、兴奋、喜悦，内外一致、表里如一，更加有利于双方的沟通，也更有利于学校社工提供针对性的服务。

在建立关系时，学校社会工作者的真诚还体现在提供服务之前，要评估自己的服务能力，不能过早或过多地给予弱势大学生承诺，以避免他们产生错误的期望。当明确判定出弱势大学生的问题超出了服务机构或自己的服务范围，如求助者有明显的精神异常，求助者的问题是自己最不擅长的，不能提供有效的帮助，等等，此种情况下需要进行转介，这既是对弱势大学生负责，也是为学校社工自己和服务机构负责。

4. 简洁具体

所谓简介具体是说，学校社工在接待弱势大学生时用句措辞简单清楚、具体明确，避免含糊不清、模棱两可的用语。前来求助的弱势大学生由于自卑、压抑、焦虑、情绪低落等原因，说话常常杂乱、空泛，用词不准确或过分概括化，导致学校社工很难确切理解他们的思想与感受，也就难以做到准确地回馈，这样必然影响服务效果。所以，在会谈中，学校社工要在专注倾听的同时，不断运用内容反应、情感反应、参与性概括等技巧，澄清获得的信息，此时，用句措辞一定要简单、清楚、明确、具体，这样，一方面可以使社工理清思路，准确把握弱势大学生的生活处境，另一方面也可以帮助弱势大学生准确地了解自己的问题以及会谈的目的，减少他们的求助焦虑，让他们感受到工作者听明白了自己所陈述的问题，体会到一种被尊重的感觉。

二、资料收集与问题评估

当学校社工与求助的弱势大学生建立起专业关系以后，个案服务工作就进入了资料收集和问题评估阶段。

（一）资料收集

充分的占有资料是学校社工帮助弱势大学生，为他们提供有效的个案服务的前提和基础。学校社工应尽可能全面地收集弱势大学生的资料，为此，需要分类收集资料。根据生态系统理论，学校社工要重点掌握弱势大学生个人方面的资料、与之相关的环境资料以及弱势大学生与环境互动方面的资料。①

1. 弱势大学生个人资料收集

首先是个人的基本资料，包括性别、年龄、年级、专业、籍贯、学习状况、经济状况、政治面貌、是否恋爱、是否担任学生干部等。需要注意的是，这些资料的收集一定要与弱势大学生的问题有关，而不是查户口。

其次是生理心理方面的资料收集。身心相通，心理问题可以导致生理的疾病，生理的疾病也能影响心理健康。一些严重疾病，如残疾、慢性病等还会使大学生的经济状况严重恶化，陷入经济弱势的泥潭。因此掌握弱势大学生的生理状况是非常重要的。如对弱势大学生病史的了解，有无残疾、遗传病以及长期性疾病，目前的生理状况如何等。心理方面主要是了解弱势大学生的认知特点、需要动机、兴趣爱好、主导心境、人格特征、能力倾向等。**不同类型的弱势大学生所表现的生理心理状况是不同的，收集资料时要根据不同的弱势表现有重点地进行了解。**

再次是弱势大学生对现状和问题的主观看法。包括怎样看待他人和事情，自认为存在哪些问题，问题出现多久了，有什么影响，问题产生的原因是什么，个人以往是如何解决问题的，现在想得到怎样的帮助。

2. 弱势大学生环境层面资料收集

此处的环境主要是指弱势大学生生活其中的重要社会系统，以及可以得到的各种资源系统。

社会系统主要包括学校、所在院系、宿舍、家庭、朋辈群体、学校所在社区等。在了解这些不同的系统时，学校社会工作者对物理和人文的环境都要关注，尤其要关注对弱势大学生有重要影响和与其有重要关系的人，因为这些重要人物对于弱势大学生持有的希望和支持，以及他们帮助弱势大学生的能力，对大学生弱势群体救助工作的开展都具有积极的意义，因而都是学校社会工作者必须了解和认识的。

资源系统主要包括各种可以利用的资源，如同学、舍友、辅导员、任课老师、家长、社会爱心人士、国家社会学校的各类保障政策和制度、图书馆

---

① 张煜. 矫正社会工作 [M]. 北京：高等教育出版社，2008：105.

资料室、学习指导机构、就业指导机构、心理咨询室、大学生资助机构，等等。这些资源将成为学校社会工作者制订弱势大学生个案服务计划的重要依据。

3. 弱势大学生个人与环境交互作用方面的资料收集

交互作用是指个人与其环境发生作用的状况。弱势大学生的问题有时候会出现在与环境的交互作用上。因此工作者需要了解弱势大学生与周围人是如何建立关系的。当弱势大学生有问题的时候，他们可以提供帮助和支持吗？对这些问题的了解有助于工作者更深刻地了解弱势大学生，以及提供一些解决他们问题的信息和资源。

全面而准确地收集资料是一种能力，又是一门艺术。学校社会工作中对弱势大学生资料的收集主要是通过与他们面对面的直接会谈所得。必要时，也可以通过了解第三方，如同学、老师、家长等获得所需材料。此外，观察法、文献法、测验法也是常用的方法。

（二）问题评估

1. 问题评估遵循的原则

（1）个别化原则

大学生弱势群体有不同的类型，有的经济条件差，有的学业不良，有的心理素质低下，有的求职择业无门……每种类型都有自己特殊的问题和困扰。即使是同一类型的弱势大学生，具体问题也会因人而异。比如，都是心理弱势大学生，有的是认知不合理，有的是情绪反应有问题，有的是意志薄弱，有的有人格缺陷。

同一种问题由于每个人的生理心理特征不同、生长环境各异，形成的原因也各不相同，问题的具体表现也千差万别。因此，学校社会工作者面对具体的弱势大学生进行问题评估时必须坚持个别化原则，问题表现、原因探究、影响因素分析等都要密切联系弱势大学生个人具体情况，进行个别化的分析与诊断，切忌"千人一方"。

（2）双方参与原则

双方参与指的是在评估问题时，不单有工作者的分析诊断，弱势大学生也要参与其中，通盘知晓，在工作者的引领下参与问题分析和认定。社会工作的终极目标是"助人自助"，所有的工作环节都要为这个目标服务，对问题的判断与评估也不例外。弱势大学生参与问题分析与判定过程，体现了"案主自决"，能够使其感受到工作者对自己的尊重，从而激发起解决问题的责任感和信心。同时，参与问题评估过程也是对问题的梳理和再认识过程，本身就能起到一定的治疗作用。所以，尽管工作者对弱势大学生的问题有自己的专业判断，但是对问题的判断一定要有弱势大学生的参与和认定，既不能左右他们的判断也不能单方认定。

（3）价值中立原则

在问题评估过程中学校社会工作者要注意保持价值中立，去除价值偏见，警惕由于自己价值观的强烈介入而干扰对弱势大学生问题的分析和判定。每个人都有自己的价值观，都有自己看问题的立场与观点。学校社工的不同观点和立场会导致对问题的不同判断，进而影响解决问题的方法。克服学校社工价值偏见的有效方法之一就是全方位、多途径地获取资料，保证资料的准确性。工作者要善于倾听，避免过于武断地判定问题，避免反移情，避免情绪化地对待获得的材料，用冷静的态度理智地分析材料、得出结论。

（4）系统性原则

弱势大学生的问题常常比较复杂，许多人都是集多种弱势于一身。比如，经济弱势者不仅仅是经济困顿，常常伴有自卑、孤僻等不良情绪，还有的会影响到人际交往，影响到求职择业。多种问题交织在一起，背后的原因更加复杂，而且，随着主客观条件的不断变化，弱势大学生的各种问题也处在不断发展变化之中，有的自动缓解了，有的愈加严重了，还有的变成其他问题了，所以，学校社工对弱势大学生问题判断要遵循系统性原则，全面综合、系统动态地分析问题，看到问题之间的相互关联，避免将问题简单归因。

2. 问题的确定

收集到了足够的信息，并对此进行分析后，接下来便是确定弱势大学生的问题。主要从以下三个方面着手。

（1）确定弱势大学生的问题是什么

弱势大学生的问题可能很多，而且多种问题相互交织在一起，但学校社工不可能同时解决其所有问题。所以，学校社工要与弱势大学生充分讨论、沟通，确定弱势大学生面临的问题究竟有哪些，哪些重要，哪些次要，必要情况下可以制订问题清单，对问题划分出主次，划分出问题解决的优先次序。

（2）分析问题产生的原因

找准问题产生的原因对于解决问题意义重大。每一个问题都有形成的原因，但多数问题与原因并不是简单的一一对应，一个问题可能有多个形成原因，一个原因也可能导致多个问题的出现。因此，学校社工要十分重视探讨弱势大学生存在问题背后的原因，特别要厘清弱势大学生首要问题的影响因素，主要原因是什么，次要原因有哪些，形成清晰完整的问题—原因脉络图，这样才可以对症下药，为有效解决问题打下坚实基础。

（3）弱势大学生为解决问题曾经做过哪些努力

对于自己的问题，弱势大学生此次求助前是否尝试过解决，是自我疏导还是求助他人，是主动解决还是在别人的要求之下做过努力，用过什么方法，效果如何。对这些方面的了解可以帮助学校社工初步判断弱势大学生应对问题和解决问题的能力，为下一步制订服务计划、选择应对问题的方法路径做好铺垫。另外，对于那些曾经有效的方法，可以经过学校社工的专业评估后，结合弱势大学生的实际情况加以运用，使之更科学、更有效；对于那些无效的方法，也要通过学校社工和弱势大学生充分商讨后再摒弃不用，以便让弱势大学生明白该方法为什么不能解决自己的问题，从而更加理解、接受服务方案，更快地取得服务效果。

3. 确定问题的技巧

（1）优先确定急需解决的问题

解决案主最需要解决的问题是社会工作解决问题的一般性原则。弱势大学生前来求助，一般是面临着一个具体的困难情境难以逾越，所以常常怀有最迫切需要解决的问题。比如，某贫困生偶然间查出罹患了糖尿病，原本窘迫的经济状况因为疾病治疗更加糟糕，同时由于担心被同学视为另类而不敢声张。想到自己的家庭经济状况，想到治病的漫长过程和巨大花费，想到对将来求职择业的影响，该同学感到压力巨大，睡眠很差，心情焦虑压抑，注意力不集中，学习大受影响。从具体情况看，该同学面临着经济、心理、学习几个方面的问题，但是目前最急需解决的问题是筹钱治病。在制订服务计划时，如何帮助该同学就医治病就是需要优先考虑的问题。工作者要将焦点汇聚于此，提供合适的服务。最急于解决的问题处理好了，其他问题有时就会顺势而解了，至少为解决其他问题打下了良好的基础。

（2）共同确定最主要的问题

有时候弱势大学生认为自己烦恼多多，但也不清楚主要的问题是什么。此时，学校社会工作者首先要做的就是与该学生分析讨论，共同确定他最主要的问题。

例如，某学生唉声叹气地告诉学校社工，近期他非常不顺利，临近毕业，参加了好多个招聘会，工作的事情没有一点儿着落；谈了一年多的女朋友也分手了；一个月前，父亲打工时摔断了腿，至今下不来床，将来是否还能从事重体力劳动还是未知数；母亲原本就体弱多病，常年吃药，父亲受伤，家庭经济状况更是雪上加霜；弟弟马上要高考，上大学的费用还不知道从哪里出。诸多问题交织在一起，搅扰得他焦头烂额，理不出个头绪。学校社工需要设法使他冷静下来，运用共情的态度和技巧与他沟通交流。在充分的讨论基础上，双方共同确定尽快就业是他当前面临的最主要的问题。有了工作，经济条件得到改善，整个家庭也就有了希望，弟弟上学问题、个人婚姻问题也都有了解决的可能。

（3）按照先易后难的原则确定问题的顺序

一个人的能力是有限的，现实条件也制约着问题的解决，所以，有时候尽管弱势大学生意识到自己面临着诸多问题，也找到了问题产生的根源，但是在确定问题时要从实际出发，遵循先易后难的原则，从诸多问题中找到最容易解决的问题，以此作为突破口，尽快取得成效。这样做，一方面增强了弱势大学生解决问题的信心，另一方面也锻炼了弱势大学生解决问题的能力，有利于后面较难问题的解决。同时，还增进了弱势大学生对学校社工的信任，双方的关系更加融洽和谐，更有利于提供高质量的社工服务。

三、服务计划的制订与实施

在确定了弱势大学生的问题后，学校社工需要与弱势大学生一起根据所诊断的问题制订个案服务计划，并根据计划实施具体的个案服务工作。这个环节是大学生弱势群体个案工作的核心所在。

（一）弱势大学生个案服务计划的制订

1. 设置工作目标

工作目标是弱势大学生个案服务希望达成的结果。根据帕特森和白妮（Patterson & Byrne）的分类，一般将工作目标分为直接目标、中间目标以及终极目标三种类型。①

直接目标是针对弱势大学生提出的现实性问题进行探讨，促进他们的自我了解和自觉。直接目标与弱势大学生的问题直接相关，一般是他们急需解决的，非常直观、明了。比如，经济弱势大学生需要解决经济困顿问题等。

中间目标一般是协助弱势大学生认识自己、接纳自己和欣赏自己，建立健康的自我形象和适当的生活方式等。上述案例中的弱势大学生也许可以通过打工、接受捐助等各种途径缓解窘迫的经济状况，但是如果没有及时的帮助与引导，该生很可能陷入自卑的消极情绪中，不能正确认识自己，也不再接纳自己。因此进一步让该学生恢复自信、接纳自己、形成正确的自我认识，成为解决案主问题的中间目标，否则他遇到其他的事情还会出现不能接纳自己、不自信等问题。

终极目标就是使弱势大学生能够自我认识、自我促进、自我实现，接纳自己也接纳别人，有良好和深入的人际关系，有创造力，有责任感，达到现实的自己和理想的自己协调一致等，这是大学生弱势群体个案工作的最高境界，也是学校工作者最高的工作目标。当然这个目标也不是个案工作本身或几次辅导和治疗就能够达到的，也不是个案辅导中可以完成的任务，是弱势大学生一生所要追求的目的，而且是要经过学校社会工作者和弱势大学生持之以恒的长期努力和奋斗才能达到的。

在目标确定过程中，应坚持以下原则：目标必须与弱势大学生所需求的结果相关，特别是直接目标应是弱势大学生最基本的需求；目标应有明确的且可测量的定义；目标必须切实可行；目标必须与学校社会工作者的知识与技巧相称；目标必须与学校社工机构的功能相符。

选择目标时带有很大的价值判断，交织着弱势大学生和学校社会工作者

---

① 许莉娅. 个案工作［M］. 北京：高等教育出版社，2013：180.

的价值取向和生活经验等。如果双方在选择目标上有分歧，学校社工要坦诚地告诉弱势大学生自己的理由和背后的价值观念，同时也要协助弱势大学生明白自己的价值观，双方在充分讨论的基础上达成共识，才可以形成工作目标。这个过程中，学校社工要严格遵守"案主自觉""助人自助"等专业伦理规范。

2. 制订工作计划

制订工作计划是大学生弱势群体救助个案工作的一个重要步骤和内容。服务计划不是随意制订的，要致力于为弱势大学生提供最合适的服务，考虑学校机构所能提供的资源和帮助、学校社会工作者的能力以及学校社工对资源的了解和掌握程度等。

一份计划书应该包括以下几方面的内容：①

第一，案主的基本情况，包括姓名、年龄、年级、性别、所学专业等。

第二，简要准确描述并列出弱势大学生的主要问题和相关问题。

第三，弱势大学生要达到的结果与学校社会工作者的工作目标。

第四，基本工作阶段，以及每个阶段需要采用的方法和需要动用的资源。

第五，达到目标所用的期限。

第六，联系方式。

（二）弱势大学生个案工作计划的实施

针对弱势大学生的问题，制订个案服务计划后，学校社会工作者和弱势大学生需要按照所制订的目标和措施将工作计划付诸实施。由于服务对象复杂多样，每个弱势大学生的问题各不相同，每个问题又有多种解决方法与途径，所以，实施工作计划的过程变数很多，难以描述具体的过程应该是怎样的。但是，其中一些基本性的东西仍然是可以把握的。

1. 直接介入与间接介入

所谓直接介入是指学校社工直接针对弱势大学生采取的行动和服务，在学校个案工作中这是最主要的服务形式。

---

① 许莉娅. 个案工作［M］. 北京：高等教育出版社，2013：182.

从形式上看，直接介入最基本的形式是在学校社工机构里，学校社会工作者和弱势大学生进行面对面的个案会谈。特殊情况下，电话访谈、书信访谈、网络访谈等也可以作为会谈的有益补充。

从内容上看，直接介入是学校社工根据工作计划书中设置好的个案工作理论模式和方法，按部就班地为弱势大学生实施服务。由于每种理论模式都有自己独特的方法和技巧，所以，工作者具体的服务活动也会各不相同。但是，学校社工的直接介入基本上都要做到给予弱势大学生支持与鼓励、进行不良情绪疏导、澄清观念、改变不良行为等。

特别需要说明的是，当弱势大学生处于危机状态时，学校社工的直接干预，或者叫危机干预有着异乎寻常的重要意义。

间接介入主要是指对弱势大学生以外的其他系统采取的介入行动，它也被视为改变环境的工作。根据"人在情境中"的理论观点，弱势大学生的各种问题都是生理的、心理的、社会的各种因素相互作用的结果。解决问题自然也要从这几个方面着手。间接介入主要就是针对弱势大学生自身以外的社会环境因素，通过改变外界环境条件，对弱势大学生产生积极的影响，促进问题的解决。一般来说，经常介入的外部因素主要包括弱势大学生的同学、朋友、老师以及家庭、社区等。比如，某心理弱势大学生人际交往能力很差，与宿舍的所有同学都不说话，非常孤立，视宿舍为监狱，心情十分压抑。出现这种问题固然与该同学自我中心、自私自利的不良品质直接相关，但是，宿舍其他同学联合起来孤立她也是使彼此的越来越深的重要原因。所以，在帮助该同学改善人际关系、提升交往能力的时候，学校社工不仅要针对案主自身制订改变的措施，还要做好案主舍友的工作，让他们学会包容接纳，学会理解尊重，这样才能更有效地解决案主的问题。

2. 学校社会工作者的角色

弱势大学生的问题形形色色，需要的帮助各不相同，因此，学校社工在介入过程中，在不同的阶段以及不同的问题面前，扮演着不同的角色。一般来说，学校社工常常扮演使能者、资源联络者、教育者、倡导者、治疗者等角色。

（1）使能者

使能者的意思是学校社工利用自己的知识与技巧使弱势大学生发挥自己

的能力，促使其自身发生改变。社会工作者坚信人是有潜能的，因此学校社工要做的就是协助弱势大学生尽量表达自己的感受，鼓励他们的每一个进步，让他们感觉到自己的价值和能力并进而调动起来，积极面对自己的问题，解决自己的问题。

弱势大学生由于在某方面或某几方面处于不利境地，常常会衍生出消极、自卑的心理。这种不良心理一旦发展为弱势大学生的主导心境，就会给他们的学习、交往等活动染上相应的消极色彩，原本与生俱来的自我成长的能力也会被掩盖，发挥不出作用。所以，学校社工的使能者角色对弱势大学生意义重大，是帮助他们走出自卑泥潭的重要力量。

（2）资源联络者

社会工作是一种助人活动，是为身处困境的个人或家庭实施的一种援助，很多情况下要动用一些资源，联络资源是工作者一个重要的助人方法。学校社工不是万能的，不可能拥有弱势大学生需要的所有资源。这种情况下，工作者需要清楚地了解某些问题应该通过什么途径到哪里去寻找何种资源，并与提供资源的机构直接进行工作上的联系，此时，学校社工扮演的就是资源联络者的角色。比如，某经济弱势大学生前来求助，经济困顿是导致该案主所有问题的主要原因，学校社工就需要扮演资源联络者的角色，向该生所在院系或者是学校的大学生资助机构了解学生经济救助的政策与措施，反映该生的具体情况，与相关部门和机构沟通合作，为案主提供有效的服务。

（3）教育者

在为弱势大学生服务的过程中，根据解决问题的不同需要，有时候需要学校社工向弱势大学生传授解决问题的专业知识和技能技巧，有时候还需要学校社工进行角色扮演，起到榜样、示范的作用。在这些活动中，学校社工就是扮演着教育者的角色。比如，运用森田疗法时，学校社工就需要事先讲解神经质症的形成机制，弱势大学生只有明白了"疑病素质——精神交互作用——精神拮抗作用——神经质症"这一循环发展过程，才能真正接受"顺应自然，为所当为"的理念，辅导才会真正起到作用。再如，为弱势大学生进行放松训练，学校社工就要当好教练，做好示范，手把手地教会案主熟练掌握放松体操的动作要领。

（4）倡导者

当学校社会工作者在协助弱势大学生争取一些服务资源的时候，可能会由于种种原因资源分配不合理或者缺少资源，使得案主得不到合适的服务，解决不了案主的问题。此时学校社工就要扮演倡导者的角色，利用自己的权力和身份，积极倡议相关机构实行一些改革或动员弱势大学生一起争取一些合理的资源和权益。比如，学校的勤工助学岗位偏少，待遇偏低，不能满足需要；没有为学习弱势学生提供帮助的机构；由于社会对某个专业的认可度不高，导致了该专业学生就业困难，陷入了就业弱势境地，等等。此时，学校社工就应该发挥倡导者的作用，积极倡议相关部门进行改革，增加资源或者是合理配置资源，保障弱势大学生的应有权益。

（5）治疗者

此处的治疗主要是指心理治疗。很多情况下弱势大学生都带有这样那样的心理困扰，许多人不能依靠自己的力量摆脱心理困境。学校社工就需要运用心理咨询与治疗的专业知识和方法技巧帮助弱势大学生宣泄郁闷的情绪，提高认知能力，改变问题行为，学习一些新的处事技巧以应对生活中的困难等。此时，学校社工扮演的是治疗者的角色。

在某个案中，案主由于屡次英语考试不及格而造成了英语考试焦虑症。一拿到英语试卷大脑就一片空白，完全不能发挥平时的水平。在辅导过程中，学校社工运用系统脱敏疗法对案主的考试焦虑症状进行脱敏治疗。按照系统脱敏三部曲的步骤，从确定焦虑等级到肌肉放松再到由低到高的逐级脱敏治疗，一步步降低案主对英语考试的恐惧，使其逐步接纳英语考试，减轻焦虑情绪。这是典型的心理治疗过程，学校社工扮演的就是治疗者的角色。

四、结案与评估

当弱势大学生个案服务计划实施以后，个案辅导就进入结案与评估阶段。该阶段的主要任务是结束学校社工与弱势大学生之间的关系，对整个服务过程进行回顾、总结和评估，并对个案服务工作的未来做出相应的跟进计划。

（一）结案

一般情况下，当学校社工和弱势大学生都觉得服务目标已经达到，此时双方都会有结案的意愿，就到了结案的时候了。

结案意味着学校社工与弱势大学生面对面的辅导过程的结束。有些弱势大学生习惯了学校社工的帮助与支持，面临结案会焦虑不安，唯恐自己不能应对生活中的问题，也有的对与学校社工的分离情感上难以割舍。为应对此类事情，结案时学校社工要做好以下几方面的工作。

1. 提前告知

根据个案服务计划，学校社工一般在服务进程结束前一至二次就告知弱势大学生准备结案，让他们有充分的心理准备。

2. 巩固辅导成果

一方面，学校社工引领弱势大学生对整个服务过程进行回顾反思，梳理弱势大学生一步步积极改变的历程，肯定已经获得的成果，增强结案后他们面对自己问题的信心。另一方面，进一步讨论对弱势大学生的问题有影响的因素，协助他们更深刻地认识到离开工作者之后要面对的处境，对未来有更多的把握和信心。比如，学校社工可以启发弱势大学生说："今后，你认为会有什么因素影响你已经取得的进步和成就？""你想好有什么应对的策略和方法了吗？"

3. 处理分离情绪

如前所述，面临结案，弱势大学生可能会对学校社工产生依恋情绪，也可能对自己要独自面对未来而恐惧担忧，这些情绪如果压抑心中会降低辅导效果的发挥，影响他们健康成长，因此，学校社工要鼓励弱势大学生将结案的情绪表达出来。一般的做法是，通过梳理回顾服务过程的点点滴滴，给弱势大学生提供宣泄情绪的平台和空间，同时，不回避结案，与弱势大学生共同讨论结案的事情以及结案后的跟进计划等，让他们感受到结案并不意味着学校社工放弃了自己，从而自然接受双方工作关系的结束。

（二）评估

评估是指对学校社会工作者或机构为弱势大学生提供服务的有效性进行评定。对于学校社工来说，可以从评估结果中看到自己的工作成果和能力，提升服务品质；对弱势大学生来说，评估的过程就是回顾自己不断进步的过程，可以巩固获得的方法技巧，进一步提升解决问题的能力；对学校社工机构来说，可以更好地把握学校社工服务的成效，为改进机构服务质量提供依据。

1. 评估的主要类型

根据不同的标准，可以把大学生弱势群体个案工作评估分为不同的类型。

以评估对象为依据，可以分为对学校社工机构的评估和对学校社会工作者的评估。

以评估主体为依据，可以分为由学校或相应的管理部门实施的评估、由学校社工机构实施的评估、由学校社会工作者实施的评估。

以评估的目标为依据，可以分为过程性评估和结果性评估等。

2. 评估的主要内容

不同的评估类型，评估的侧重点有所不同，但最主要的还是检查弱势大学生个案服务的效果，要评估预定目标的完成情况、个案服务的满意度等。

（1）目标实现程度评估

目标实现程度评估就是考查个案服务计划书中所设定的工作目标的完成情况。最常用的是方法就是前后对比法，对比弱势大学生辅导干预前后情绪状况、行为状况、问题解决程度等各个指标的改变情况，以此判断预定目标的实现程度。根据评估材料的性质不同，可以灵活采用质性方法或量性方法或质性量性相结合的方法。

（2）个案服务的满意度评估

对于个案服务的满意度，最主要的是看弱势大学生自身的态度，另外，弱势大学生的重要他人，如同学、朋友、老师、家长等的看法也是重要的参考指标。

常用的方法是通过问卷或者口头表达的方式让弱势大学生和他的重要他人自我陈述对个案服务的看法，表达对服务是否满意。这种方法花费时间少，比较简单易行。

（三）跟进

跟进是指学校社工与弱势大学生的专业关系结束后，社工对弱势大学生进行的一段时间的随访，并对随访期间出现的问题做出一定程度的处理和回应。

结案并不意味着完全终止了服务，一般来说，学校社工要根据需要与弱势大学生讨论结案后的跟进事宜，让弱势大学生自己说出适合他（她）的跟进方式。

对学校社会工作者来说，跟进也是持续评估工作绩效的一部分，如果弱势大学生离开工作者后仍能保持服务的效果，在某种程度上说明服务起到了良好的作用；如果弱势大学生离开服务关系后很快恢复了原来的状况，可能工作者也要检视自己的服务效果。因此跟进计划应该是整个服务的一部分，而不能可有可无。但跟进的程度要根据弱势大学生的需要和问题的解决情况而定。

从接案建立专业关系到结案评估和跟进，弱势大学生个案辅导工作完成了一个周期。但是需要注意的是，由于大学生弱势群体问题的多样性与复杂性，对弱势大学生的个案辅导不是一个周期就能完成的。此外，弱势大学生个案辅导工作过程的每一阶段的划分也具有相对性，具体工作过程中各个环节往往相互交织、相互渗透、相互依存，不能将这一过程僵化、绝对化。

第三节　大学生弱势群体学校个案工作救助实例分析

一、大学生弱势群体心理问题学校个案工作救助实例

（一）案例背景

丁某，女，19 岁，某大学一年级新生，专科。

丁某来自偏远农村，父母均为农民，有一弟弟读初中，学习不好，家庭经济条件比较困难。

丁某从小听话懂事，好学上进。但弟弟不爱学习，父母把希望寄托在她身上。虽然家庭条件不好，也坚持供丁某读书，希望她考上一所好大学，找个好工作，脱离农村。丁某小学在本村上，初中高中都就读于所在乡镇。从小学到高中丁某在学校都是品学兼优的好学生，周围都是赞扬声。父母视其

为家庭的希望，学校也因其成绩优异把她作为重点培养对象，周围同学对其相当敬重、羡慕。她自己对学习要求十分严格，学习刻苦努力，一丝不苟，成绩一直名列前茅。高考前一个多月，她由于连续高烧住院一个星期。高考发挥失常，丁某只考取专科。她本想复读，但由于家境困难就打消了念头。对于高考失利，父母虽然没说什么，但也不大高兴，丁某心中很郁闷。她进入大学后，因为上的是专科，感觉没有前途，心情悲观，学习没动力。与周围同学相比，她感觉自己比别人落后许多，很受伤害，不愿与同学交往。丁某没有什么特别的爱好，不喜欢运动。她最近一周多头疼，睡眠差，食欲差，心烦意乱。

（二）问题分析与诊断

1. 主要问题

情绪问题：表情明显紧张、沮丧，情绪低落，由此看出其内心痛苦。

身体症状：头痛、失眠、没有食欲。

社会功能受损：认为上专科没有前途而对学习失去信心，没动力，不愿学；因感觉自己各方面不如别人而较为退缩，不大愿意与同学交往，入学将近两个月仍没有比较要好的朋友，人际关系受到了一定影响。

心理测验结果：

《90项症状清单（SCL-90）》测验结果：躯体化1.9，强迫症状1.3，人际关系敏感3.3，抑郁2.5，焦虑2.8，敌对1.8，恐怖1.3，偏执1.2，精神病性1.3，其他2.8；总分169；阳性项目数44个。按全国常模结果，SCL-90总分超过160，或阳性项目数超过43项，或任一因子分超过2分需要进一步检验。该测验结果显示人际敏感、抑郁、焦虑因子分高于常模，睡眠、饮食方面存在明显困扰。

《艾森克人格问卷（EPQ）》测验结果：结果有效，E：35分；P：45分；N：63分。气质类型为抑郁质。

SAS：标准分61，求助者存在着中度焦虑。

SDS：标准分55，求助者存在轻度抑郁症状。

综上可知，丁某智力水平正常，性格内向，问题主要表现在理想与现实的差距导致的失落，失去奋斗目标的迷茫和自我评价失调导致的自卑，引发了抑郁、焦虑、人际关系敏感，并伴有头痛、失眠等躯体症状。诊断为一般心理问题。

2. 问题原因分析

生物因素：丁某19岁，大一学生，处于心理断奶的关键期，在这一时期，种种矛盾、冲突交织在一起，使得大学生易患复杂多样的心理障碍与疾病。

社会因素：从小学到高中都是品学兼优的好学生，是父母的骄傲，是学校的重点培养对象，是同学们羡慕的学习榜样。由于高考发挥失常仅考取专科，理想与现实的巨大反差产生的失落感，知识面狭窄引发的自卑感，目标缺失导致的迷茫感，这些累积到一起，给丁某的内心造成了很大的压力，导致了适应困难。缺乏社会支持系统，未得到老师和同学及时的理解和关注。

心理因素：认知错误，觉得没考上本科，这辈子就没希望了；我什么都不如别人；同学都看不起我。

行为模式方面：缺乏解决问题的策略与技巧。

个性方面：抑郁质的气质类型表现为内向、孤僻、敏感、多疑，主导心境不良。

（三）服务目标

根据以上的评估与诊断并与丁某协商，确定如下服务目标：

直接目标：尽快接受现实，适应环境，增强学习的动机；调整情绪状态，缓解焦虑、抑郁情绪和头疼、失眠等躯体不适。

中间目标：纠正不合理信念，帮助丁某正确认识自己，改善人际关系。

终极目标：完善丁某的人格，使其悦纳自我，培养健全合理的思维方式，建立有效的行为模式，学会应对生活挫折，健康发展。

（四）理论基础

本案例主要运用理性情绪治疗模式纠正丁某的不合理信念，帮助丁某接受现实，接纳自我，学习真实与负责任的行为，同时运用放松技术帮助丁某改善睡眠，缓解不良情绪。

理性情绪治疗模式认为，人们的情绪障碍是由于人们的不合理信念所造成的，即绝对化要求、过分概括化、糟糕至极，旨在通过理性分析和逻辑思辨的途径，改变求助者的非理性观念，以帮助他解决情绪和行为上的问题。ABC 理论是理性情绪治疗模式的核心理论，A 代表诱发事件，B 代表个体对这一事件的所持有的观念和信念，C 代表继这一事件后，个体的情绪反应和行为结果。咨询师根据 ABC 理论对求助者的问题进行初步分析和诊断，通过与求助者交谈，找出其情绪困扰和行为不适的具体表现，以及与这些反应相对应的诱发性事件，并对两者间的不合理信念进行分析，最终协助求助者用合理的信念来取代不合理信念。

放松技术又称松弛疗法，它是一种通过训练有意识地控制自身的心理生理活动、降低唤醒水平、改善机体紊乱功能的心理治疗方法。常用的放松技术有三种：深呼吸放松法、想象放松法和放松训练。本案例主要运用的是放松训练。

（五）服务计划与过程

首先，学校社工与丁某初次见面，进行初次会谈。此次会谈的主要目的是了解丁某的求助动机，尽可能地找出丁某当前所面临的心理困扰，做出是否需要给予帮助的决定。在会谈过程中，一方面学校社工以一种轻松、愉悦的谈话方式，大致了解丁某个人的基本信息、家庭的基本情况及其所面临的困难，以确定是否可以接案，另一方面要向丁某坦诚介绍学校社工的身份、机构的设置及服务内容，以尽量减轻丁某的疑虑和敏感度。

其次，通过展开一到二次的访谈与丁某建立信任的专业关系，其主要目的在于使丁某相信学校社工的能力，同意接受学校社工提供的服务，即取得丁某的信任。同丁某一起协商制订具体的治疗计划，签订服务协议，其中涉及澄清服务的方法、服务的性质、服务的目标，案主、工作者、机构各自享有的权利和义务等方面。

最后，实施具体的治疗计划。

1. 第一次服务

（1）目的：了解求助者基本情况，建立良好的专业关系。

（2）方法：摄入性会谈相关技术。

（3）内容

①填写服务登记表，询问基本情况。

②摄入性会谈，通过倾听、共情、无条件积极关注，让丁某倾诉，使其不良情绪得到充分宣泄，建立良好的专业关系。

③解释什么是社会工作，介绍社会工作中的有关事项和规则，介绍双方的责任、权利和义务。

（4）布置作业：让丁某记录自己不良情绪出现时的想法和观念。

2. 第二次服务

（1）目的：确定丁某的心理问题，制订服务目标和方案，向丁某介绍理性情绪治疗模式、放松技术的基本理论，教给丁某放松训练的方法。

（2）方法：心理测验、会谈法、放松训练

（3）内容

①给丁某做心理测验。

②与丁某协商，确定咨询目标和咨询方案。

③向丁某介绍理性情绪治疗模式、放松技术的基本理论。

④教丁某放松训练技术。让丁某靠在椅子上，全身各部位处于舒适状态，双臂自然下垂。让她想象自己处于令人轻松的情境中，使其达到一种安静平和的状态。然后，学校社工用轻、柔、愉快的声调引导丁某依次练习放松前臂、头面部、颈、肩、背、胸、腹及下肢。

（4）布置家庭作业：练习放松训练；思考并记录自己大学期间人际关系中遇到的一些困惑，都跟自己的什么想法有关。

3. 第三次服务

（1）目的：帮助丁某对自己当前的所作所为进行分析评价，协助选择负责任的行为，制订建设性的行动方案，以便做出改变，达到对自己生活的有效控制；根据 ABC 理论对丁某的问题进行初步分析和诊断。

（2）方法：理性情绪治疗模式。

（3）内容

①通过交谈，学校社工协助丁某接受上专科的事实；帮助丁某认识到自己不想沉沦，现在的行为是无益、无效、不负责的，要想发展好就要放眼未来；帮助其制订发展目标，包括远期目标、中期目标和近期目标，并做出计划。

②根据理性情绪治疗模式 ABC 理论对丁某的问题进行初步分析和诊断。

诱发事件 A：高考失利，没考上本科；进入大学后，一些同学的社会知识面比她广；自己的经济条件不好。不合理信念 B：没考上好大学，这辈子就没希望了；我什么都不如别人；同学都看不起我。情绪反应和行为结果 C：情绪表现———情绪低落，心情烦躁；行为结果———学习兴趣降低，效率下降；与同学人际关系疏远。

（4）布置家庭作业：写出自己的发展计划，特别是近期计划要详细、可行；举一个自己不良情绪的例子，并进行合理的自我分析，以书面报告的形式写出 ABC 各项；继续进行放松训练。

4. 第四次服务

（1）目的：进一步明确引发丁某不良情绪和行为产生的不合理信念，并与不合理信念辩论。

（2）方法：与不合理信念辩论。

（3）内容：根据与丁某的交谈及丁某家庭作业中的问题，确认丁某明确存在前次服务中指出的三个不合理信念，并与不合理信念辩论。

对于第一个不合理信念，学校社工运用质疑式辩论方式，并把事先收集的专科生中的成功案例的资料给她看。其中有直接就业成功的，也有专升本的，还有专升本以后读研、出国留学的。同时还给她看了有关专升本的文件。从她的谈话中可以感受到她的不合理信念已经被动摇，她意识到只要努力，即使上专科，也可以有很好的前程。

下面是服务对话的部分片段：

社工："可以谈一谈对上专科的看法吗？"

丁某："我觉得上专科很没出息，没有前途。"

社工："这样说有什么理由？"

丁某："现在的大学生那么多，本科生找工作都难，就别说专科生了。"

社工："你真正做过调研了吗？"

丁某："唔，那倒没有。"

社工："你说专科生没前途，你了解那些毕业的专科生的情况吗？"

丁某："这……不大清楚。"

社工："你没有真正了解专科生的具体情况就下结论说专科生不行，是不是有点儿绝对化了呢？"

丁某："也许是吧。"（不好意思地笑了）

学校社工拿出事先准备好的资料，指给丁某看。

社工："你看，这个是企业老板，这个是中学教师，这个是机关干部……这些人都是咱们学校的专科生。他们有的直接就业，有的继续深造，通过努力，取得了成功。"

丁某认真看着材料，若有所思。

丁某："这么说，上专科也不是就一事无成，没有出息？"

社工："对呀，关键看你努不努力。"

丁某："我要是勤奋努力，也可以像这些人一样成功？"

社工："当然可以。"

丁某表示希望继续升本、考研，不辜负父母老师的期望。学校社工又向她介绍了专升本的相关情况。丁某比较感兴趣，表示要做好学习计划，向本科冲刺。

对于第二个不合理信念的改变，通过优点大轰炸让她充分挖掘自身的优点，领悟到自己并不是一无是处，她还有很多优点，从而改变她对自己不客观的评价，增强她的自信心。

丁某的第三个不合理信念是同学们都看不起自己。由于时间关系，本次服务只对前两个不合理信念进行了辩论。第三个不合理信念的辩论留到下一次。

（4）布置家庭作业：让她回去至少找五个同学主动交谈，收集同学对她的评价；继续进行放松训练。

5. 第五次服务

（1）目的：继续与不合理信念辩论，帮助丁某重建合理信念，调整不良人际关系，适应大学生活。

（2）方法：与不合理信念辩论，合理情绪想象技术。

（3）内容

①对第三个不合理信念进行辩论。学校社工与丁某共同分析了同学们对

她的评价，发现大多数同学都给予了积极评价，没有人蔑视她、看不起她，还有的同学甚至表示很愿意与她交朋友，和她共同学习。这一切对她震动很大，她认识到"不是别人看不起我，是我自己看不起自己，对自己没有信心"。

②运用合理情绪想象技术，对丁某的三个不合理信念进行再一次认识、辩论，放弃不合理信念，重建丁某的合理信念，促进积极情绪的产生。

第一，丁某首先想象自己进入不适应情境中的消极情绪体验：高考失利，只能上专科，没有前途，万念俱灰；自己不如其他同学知识面广，不时髦、经济拮据，处处不如人，别人看不起，心情紧张、焦虑、烦躁。

第二，在想象的情境中调整情绪，用良好的情绪状态取代消极的情绪体验：只要自己勤奋努力，专科也有前途；自己的知识面窄与生活环境有关，若处在城市同学的优越条件下就不会比她们差；自己认真、学习努力、基础好，对人真诚、善良、独立生活能力强；别人也看到了自己的优点，对自己基本上是肯定的，不是别人看不起自己，是自己看不起自己，自我封闭，不与人交往，烦恼丛生；只要自己端正了态度，消极情绪就会消散。通过这样想象，心情平复了许多。

第三，停止想象，分析在想象过程中的成功与失败，强化合理的观念与积极情绪，纠正不合理的观念与负性情绪。

（4）布置家庭作业：要求丁某尝试与舍友主动交流，多看点课外书籍，积极参加班集体活动；继续进行放松训练。

6. 第六次服务

（1）目的：巩固服务效果，结束服务。

（2）方法：会谈法，心理测验法。

（3）内容：学校社工与丁某一起对整个服务过程做总结，总结结果如下。

接受服务前，丁某对上专科心理上不接受，认为一辈子都完了，丧失学习信心，学习无计划、无目标、无兴趣，通过沟通交流，丁某认识到要接受现实，放眼未来，认清自己的责任，制订发展目标、行动计划，增强了信心。

对于只考上专科、知识面比别人窄、经济条件差等客观事件 A，丁某运用不合理信念 B（没考上好大学，这辈子就没希望了；我什么都不如别人；同学都看不起我）进行解释，结果引起消极的情绪和行为后果 C（情绪低落，心情烦躁；学习兴趣降低，效率下降；与同学人际关系差）。通过学习理性情绪治疗模式，与不合理信念进行辩论，她认清了自己原有信念的不合理之处，在学校社工的帮助下学会以合理的思维方式取代过去那些不合理的思维方式，用理性观念代替非理性观念，使自己从负性情绪和行为中走出来。

结合放松训练，睡眠状况改善。

通过对服务过程的回顾和评估，丁某对自己的问题有更清晰的认识。帮助丁某活在当下，重新回顾理性观念，使丁某在服务结束后仍能用学到的知识应对生活中遇到的问题。

做心理测验 SAS 和 SDS，结果显示丁某的焦虑情绪和抑郁情绪已经明显下降。

（4）布置任务：对前后六个阶段的服务做一个小结，把自己学到的新的理性观念运用到生活中。

（六）服务评估

1. 求助者的自我评估

通过一系列的咨询活动，丁某已坦然接受了现实，制订了行动计划，并在为新的目标而努力，自信心有所提高，情绪大有好转，人际交往主动性增加，头痛、失眠症状基本消除。

2. 学校社会工作者的评估

通过跟进回访，发现服务已经达到预期目标。丁某身体健康，与同学关系好转。对大学生活中的各种问题的看法变得比较客观，能够理性对待。

3. 救助者的心理评估

从前后心理测量的结果来看，丁某 SAS 和 SDS 的标准分从 61 和 55 降到了 51 和 45。求助者的焦虑情绪和抑郁情绪已明显下降。

二、大学生弱势群体学习问题学校个案工作救助实例

（一）案例背景

侯某，男，21 岁，某高校社会工作专业大二学生。

家庭经济状况一般，父母以种地为生，有个姐姐已经出嫁，家庭关系融洽。

侯某高中学习还行，大学是自己选的，但是专业是调剂的，对本专业并不了解，只是听别人说就业情况不好，社会认可度不高，因此就不感兴趣。大一上学期英语和一门专业课考试不及格，下学期又有两门功课不及格，因而受到学业警告。现在对学习更没兴趣，每次上课都坐最后一排，基本不听讲，更多时候是玩手机。但是，偶尔静下心来想一想，又对自己的状况不满意，可是又不知道怎么学，特别是英语，想起来就头大，于是干脆不去想它，整天上课玩手机，打游戏、聊天、看小说，等等。但是一想起学习，心中又有丝丝不安，就这样胶着着、纠结着。

（二）问题诊断与分析

1. 问题诊断

侯某的问题主要出现在学习方面，一是缺乏学习兴趣，二是学习能力差，不会学习方法，导致学习失败，考试不及格，对学习失去信心。

2. 问题分析

侯某的学习问题主要基于以下三方面的原因：

第一，对专业不了解，盲目排斥。侯某所在的社会工作专业是西方的舶来品，在我国的发展历程比较短，社会的认知度不高，加之我国社会工作的专业化远快于职业化，导致社会工作专业的毕业生就业难度较大。但是，随着国家重视社会治理，重视民生，社会工作的处境正在快速改善。然而侯某并没有认识到专业发展的新形势，而是盲目排斥，先入为主地认为社会工作专业不好，找不到工作，于是丧失学习兴趣，学业失败。

第二，缺少自我发展的动力与目标。存在"船到码头车到站"的思想，从小的目标就是考大学，考上大学以后就不知道再怎样发展了，没有了奋斗目标也就失去了前进的动力，学习就变得可有可无了。

第三，没有掌握恰当的学习方法。特别是在英语学习上表现明显。英语一直是侯某的弱项，高中时靠着死记硬背英语成绩勉强说得过去。进入大学以后，学习上用功少了，单词、语法等更是一塌糊涂。如何学好英语是摆在侯某面前的一大障碍。

（三）服务目标

根据以上的评估与诊断并与侯某协商，确定如下服务目标：

直接目标：引领侯某正确认识所学专业，学会规划学业生涯，学会大学学习方法，激发其学习动机，培养其学习兴趣。

中间目标：协助侯某认识自己、欣赏自己、提高自我，使其培养良好的学习习惯，改进学习状况，提升解决问题的自信心。

终极目标：促进侯某自我成长、自我实现，实现社会价值。

（四）理论基础

本案例主要运用理性情绪治疗模式中的与不合理信念辩论术以及行为修正模式中的观摩示范学习法帮助侯某端正专业思想，激发学习兴趣，掌握合适的学习方法。理性情绪治疗模式的基本理论在上一个案例中已经介绍，此处不再重复，本案例主要针对侯某对所学专业的偏见进行辩论。观摩示范学习法也叫榜样示范法，依据是班杜拉的社会学习理论，学习者通过观察榜样的行为范式来改变自己的不良行为。本案例中主要是通过社工提供的榜样，帮助侯某培养学习兴趣、掌握学习方法。

（五）服务计划与过程

1. 第一次服务

（1）目的：与案主侯某初步接触，收集相关信息，了解侯某的基本情况；建立良好的工作关系；确定主要问题，对案主的问题做出初步的评估并确立个案工作的目标，拟出相关服务计划。

（2）方法：个别会谈。

（3）内容：社工通过热情接待案主侯某，认真倾听，适当地表示理解、共情、积极关注，讲解保密原则，得到侯某的信任，使其尽情倾诉心中的郁闷，并积极配合学校社工探讨解决问题的方法。经过交谈、观察和了解，初步制订相应的服务目标和方案，并告知侯某在服务过程中如有不当之处可适当调整。下面是社工与侯某的对话片段。

社工："你觉得大学的学习生活过得怎样？"

侯某："不怎么样，不知道学什么。在高中吧，不学还能听听，现在吧，听得更少了，经常是坐在最后一排玩手机。"

社工："为什么不听课呢？"

侯某："听了又有什么用呢？毕了业又找不到工作。"

社工："哦？你是怎么进到这个专业来的？"

侯某："调剂的，我根本没报，也不知道社会工作是个什么东西。来了以后听他们说就业很不好，感到很倒霉，一点也不想学。"

……

社工："不管怎样说，你已经进入了大学了，你想过怎样度过四年的大学生活吗？"

侯某："谁会想那么多，说实话我也不知道该怎样过。高中时父母老师都说好好学习考大学，考上大学了一下子又不知道干什么了。"

社工："想过考研吗？"

侯某："没太想考研，我家农村的，条件不太好，家里盼着我早工作早挣钱呢，可是现在的专业又不好，唉……"

……

社工："受到学业警告，我想你心里肯定不好受吧。"

侯某："那是自然了，我宿舍还有拿一等奖学金的呢，跟人家一比，唉……"

社工："想没想过奋起直追？"

侯某："刚开始也想过，可是一拿起书本就烦了。书本都是新的，得用多久才能看完啊。特别是英语，落下太多，单词也不会，听力也不行，感觉实在追不上。有时想一想，觉得还不如理工科的呢，他们天天有作业，逼着也就学了。我们学文的下了课也不知道干什么，挺空虚无聊的。"

从上面这几段对话可以看出，侯某对大学的学习生活不适应，不喜欢所学专业，没有学习目标，也没掌握适当的学习方法。

2. 第二次服务

（1）目的：运用理性情绪治疗模式中的与不合理信念辩论技术，帮助侯某重新认识所学专业，端正专业思想，摒弃专业偏见，激发学习兴趣。

（2）方法：会谈技巧，与不合理信念辩论。

（3）内容：通过与侯某的交流互动，帮助侯某认识到自己对所学专业怀有偏见，正是这种不合理的观念使得侯某不喜欢本专业，丧失学习兴趣，上课不听讲，下课不复习，考试一塌糊涂。运用与不合理信念辩论技术，促使侯某改变对专业的不正确看法，激发学习的动机和兴趣。

下面呈现的是社工运用辩论术的一个片段。

社工："你说社会工作专业就业很差，有确切的证据吗？"

侯某："哦，那倒没有。我是听别人说的。"

社工："找不到工作的比例有多大？"

侯某："不知道。"

社工："只是道听途说，既没有证据，也不知道究竟多少人找不到工作，你凭什么就认为学社工的就业很差呢？"

侯某："嗯……"（侯某一时语塞，不知道如何回答）

社工："你说社工专业毕业生找不到工作，那么那些已经毕业的学生都干什么呢？都在家里闲着吗？"

侯某："那自然不是啊。"

社工："那怎么还说找不到工作呢？"

侯某："嗯……"（侯某又一次语塞，说不下去了）

为了准备这次会谈，社工事先与该校社工专业的学生科长李老师联系过，了解了历年来该专业毕业生的就业状况。发现，考上研究生、公务员、事业编的大有人在，直接就业的大多从事人力资源管理、机构社工、文员等工作，还没有一个闲在家里找不到工作的人，层次高的甚至考进了国家部委。社工将这些情况与侯某进行了沟通，侯某听了吃惊不小，承认自己只是道听途说没有深入了解就认为社工专业不好找工作而厌恶本专业、放弃学习是不合理的想法，非常不明智。

在此基础上，社工与侯某剖析了社会工作的专业特点、发展前景，社会对社工专业的需求状况。随后，社工又向侯某介绍了本专业优秀毕业生的成长经历，帮助侯某澄清了观念，即社会工作作为一项为人服务的专业，就业面宽阔，社会的需求越来越大，前途光明，但是要想发展得好必须要有真才实学，社会需要的是真懂社会工作的专业人才。由于工作者本人就是社工专业出身，所以她的分析很具专业性，对侯某影响很大。侯某对专业的排斥心理大大减轻。

3. 第三次服务

（1）目的：帮助侯某学会制订学业生涯规划，找准发展目标，激发学习动机。

（2）方法：会谈法。

（3）内容：随着侯某对专业排斥心理的减少，如何高效地度过大学生活就成了侯某要面对的问题。本次服务中，社工主要扮演了教育者的角色，引领侯某规划大学生活，找准发展目标，围绕目标设定行动计划。

> 社工："大学生的发展一般有红、黄、蓝、黑几条路可走，红是指走仕途，黄是指经商办企业，蓝路一般指的是漂洋过海，海外留学，黑路是指考研考博继续深造。你觉得哪条路适合你呢？"
>
> 侯某："我家条件不好，蓝路、黑路基本可以排除，毕了业找个工作就可以了，当然要是能考上公务员就更好了。"
>
> 社工："不同的路径努力的方向不一样，你得学会做好计划。"
>
> 侯某："哦，这个真还没想过，该怎么做呢？"

针对侯某表现出来的学习动机，社工趁势给他介绍了大学期间学习规划的制订，从宏观的学年目标，到中观的学期目标，再到微观细致的周计划，社工手把手地教给侯某，协助他列出了一份切实可行的每周学习计划表，每一天的每个时段都有该做的事情，劳逸结合，很具操作性。看着这张计划表，侯某说仿佛回到了高中时代，那个时候目标明确，每一天都过得紧张充实。现在有了这张表，知道了该做的事，心里踏实多了。

4. 第四次服务

（1）目的：帮助侯某掌握大学的学习方法和技巧。

（2）方法：会谈法，观摩示范学习法。

（3）内容：在与侯某的交流中，社工列举了多个学霸的经验，同时也结合社工自身的经历与侯某分享了大学学习的特点，即大学的学习强调主动性和自觉性，自学能力是必不可少的重要因素。同时，大学的学习又是一个锻炼思维的过程，特别是文科，只有广泛阅读、认真思考才能打下雄厚的基础，厚积薄发，才能实现思维质的飞跃。此外，社工还向侯某介绍了多个具体的学习方法，特别针对侯某英语很差的情况，社工还与他分享了听力训练的独门技巧，侯某听了很受启发，也很感激社工的真诚帮助，表示将按照学习计划表的安排，运用社工分享的学习技巧认真尝试。

5. 第五次服务

（1）目的：巩固习得的学习方法，从朋辈群体身上学习有效的学习方法。

（2）方法：观摩示范学习法。

（3）内容：社工事先与大学生学习与发展中心联系，安排侯某参与中心组织的学习方法工作坊、外语角等活动，在活动中侯某进一步巩固了所学的学习方法，同时从同龄人身上又学到了一些新的方法与技巧。另外，社工还要求侯某上课时坐到前排，前排的同学一般学习认真，成绩良好，社工希望侯某能从中受到感染与熏陶，关掉手机，认真学习。

6. 第六次服务

（1）目的：巩固服务效果，结束服务。

（2）方法：会谈法。

（3）内容：学校社工与侯某一起回顾整个服务过程。

最初，社工以真诚的态度打动了案主侯某，侯某向社工敞开了心扉。社工诊断侯某学习上存在的问题主要是排斥所学专业，没有学习发展规划，也不会大学的学习方法。随后的第二、三、四、五次服务，主要是围绕一个个具体问题展开，引导侯某重新认识所学专业，端正专业思想，学习规划学业生涯，学习合适有效的学习方法。通过一次次专业服务，侯某感觉到专业思想在转变，学习的状态在回升，自己已经有了继续学习的力量，可以结案了。

（六）服务评估

1. 求助者的自我评估

通过一系列的服务活动，侯某的专业偏见大大减轻，激发了学习动机，学习了学业生涯规划，掌握了一定的学习方法和技巧，自己不断调整，不断改正以前不良的学习习惯，感觉已经有了学习的能力和信心。

2. 学校社会工作者的评估

社工在会谈的过程中感受到侯某对学习态度的转变。案主的目标已经基本达成，可以结案。侯某倾向于用 QQ 进行以后的跟进联系。结案一周后，社工与案主在网上聊天，侯某现在学习状态还不错，以前最怕的英语也有了进步。后来得知他这学期的期末考试全部通过，没有挂科的现象，他很开心。

3. 案主同学的评估

侯某身边的同学表示明显感觉侯某最近学习比较认真了，上课还坐第一排，这是之前从未有过的事情。

三、大学生弱势群体经济问题学校个案工作救助实例

（一）案例背景

杨某，男，20 岁，大一学生。

杨某来自贫困山区，母亲患有精神病，生活难以自理，父亲腿有残疾，他还有一个大他两岁的姐姐。姐姐小学没毕业就辍学帮衬家务，现在外出打工。父亲两年前查出罹患肾病，家庭经济条件很差。杨某上大学的费用是依靠助学贷款和姐姐打工赚钱来支付的。

杨某性格内向，寡言少语，生活非常简朴，入学不久就申请了助学贷款，学习认真，为人谦和，因家境贫困很少参与宿舍聚会，比较默默无闻。

一段时间以来，杨某经常逃课，有时甚至夜不归宿。辅导员找其谈过话，但效果不明显。几天前，杨某主动找辅导员，提出退学。辅导员追问原因，他只说家庭经济困难，自己想早点踏入社会挣钱，实在不想再读下去了，坚决要求退学。辅导员找到学校社工，共同对杨某进行帮扶救助。

（二）问题诊断

通过与杨某细致的沟通交流，学校社工了解到，近一个时期，杨某父亲的病情突然加重了，住进了医院，而且还要动手术。昂贵的医疗费让这个贫困的家庭难以承受，父亲甚至有了放弃治疗的念头。杨某知道后非常焦急，为了给父亲治病，也为了减轻家庭负担，他决定退学，到社会上打工挣钱。

由此看出，导致杨某坚决要求退学的最根本的原因就是经济困难，贫困

是杨某面临的最大问题。

（三）服务目标

根据以上的评估与诊断并与杨某协商，确定如下服务目标：

直接目标：充分调动各种资源，缓解杨某的经济困难，打消退学的念头。

中间目标：协助杨某悦纳自我，学会利用身边的资源解决问题，帮助自己摆脱困境。

终极目标：促进杨某自我成长、自我实现，完善人格。

（四）理论基础

解决经济困难问题需要调动整合各方面的资源，学校社会工作者要发挥联络人的功能，通过调动第三方的力量解决问题。因此，本案例最主要的理论基础是心理社会治疗模式，通过直接和间接的服务方式（在本案例中，以间接服务为主）帮助杨某走出经济困境，安心完成学业。心理社会治疗模式的基本理论在本章第一节已经介绍，此处不再赘述。

（五）服务计划与过程

对杨某的问题与相关情况有了一个初步的了解之后，学校社工与杨某一起制订工作计划，并且双方达成一个工作协议。本案例中社工用口头协议的方法与杨某做如下约定：一是服务的基本目标是帮助杨某改善目前的经济状况，去除退学念头，安心完成学业；二是服务的主要内容是运用心理社会治疗模式协助杨某解决问题，摆脱困境；三是服务双方享有的权利与义务，社工要遵守职业伦理，维护杨某的各种权益，杨某要认真遵守协议，配合社工完成各项任务等。

根据具体情况，学校社会工作者共为杨某提供了六次服务。

1. 第一次服务

（1）目的：与案主杨某初步接触，了解基本情况，建立信任关系、收集相关信息，对杨某的问题做出初步的评估并确立个案工作的目标，拟出相关服务计划。

（2）方法：会谈。

（3）内容：通过与杨某的交谈初步相识，社工在对杨某的初期介入中，向其传达了倾听与关怀的意愿，杨某同意与工作者建立专业关系。同时，社工向杨某承诺了保密原则，使杨某能够放心谈问题，主动表达自我。

> 社工："可以谈谈你的情况吗？"（社工用温暖的眼光看着杨某）
>
> 杨某低头不直视社工，半天才低声说道："我想退学。"
>
> 社工："方便说说原因吗？"（社工语气平稳柔和，继续温暖地看着杨某）
>
> 杨某有些触动，抬头看了看社工，低头说："我家庭条件不好，不想上了。"
>
> 社工："能具体说说吗？"
>
> "嗯……"杨某迟疑。
>
> 社工："我们的工作就是帮助他人，你看看墙上挂着的职业伦理守则，保密是我们的原则，请你放心。"
>
> 杨某仔细阅读了职业伦理守则，坐在椅子上沉思了一会儿，开始向社工讲述他的家庭。

2. 第二次服务

（1）目的：通过与杨某的直接会谈，帮助杨某分析问题原因，拓宽解决问题的思路，珍惜大学的学习机会，减少退学打工的想法。

（2）方法：心理社会治疗模式直接治疗技巧。

（3）内容：运用心理社会治疗模式中的直接治疗技巧，直接针对案主杨某实施服务，通过"探索—描述—宣泄"技术，引导杨某解释和描述自己退学想法的由来，宣泄自己的焦虑情绪；通过反映性技巧，在与杨某的沟通互动中引导杨某珍惜上学机会，坚定求学信念，同时帮助他拓展思路，学会运用各种资源应对问题、摆脱困境。

下面是几个对话片段：

> 杨某："我妈妈不犯病的时候还比较安静，一发病就到处乱跑，小孩子都拿着石头打她。从小我和姐姐就被叫作'疯子家的小孩'，爸爸腿脚又不好，家里很穷，没有人看得起。我从来不在外人面前提及我的家庭，没什么好说的，尽是伤心耻辱。"
>
> 社工："嗯，我很理解你的感受。有没有想到改变？"

杨某："上学以后我就发誓一定要好好学习，让那些瞧不起我们的人看看。"

社工："你顺利考上大学不是如愿以偿了吗？"

杨某："嗯，差不多吧，考上大学以后，周围的人对我家好了许多。"

社工："那你这一退学，才得到的好不就又没了吗？"

杨某："那实在是没有办法。我爸病重住院得花好多钱，实在支付不起。我姐供我上学就够累的了，我只有赶紧挣钱才能支撑起这个家。"

社工："我想你前一段不上课、不回宿舍住都与此有关，你去打工了，是吧？"

杨某："是的，我去做网管了。"

社工："我很佩服你的家庭责任感！可是你想过没有，辍学打工与完成学业对你而言完全是两条不同的人生之路啊。"

杨某："急等用钱，哪顾得上想那么多。"

社工："以你的学习态度和成绩，以后考研考博都是可能的。"

杨某听了这句话若有所动，什么话也没说，陷入沉思。

……

社工："父亲住院，除了辍学打工你还想到其他解决办法吗？"

杨某："家里穷，没多少人愿意借给我们钱，怕还不上。"

社工："有没有想到学校的力量？"

杨某："嗯……我不想让别人知道我家是这个样子，不想让人笑话。"（杨某说话声音低沉，眼睛不看社工）

社工："咱们换位思考一下，你面对一个像你一样家庭的同学会看不起他吗？"

杨某："怎么可能？绝对不会。"

社工："那你怎么肯定别人一定会看不起你呢？"

杨某："哦……也许是我想多了。"

社工："当遇到困难，善于向人求助，得到他人的帮助是我们战胜困难的重要路径。集体的力量是强大的，解决的方法也是多样的，未必只有退学一条路可走。我们社工可以帮助你寻找资源，应对困难，你愿意吗?"

杨某:"真的能让我爸安心住院,我还能继续上学自然是求之不得,说实话,退学确实也舍不得,只是没有办法的办法。"

3. 第三次服务

(1) 目的:通过募捐帮助杨某支付父亲医疗费,化解杨某的燃眉之急,减轻其焦虑心情。同时使其感受到集体的温暖,松动自己的封闭心理。

(2) 方法:心理社会治疗模式间接治疗技巧。

(3) 内容:学校社工和辅导员与学院领导共同商定,在学院教职工范围内进行捐款,用于杨某父亲的住院急用。为减轻杨某的心理负担,募捐在学院开会时低调举行,并且筹得的款额以无息贷款的方式借给杨某,等他毕业工作后再偿还回院里,作为学院贫困生基金。这种贴心的安排既解决了杨某的燃眉之急又保护了他的自尊心,杨某欣然接受,不再提退学之事。

4. 第四次服务

(1) 目的:通过帮助杨某谋求勤工助学岗位,缓解他生活费过低、经济困难状况,改善生活质量,同时使其进一步感受到集体的温暖,开放自我,敢于与人交往。

(2) 方法:心理社会治疗模式间接治疗技巧。

(3) 内容:学校社工与学生处学生资助管理中心老师联系,为杨某向学校争取了一个勤工俭学的工作岗位,主要进行学院教学辅助工作,他可以利用课余时间到办公室帮助老师处理一些简单的文印工作,并且晚上他可以因为工作的便利,使用办公室的电脑查询资料,完成课程作业。这样在一定程度上解决了他的经济压力,让他可以安心学习,同时他也不必要为电脑等昂贵的学习必备硬件设施发愁。

5. 第五次服务

(1) 目的:通过召开主题班会,鼓励杨某振作起来,让杨某感受到集体的温暖,珍惜大学机会,消除退学念头;帮助杨某接纳自我,开放自我,积极与人交往。

(2) 方法:心理社会治疗模式间接治疗技巧。

(3) 内容:社工与辅导员联系杨某所在班级,由班干部组织策划了一次主题班会，表达同学之情，班级友爱。同学们共同制作了一个鼓励视频，视频中每个同学都表达了对杨某的鼓励与关心。同学们真诚的话语和真挚的情感深深地打动了杨某。联想到学院领导老师的关怀，想到学校社工和辅导员老师的真诚帮助，杨某很激动，表示再也不提退学之事，一定好好学习，努力工作，珍惜来之不易的学习机会，克服困难，自强不息，用优异的成绩回报老师同学的厚爱。同时也表示要把大家对他的爱化作爱别人的力量源泉，开放自我，勇于与人交往。

6. 第六次服务

（1）目的：巩固服务效果，结束服务。

（2）方法：会谈法。

（3）内容：学校社工与杨某一起对整个服务过程做了总结。

服务之前，案主杨某因为经济困顿，父亲病重住院无力支付医疗费，无奈之下打算退学打工，挣钱救父，大学生活面临危机。社工介入了解情况后，首先引导杨某珍惜大学学习机会，正视自我，接纳自我，拓展思路，寻找更多的解决问题的资源与路径。然后运用间接治疗技术，分别调动学院老师、学校学生资助管理中心以及全班同学的力量，运用不同的路径与方法给杨某提供了经济与情感方面的多元化的支持，帮助杨某化解了燃眉之急，提高了经济生活水平，增进了同学间的了解与友情。通过持续的努力，杨某感觉到经济压力减轻了，不再要求退学，问题基本得到解决，可以结案了。

（六）服务评估

1. 求助者的自我评估

通过一系列的服务活动，杨某父亲医疗费顺利解决，已经安心住院治疗。杨某的经济条件、学习条件改善了许多，经济压力大大减轻。主题班会之后，杨某的人际交往状况大为改观，同学们的真诚与善良打动了杨某，他不再刻意隐藏自己，逐渐变得愿意与人交往。

2. 学校社会工作者的评估

通过跟进回访，发现服务已经达到预期目标。经济压力的减轻，人际关系的改善使得杨某改变了许多，不再回避社工的眼光，说话语气也爽朗了许多，对大学生活充满信心。

3. 辅导员与同学的评估

他们认为杨某变化很大，不再退缩孤独，能够在课堂大胆回答问题，各种活动也积极参加，还自愿申请了班级生活委员一职，全心全意为班级同学们服务。

四、大学生弱势群体就业问题学校个案工作救助实例

（一）案例背景

王某，男，24 岁，大四学生。

王某来自农村，家庭条件一般，家里有三个姐姐，因为是家中唯一的男孩，又是老小，父母和三个姐姐都非常宠爱他，照顾他。

王某以前性格特别内向，现在已经有所改变，但还是不善于和陌生人说话。习惯低着头走路，一般不会刻意去看别人，感觉不好意思。平时喜欢体育运动如打篮球、乒乓球。说话比较直，不会拐弯抹角。

王某在学校表现一般，不是班干部，不是党员，没有特长，学习上虽然没挂科，但成绩基本都在六七十分。没考研，年前随大流参加了公务员考试也没通过。临近毕业，工作的事情一点头绪也没有。除了参加过本校组织的就业招聘会外，也不知道哪里还有招聘的。对于参加的那次招聘会王某感觉自己就像个打酱油的，懵懵懂懂地跟着同学瞎转，也没准备像样的材料，唯一一次与某个招聘单位的工作人员说话，还因为紧张说得结结巴巴、词不达意，没得到任何有价值的信息还很伤自尊，现在想起来依然觉得很难看。现在看到许多同学都找到了工作，内心很是羡慕，但又对自己没有信心，一是说不上自己想干什么，二是招工面试让他很焦虑。

（二）问题诊断与分析

1. 问题诊断

王某性格内向，对自己缺乏清晰的认识，缺乏清晰的职业规划，求职信息闭塞，求职所具备的有些能力欠缺。表达能力差，不善于同陌生人交往，有点自卑，对面试等场合担心害怕。

2. 问题分析

王某的这些问题与大学期间没有接受过求职择业能力训练有一定的关

系。个性方面的问题则与家庭生活环境有很大的关系。家里姐姐比较多，遇事有姐姐们帮助解决，有很强的依赖感，比较胆怯。

（三）服务目标

根据以上的评估与诊断并与王某协商，确定如下服务目标。

直接目标：指导王某如何寻找相关就业信息，缓解案主的心理压力，树立其信心，提高案主的求职能力，通过对面试技巧方面的指导，增强其面试能力。

中间目标：协助王某悦纳自我，独立应对生活，克服依赖。

终极目标：促进王某自我成长、自我实现、完善人格。

（四）理论基础

本案例服务过程中运用的社会工作理论主要有心理社会治疗模式和行为修正模式。运用心理社会治疗模式主要是用其"人在情境中"的相关理论以及"人是有能力的"观点帮助王某正确认识自己。运用行为修正模式中的"行为塑造法"帮助王某学会寻找就业信息，运用"观摩示范法"帮助王某设计职业规划，运用"果敢训练"锻炼王某的面试能力。心理社会治疗模式和行为修正模式的基本理论在本章第一节已经介绍，此处不再重复。

（五）服务计划与过程

1. 第一次服务

（1）目的：与王某初步接触，了解基本情况，建立信任的专业关系，收集相关信息，对王某的问题做出初步的评估并确立个案工作的目标，拟出相关服务计划。

（2）方法：会谈。

（3）内容：社工以真诚的态度，认真倾听王某的表达，经过与王某协商，制订了相应的服务目标和方案，并告知王某在服务过程中如有不当之处可适当调整。

2. 第二次服务

（1）目的：巩固与王某的关系，帮助王某正确认识自我。

（2）方法：会谈，心理社会治疗模式。

（3）内容：社工根据心理社会治疗模式的基本理论引领王某回顾自己的

生活经历，以"生理—心理—社会"这一轴线为思路，协助王某分析自己的个性特点，用"人在情境中"的理念，帮助王某分析在自己的成长道路中周围环境因素带来的影响，比如家庭因素对其依赖性格的影响，领悟自己目前求职择业中遭遇困境与自己的个性弱点有很大关系。

　　如，针对王某对自己求职方面现状的看法有这样一个对话。

　　　　社工："你对现在的自我满意吗？"

　　　　王某："不满意。"

　　　　社工："你能对现实的自我做出评价吗？"

　　　　王某："很差劲，还没找到工作。"

　　　　社工："你觉得自己求职方面最大的弱点是什么？"

　　　　王某："能力不够，害怕面试。"

　　　　社工："你觉得导致你害怕面试的主要原因在哪里？"

　　　　王某："我表达能力差，害怕被人嘲笑。"

　　　　社工："你希望得到一份工作，但总是找不到清晰的方向。你觉得自己能力不够，对自己不太有自信，因为表达能力欠佳，有时还很自卑。你的情绪总是处于低迷的状态，而使你的学习与生活受到影响。"

　　　　王某："大概是这样。"

　　通过本次面谈，初步引导王某全面认识自己，逐渐找出造成其心理困扰的真正原因。

　　3. 第三次服务

　　（1）目的：引导王某摒弃依赖思想，尝试主动寻找相关就业信息，树立信心，缓解就业心理压力。

　　（2）方法：会谈，行为塑造法。

　　（3）内容：首先通过个案会谈，社工引导王某放弃等、靠的思想，学会主动出击，通过各种途径寻找就业信息。第二步，教会王某运用行为塑造法，激励自己真正行动起来，在实际搜寻信息的过程中锻炼自己，提高能力。

　　　　社工："你是怎样获得就业方面的信息的？"

　　　　王某："就是等班长通知啊，上次的招聘会就是班长通知后才去的。"

社工："其他呢？"

王某："其他没有了。"

社工："你自己没主动去找找？"

王某："这上哪里找去？"（王某很茫然）

针对王某的等、靠的思想，社工给王某指出了几条获取就业信息的途径：

①通过网络、报纸等媒体，特别是正规官方媒体了解就业信息，了解国家政策导向，从中捕捉就业热点信息。

②多参加供需见面会，了解用人单位究竟需要什么样的人才，需要具备什么样的素质。

③充分利用周围的人际资源，如老师、同学、亲朋好友等，从中了解就业现状，获取就业信息。

根据实际情况，王某比较接受第一和第三条路径，但对第三条途径比较担忧，害怕自己做不下去。王某说自己的亲朋好友基本上都在农村，父母姐姐在求职择业上也帮不上忙；求助于老师同学又觉得张不开口。针对这种状况，学校社工运用行为塑造法帮助王某设计了一个求助同学老师的具体行动计划。为了方便进行，可以先从熟悉的同学开始，然后逐渐到不很熟的同学、辅导员、学生科老师、任课老师、分管就业的院领导、学校招生就业处的老师等。要求王某每天至少询问一位老师或者同学，最好是面对面请教，将询问结果记录下来，一方面整理获得的信息，另一方面分析自己的言行哪些地方需要改进，第二天尽量改善。王某将需要访问的老师和同学列在表格上，每完成一个就在边上标注出来给自己以鼓励，坚持三天，就犒劳自己一顿，强化行为。

4. 第四次服务

（1）目的：指导王某学会设计适合自己的职业规划，借此促使王某进一步认识自己，做好职业定位。

（2）方法：会谈，观摩示范法。

（3）内容：王某缺乏对自己的全面认识，对将来的就业方向模糊不清，搞不清楚自己适合干什么工作，因此社工决定协助王某设计一份职业规划书。

通过与王某会谈交流，社工帮助他全面认识自己，了解自己的优势与不足；分析自己的职业生涯条件，寻找可用的资源；运用霍兰德职业能力测验，协助王某了解自己的职业兴趣、职业价值观；再结合社会需求，协助王某做出比较恰当的职业定位。

在此基础上，社工给王某提供了一些规范的大学生职业规划书，让王某参照写出一份自己的职业规划方案。

5. 第五次服务

（1）目的：针对王某害怕面试的心理，通过对面试技巧方面的指导，训练表达能力，提高面试应对能力。

（2）方法：观察学习，果敢训练。

（3）内容：首先，社工与王某一起观看面试技巧教学纪录片，通过观察及社工的讲解，学习面试需具备的语言表达、仪容仪表、心理素养等各种能力。

其次，运用果敢训练技术，通过角色扮演锻炼王某表达自我的能力。具体做法是：模拟一个面试现场，社工扮演主考官，王某的同学扮演评委，王某扮演求职者，就某个职位参加面试。模拟结束后，分析王某的哪些行为合适，哪些行为不合适，如何改正。经过几次演练，王某进步很大，收获很多。

6. 第六次服务

（1）目的：巩固服务效果，结束服务。

（2）方法：会谈法。

（3）内容：回顾整个服务过程，梳理取得的成绩，巩固成果，结束服务。

（六）服务评估

1. 求助者的自我评估

通过一系列的服务活动，王某对自己有了比较全面的了解，知道了自己的就业方向，学会了写职业规划书，对于介绍自己、推销自己很有价值。对于面试的恐惧心理大大减轻，"辅导老师对我的坐姿和说话都做了指导，我非常愿意接受，虽然我还没有做得十分好，但是我会在以后的生活中努力改正自己的不足，更好地完善自己，我相信自己到时候能够很自信地参加面试"。更可贵的是，随着面试能力的提高，王某在陌生人面前逐渐变得开朗，发展了个性。

2. 学校社会工作者的评估

社工在会谈的过程中感受到王某对自己有了进一步的认识，愿意改正自己的不足，了解了自己的就业愿望，学会了职业规划，锻炼了应对面试的能力，服务目标基本达成，可以结案。王某倾向于用 QQ 进行以后的跟进联系。结案一周后，社工了解到，王某已经制作完成了一份求职书，现在经常在网上浏览一些求职信息，看见合适的岗位就投简历试试，对找到一个合适的工作充满信心。

3. 同学的评估

同学们认为王某变化很大，特别是模拟面试演练后，王某在陌生人面前敢讲话了，在宿舍里也会经常询问就业方面的信息，人也开朗了很多。

第七章

大学生弱势群体救助中的学校小组工作

与学校个案工作一对一的服务方式不同，学校小组工作面对的是一组存在问题、需要帮助的学生，社会工作者运用小组动力，通过组织小组活动解决小组成员的问题，个人所在的小组气氛、小组成员的互动交往、小组成员的经验等都会给个人解决问题、提高社会功能产生巨大的影响，因此学校小组工作是救助大学生弱势群体的又一个重要的方法。

第一节　大学生弱势群体救助学校小组工作理论基础

一、小组动力学理论

小组动力学理论又称群体动力学，是美国社会心理学家勒温在 20 世纪40 年代创立的。该理论主要研究小组凝聚力、小组规范、小组结构、小组领导方式、小组目标与成员的个人动机等，强调小组蕴含的内部动力，以及各种内部动力对于小组的形成、发展产生的交互作用和交互影响。小组动力学理论研究内容非常丰富，其中场域理论、领导方式、凝聚力等研究对小组工作有着直接、广泛的影响。

按照场域理论的观点，大学生弱势群体救助小组一旦产生就会形成一个物理学所讲的场。当弱势大学生进入小组就进入了一个由自身和不同的力量和变量组成的心理场中。个人的行为会受到这些力量和变量组成的心理场的影响，即个人与心理场之间是相互作用的。要想解决弱势大学生的各种问题，学校社工必须了解小组内可能出现的各种影响力量和变量，只有这样，才能驾驭和带领小组，达到小组的目标。

勒温认为，在群体活动中常常存在着三种领导方式：权威型、放纵型、民主型，只有民主型的领导方式才能创造出民主的小组气氛，每个成员都能够自由地参与、倾听和表达，他们才有可能更有信任感和创造力，更有生产力。因此，进行大学生弱势群体小组工作救助时，要注重创造小组的民主气氛，只有这样才能够为小组带来积极的动力，激发小组的智慧和力量，增进弱势大学生的自我洞察和自我接纳，从而恢复和增强他们的社会功能。

小组凝聚力的研究结果告诉我们，在凝聚力高的小组里，组员会感到心情愉快、精神振奋，在小组互动中感到充满希望，他们会努力工作，积极维护小组的存在，他们会更乐于负责任，更乐于影响他人，也更乐于接受他人的影响，他们更遵守小组的规范。相反，如果小组成员之间的互动比较消极，在情感上不能产生共鸣，或者有严重的分歧、冲突，互相不能满足心理上的需要，则成员会感到压抑，小组对个人的吸引力必然小，凝聚力低，小组会没有生产力，而且可能解散。所以，提升小组的凝聚力是学校社工的重要任务之一。由于学校小组工作中所建立的小组是典型的人为小组，其凝聚力必须以小组共同活动为中介。在小组活动中，成员经过互动，增进了成员之间的感情和思想交流。如果他们能够互相认同、支持，互相满足心理需要，就会产生亲密感和互相依赖感，加大成员间的互相吸引，以及小组对个人的吸引。

二、社会学习理论

社会学习理论是行为主义学派的重要组成部分，由美国著名心理学家班杜拉于20世纪60年代提出，社会学习理论的基本内容在上一章已经做过简要介绍，在此不再赘述。

在开展大学生弱势群体救助学校小组工作时，社会学习理论也是重要的理论依据之一。

班杜拉认为，人们可以通过模仿他人而形成新的行为方式，即所谓的观察学习。小组恰恰就可以提供模仿他人的平台和机会。在开展小组活动时，小组中的每个成员都有自己独特的行为和心理反应，每个人都可能成为他人的榜样，为他人提供模仿的信息。共同的活动又使得小组成为观察他人、模仿他人的平台，每个人都可以在互动过程中发现榜样，根据自己的需要进行观察模仿，塑造、完善自己的行为。

与华生和斯金纳的行为主义理论不同，班杜拉的社会学习理论看到了学习者的认知因素在塑造行为中的作用，一定程度上肯定了人的能动性，这个观点会使学校社工在带领小组时更有信心，也更能够放松。在小组操作过程中，个人不是被动地接受信息，而是以自己过去的经验为基础，有选择地去接受和回馈信息，这些信息直接针对小组成员的需要和他们所关心的问题，使得他们能够及时做出非常个人化的处理。因此，学校社工有理由相信即使小组出现暂时的困难，甚至退化行为，小组依然蕴藏着较大的成长潜能和发展的可能性。

三、镜中自我理论

镜中自我理论的创始人是美国社会学家、社会心理学家库利。"镜中自我"的说法源自库利对社会、对社会中的人的基本认识。他认为，社会是一个由个体组成的有机体，社会成员之间彼此交往互动，构成了一个动态的复杂系统。个体的活动影响社会的状态，社会的变化也会影响到每一个社会成员。在互动过程中，每个人都可以感知到来自他人的信息，其中就包含着他人对自己的反映与评价。他人就像一面镜子，从中可以看到自己在他人心目中的形象，看到自己的言谈举止是否令人满意，是否符合社会规范，进而考虑是否需要修正。在他人这面镜子面前，个体不断地调整自己，不断完善自我形象，使自己与周围环境更加匹配，达到自己内心认可的满意状态。在这个过程中个体的自我概念逐渐形成并不断修正完善。

在自我认识的形成发展过程中，库利尤其重视首属群体的作用。首属群体又叫初级群体，指的是家庭、邻里、同伴等经常面对面交往、关系密切的小群体。库利认为，首属群体是个人直接生活的小社会，在个体的成长过程中作用巨大，个体自身的思想品质、人格特点、行为方式等都会打上相应的烙印。

运用学校小组工作进行大学生弱势群体救助研究就是将在某些方面存在类似弱势状况的大学生组成一个个小组，通过小组活动解决个人问题。小组对于成员而言就是一个微型社会，是一个由于彼此交往互动而存在和发展的有机体。小组成员的个人表现影响小组的整体进程，小组的活动安排也会影响每个成员的心理和行为表现，每个小组成员都能够通过同伴的反映和评价看到自己的形象，从而能够不断地修正自我，管理自我，建立更完善的自我认知与自我评价，消除不良情绪，矫正不良行为，提高社会适应能力。另外，大学生的心理还处在发展成熟中，由有着共同发展问题的弱势大学生组成的各个小组就是一种同龄群体，发挥着类似首属群体的作用，对大学生弱势群体的发展有着重要的影响。

第二节　大学生弱势群体救助学校小组工作过程

一、建立救助小组

这是工作的初始阶段，目的是做好各项准备工作，为实施救助做好铺垫。

（一）确定小组类型，明确小组目标

组建救助小组首先要确定好要建立哪些小组，不同的小组，工作目标、方法、组织的小组活动都会有所不同。本研究中，根据大学生弱势群体普遍存在的弱势情形，计划组成经济弱势、学业弱势、心理弱势和就业弱势四个小组。根据前期调查结果可以看出，四种小组的突出问题各不相同。经济弱势小组以经济困难为主要特点；学业弱势小组主要是缺乏学习兴趣，学习能力差；心理弱势小组主要是自我认知偏低，缺少自信，自卑焦虑感突出，人际交往能力欠缺；就业弱势小组则是求职择业能力低下，缺乏职业规划，信息闭塞，不善表达，社会适应能力较差。

各种弱势状况的存在，降低了大学生的自我认知水平，整个大学生弱势群体存在着共同的困惑与问题，主要表现为：自我接纳程度差，自卑敏感，退缩孤独，人际交往能力不足。

各个弱势小组不同的突出问题和弱势大学生的共同困惑是确定小组工作目标的基本依据。小组工作的目标可分为总体目标和具体目标两大类，前者是运用小组工作开展大学生弱势群体救助工作的总的工作目的和要求，即促进大学生弱势群体更好地成长和发展，提高适应能力，强化社会功能。具体到各类小组，具体的救助目标包括两个方面，一个是解决这类弱势学生特有的问题，如经济弱势的生活困难问题、就业弱势的信息不畅问题等，另一个是解决弱势大学生共同存在的问题，如人际交往能力差、敏感自卑的不良情绪，等等。

（二）确定小组规模和性质

小组的规模会影响小组成员之间的沟通，理论上讲，小组规模小，组员之间的沟通机会多，但是规模太小，比如2—3人的小组，组员之间的压力就会很大，反而影响了沟通效果。如若小组太大，多达几十个人，沟通不容易，难以形成小组凝聚力，而且由于人多，减少了每个人的活动时间，问题的探索常常流于表面，难以深入。所以，一般小组的规模不会超过10个人。本研究将救助小组限定在6—10人。

根据组员的流动性可将小组分为开放性小组和封闭性小组。开放性小组的组员可以随时离开或加入小组，自由度大，心理压力小。封闭性小组的成员是相对固定的，从开始到结束组员保持不变，成员之间交往互动深刻，小组动力的作用发挥更明显。本研究在自愿原则上招募组员，小组成员参与动机强，小组认同感高，具有建立封闭性小组的心理条件，所以我们将大学生弱势群体救助小组设为封闭性小组，组员本着自愿原则加入小组。

组建小组过程中还要考虑同质性和异质性问题。所谓同质性就是组员有类似的问题表现、个人目标等，小组的同质性强，便于高效地解决问题，也便于组员间相互认同接纳，增加互动的意愿。所谓异质性就是指小组成员各有差异，各有特点，有不同的技能、专长等，小组的异质性强便于成员之间相互学习、分工合作。组建救助小组要将同质性和异质性有机结合起来，基于此，本研究按照问题类别首先将救助小组分成经济弱势、学业弱势、心理弱势、就业弱势四个类型，体现了小组的同质性，然后在每一个小组的人员构成上考虑性别、年级、专业等的不同，尽量做到同质性和异质性的统一。

大学生弱势群体是大学生中的弱者，在自我成长、人格发展、社会适应等方面存在困难，需要关怀与救助，同时，他们又是发展之中的人，适当的教育可以促进他们的成长，所以，大学生弱势群体救助小组要根据具体需要确定小组性质，可以是教育小组，也可以是成长小组，还可以是支持小组、治疗小组。

（三）招募小组成员

救助小组的类型、目标、规模、性质等确定之后，就要招募组员，组建小组。

招募组员的方式很多，比较常用的有以下几种，一是张贴海报、发放传单；二是深入教室、宿舍宣传、宣讲；三是争取辅导员、班主任的支持，由他们推介。运用哪种方法没有固定要求，以便捷高效为原则。

通过宣传确定初步的目标人群，然后再通过问卷与访谈进行进一步评估筛选，评估问题表现、需求特点，选择最佳成员组合。

本研究通过自愿报名，评估筛选，最后确定了 32 名弱势大学生参加小组活动，其中经济弱势小组 8 人，学业弱势小组 6 人，心理弱势小组 10 人，就业弱势小组 8 人。

（四）小组的筹备工作

小组活动真正能够开展起来还需要考虑多方面的影响因素，准备工作越充分，小组活动开展越顺利。

第一，获取相关部门机构的支持。社会工作的对象是深陷困境的弱势群体，他们的困境既有精神的也有物质的，需要工作者提供针对性的服务。社工并不是资源的占有者，整合资源，做资源与服务对象之间的联络人是社工的重要任务。因此，在小组筹备阶段就要认真考虑可能需要的资源以及获取资源的方法途径等。

大学生弱势群体救助小组工作中，大学生的弱势体现在经济、学业、心理、就业几个方面，需要经济资助、学业指导、心理援助、就业帮扶，这些资源一般都集中在高校的学生处、招生就业处等部门。因此，在筹备阶段就要与相关部门对接，争取获得必要的支持。比如，我们在活动之前，先向学生处领导做了详细汇报，阐明了研究的价值与意义，赢得领导的肯定与支持。学生处长亲自出面协调，安排下辖的大学生资助中心、大学生学习发展中心、大学生心理健康教育中心积极配合我们的工作，为小组工作的顺利开展打下了坚实的基础。

第二，协助组员了解小组。小组活动的走向和结果与组员对小组的认识与理解有很大的关系，因此筛选了组员以后，需要进一步与他们沟通，让他们了解小组活动的目标，熟悉小组活动程序和活动内容，鼓励他们表达自己的愿望与要求，协调他们与工作者的期望，纠正其对小组的理解误区，使他们与小组保持心理上的融洽与一致，如果分歧过大，可以进行调整与转介。

第三，其他一些具体细节的考虑。活动场地的选择与布置，开展小组活动的资金支持，小组活动的时间安排等一些细节性的小问题也会影响小组活动的效果，需要事先尽可能考虑周全。比如，小组活动的所需资金主要来源于课题研究经费；主要活动场所确定在社工实验室，因为社工实验室不论是房间结构还是环境布置都很适合小组活动开展；小组活动时间大都安排在周末和晚上以避免与大学生的上课时间冲突。细致周到的安排使得小组活动在具体实施中少了许多麻烦和障碍。

（五）制订小组计划书

小组计划书是小组工作者运用学校小组工作的专业知识和技能，有系统地将一连串的活动和服务加以设计、组织、规划，以带领小组成员在小组内活动，达成学校小组工作的计划和目标。制订小组计划书可以使小组工作者更清晰地把握所用的工作理念、理论模式、工作方法，更清楚小组活动的目标，同时，小组计划书还是小组活动的程序方案，便于工作者把握活动进程和步骤。另外，一份完整的计划书也是评估活动效果的依据。

小组计划书一般包括下列内容：①理论阐述，包括小组的背景，小组活动的理论依据、工作理念。②小组活动目标。③小组的特征，如小组性质、活动时间、地点、频率等。④小组成员的招募及筛选方式。⑤具体活动项目及日程安排。⑥预计困难及应变措施。⑦评估方法。

二、组织小组活动

小组活动从开始到结束，根据目的和任务的不同可以分成初期、中期、后期三个阶段。

（一）小组活动初期

小组活动初期，组员刚刚进入小组，彼此陌生，不熟悉、不信任，小组凝聚力没有形成，因此，该时期的首要任务就是帮助小组成员尽快融入小组，彼此交流互动，接纳信任，形成良好的人际沟通氛围，激发小组动力。

初期的小组活动通常安排 1 次，大学生弱势群体由于普遍存在着自卑敏感的特点，戒备心理较强，比较退缩，人际沟通能力相对较弱。所以，活动初期打破坚冰、建立信任、融入小组显得更重要，难度也更大，需要认真思考，细心揣摩，设计更合理的活动内容。根据实际需要本阶段的小组活动可以安排 1—2 次。

（二）小组活动中期

这一阶段是小组活动最重要、最核心的时期，主要任务是解决小组成员存在的问题。经过初期的小组活动，工作者与组员之间、组员与组员之间由陌生到熟悉，彼此的信任感、小组归属感和凝聚力都得到增强，小组规范和小组动力生成并逐渐成熟，小组成员的情绪也已经由最初的恐慌焦虑变得平和安静，可以专注于问题的解决，整个小组具备了解决具体问题的条件和基础，可以充分借助彼此的信任力和影响力组织开展形式多样的团体活动，帮助组员解决面临的各种困难与问题。

在这个阶段，经济弱势小组的主要任务是帮助组员挖掘自身和周围环境资源，构建社会支持网络，应对经济困境；学业弱势小组主要是发现学习价值，培养学习兴趣，获得学习方法和技巧，提高学习能力；心理弱势小组主要帮助他们认识自我，了解自我，形成正确的自我认知，正视自身的问题与障碍；就业弱势小组的主要任务是训练他们求职择业的技能技巧。同时，对于大学生弱势群体存在的人际交往能力不足等共同问题，也要设计相应的团体活动，与各个小组解决特定问题的活动一起，安排在活动中期。

中期的小组活动次数一般为 2—4 次，没有严格的规定，视具体情况灵活安排。

（三）小组活动后期

小组活动后期指的是小组的结束阶段，此时，小组目标已经达成，小组的使命完成了，自然走向结束。

在前期的小组活动中，共同的活动安排加强了组员间的交往互动，彼此之间建立了互相接纳和愉快的合作关系，甚至成为朋友和伙伴，这种积极正面的情感体验是小组发挥作用的催化剂，也是小组成员日后独自应对生活困境的宝贵资源。因此，巩固业已取得的小组工作成果，保持积极的情感体验是本阶段的重要任务。

同时还应看到，这种亲密的情感联结可能还会给组员带来消极负面的情绪体验，他们习惯了来自小组的支持和鼓励，看不到自己的成长，担忧一旦失去这种亲密关系，自己将无力应对外面复杂的世界，害怕分离，产生焦虑情绪，严重者会启动倒退、回避等自我心理防御机制延缓小组的结束。所以，本阶段工作者与组员认真梳理小组中每个成员的成长轨迹，正确处理离别情绪，为走进新生活做准备也是一个重要的任务。另外，在小组后期，随着小组任务的完成，还要进行活动效果评估、跟进等工作。

本阶段一般安排 1 次活动，通常情况下是在倒数第二次活动时进行预先告知，让组员有必要的心理准备。

三、小组评估与跟进

（一）小组评估

小组评估是对小组工作过程和结果的评价，是小组工作的重要环节，对小组工作的开展有重要价值。在大学生弱势群体救助小组工作中，通过小组评估可以了解各个救助小组的工作目标是否实现，检查小组工作进程是否顺利，了解工作者的工作状况，掌握各类弱势大学生的改变状况，考查学校小组工作救助不同类型大学生弱势群体的有效性，为以后的工作提供借鉴。

小组评估一般有组前评估、过程评估和结果评估三种形式。组前评估是指对小组活动准备阶段所做工作的评估，目的是保证各项准备工作能够按照小组工作总目标要求有序开展。在大学生弱势群体救助工作中，在小组筹备阶段，小组工作者根据研究目的筛选小组成员，斟酌修订小组工作计划，评估可用资源等都是组前评估的具体运用。

过程评估就是对小组工作过程各个环节进行评估。通过收集相关资料，了解组员的变化和小组活动的开展情况，根据监测结果对小组工作计划进行适当调整，以保证工作目标的实现。在本研究中，工作者通过观察小组成员的表现，与小组成员进行口头交流等形式实时评价目标达成情况，发现问题及时调整，以适应组员的需要。

结果评估是小组活动全部完成以后对整个小组工作的评价，一般安排在小组活动的最后阶段，通常以组员自评为主。小组活动结束后，组员对小组活动的内容、工作方法、工作者的表现等各方面工作进行评价，以评估小组目标的达成情况，为后续跟进工作计划安排提供依据。结果评估的方法有很多，有工作者与组员的交流访谈、有组员的自我评估报告，有书面的小组目标达成表等，除了组员自评，还有工作者自评、督导评估等形式。本研究的结果自评均安排在最后一次小组活动结束时进行，通过工作者与组员的访谈交流，了解组员对小组工作的感受与评价、对工作者的评价，同时组员还要现场填写小组目标达成表和小组工作满意度调查表，工作者统计分析获取的数据，了解小组工作目标的完成情况和组员对小组工作的满意度。

（二）小组结束后的跟进

跟进是指小组工作者在小组活动终结后继续为成员提供追踪服务，是小组工作的延伸。通过跟进可以检验小组工作的实际效果，还可以及时指导组员运用小组活动的训练成果应对新情况新问题，促进成员的持续成长。在跟进阶段，组员已经离开小组回到现实生活中，所以跟进服务实际上就是对组员个人的个案服务，即以接受完小组服务的组员为案主，在一段时间内对其持续关注。主要是观察组员回到现实生活中的适应情况，遇到的困难和问题，鼓励组员积极应对。

由于大学生弱势群体都是在校大学生，比较方便实施跟进服务，在方式方法上，可以是直接见面，也可以电话联系，还可以通过辅导员老师间接了解。

除了关注组员本身，强调用他们自身的力量适应环境以外，工作者还要教会组员善于利用社会资源，建立起促进成长的自助网络。就大学生弱势群体而言，建立自助网络可以从两个方面入手。第一，在原有救助小组基础上建立微信群、QQ 群，使在小组活动时形成的情感联系得以延续，小组动力继续发挥作用，小组成员一旦遇到问题与困难，就可以及时得到小组的支持和帮助。第二，利用周围资源建立支持网络。大学校园是大学生学习生活的主要场所，辅导员、任课老师、舍友同学、院系领导以及各个职能部门都是大学生可以依赖的资源。工作者要帮助组员寻找周围合适的支持力量，与之建立稳固联系，使其成为组员成长发展进程中的有效资源。

第三节　大学生弱势群体救助学校小组工作实例分析

一、大学生经济弱势学校小组工作救助实例

（一）小组特征和目标

1. 小组特征

本小组是大学生经济弱势小组，服务对象是经济弱势大学生，是一个封闭式的成长小组，小组成员8人，每周活动1次，连续活动6周，地点是社工实验室团体活动室。

2. 小组目标

本小组主要解决大学生经济弱势群体面临的困境与问题，满足他们的心理需求，具体目标是：训练人际交往能力，组员能够与他人进行良好沟通与交流；培养组员自我认知能力，培养自信力；帮助组员建立社会支持网络；帮助组员争取资源，缓解经济压力。

（二）小组活动过程

1. 第一次活动：相聚是缘

第一次小组活动是组建小组以后最初的活动，组员之间、组员与工作者之间都彼此陌生、互不相识，小组动力没有形成，所以，彼此尽快认识、建立专业关系、形成良好氛围是本次活动的首要任务。同时，在这个阶段还要明确组员需求，制订小组目标，初步形成小组规范，为后面的小组活动打好基础。

具体活动内容如下：

①工作者开场白。

②小组成员逐个进行自我介绍。

③热身游戏："雨点变奏曲"，活跃气氛，调动情绪，尽快进入小组活动

状态。

④主题活动："破冰之旅"，通过三个团体游戏（"姓名接龙""零零七""串串连"）引导组员相互熟悉，形成轻松、融洽的小组气氛。

⑤小组讨论，澄清小组需要，确立小组目标，形成基本的小组规范。

⑥总结分享第一次活动。

大学生弱势群体自卑心理比较重，一般都比较敏感多疑，沟通能力较弱，特别是在陌生人面前，往往比较拘谨，这就要求工作者秉承"以人为本，助人自助"的工作理念，有足够的耐心，充分理解、尊重、接纳弱势大学生，同时又要充分发挥小组主持人的作用，用高昂饱满的情绪感染影响他们，激发他们的情感与活力，使其尽快融入小组。

通过小组讨论澄清组员的需求和确定小组目标时，要特别注意尊重小组成员的主体地位，工作者要运用支持性技巧、引领性技巧等专业会谈技术积极引导小组成员抒发己见，工作者切忌越俎代庖、包办代替，否则确定的目标很可能没有吸引力。

另外，需要说明的是，经济弱势、学业弱势、心理弱势和就业弱势四类弱势大学生活动小组，第一次的活动目标都是调动情绪、建立关系、澄清需要、明确目标，所以四个小组的第一次活动可用共同的设计方案，只不过活动节奏需根据不同小组的组员特点稍做调整，因此，在接下来的其他三个小组活动中对这一部分不再过多阐述。

2. 第二次活动：你是我的好朋友

经过第一次小组活动，组员之间、组员与工作者之间已经熟悉，专业关系建立，小组规范形成，此时可以开始着手解决小组成员的问题。由于彼此的交往互动还不够特别深刻，小组动力才开始形成，所以此时比较适合解决外在的且较容易的问题。本小组是经济弱势小组，小组成员在日常生活中常因经济原因造成人际交往的困难与障碍，需要进行人际交往能力提升训练，而这种训练活动也能促使组员之间互动层次更深，关系更密切，为解决深层次问题做好心理铺垫。所以本次小组活动以训练小组成员的人际交往能力为主。

具体活动内容如下：

①工作者开场白。

②热身游戏："松鼠与大树"，活跃气氛，调动情绪，引导组员迅速进入小组活动状态。

③主题活动。游戏一："我想认识你"，引导组员学习表达自己，学习发现彼此间的共同之处，练习基本的社交技能。游戏二："心有灵犀"，引导学生体验人际沟通的必要性，学习人际沟通技巧，提高人际交往能力。

④总结并分享第二次活动。

为了调动组员参与活动的积极性，小组活动大都以游戏为载体，组员在轻松愉快的氛围中，通过亲身参与、角色扮演，获取知识，塑造行为。为达到活动目的，工作者一定要注意精心设计游戏环节，同时更要做好游戏后的互动交流，引导组员围绕预定主题展开讨论，适时总结提炼，起到画龙点睛的作用。

经过第二次小组活动，组员之间进行了更深层次的交融磨合，通过"我想认识你"和"心有灵犀"两个主题活动，彼此的了解更深入，沟通交流技巧得到提升，同时也训练了他们的合作分享意识。本次活动结束后，小组成员有了明显的转变，从最初的羞涩、有隔膜到愿意与人交流，可以与人沟通，组员之间开始建立基本的信任与默契，为解决深层次问题准备了良好的心理条件。

3. 第三次活动：我有"矿"

经济弱势大学生因为贫穷常常自卑消极，过低地看待自己，这种自我否定加剧了他们的适应不良，这是一种以偏概全的不合理的认知方式，任其发展弱势大学生就会越走越偏，必须要调整改变。所以，第三次小组活动的主要任务就是矫正组员错误的自我认知，树立正确的自我观念，同时引导组员全面挖掘个人资源，看到自己的长处，正确看待贫穷，消除自卑，增强自信。

具体活动内容如下：

①工作者开场白。

②热身游戏："桃花朵朵开"，活跃气氛，调动组员参与活动积极性。

③主题活动："我是大富翁"，小组成员通过挖掘自身的资源，认识到自己的优势，正确看待贫穷，学会在逆境中更好地成长。

④总结并分享第三次活动。

主题活动"我是大富翁"的具体活动分为两个步骤，第一步是每个组员在纸上写出自己拥有的十项财富，然后进行小组交流。在这个步骤中，工作者要注意鼓励组员深入挖掘个人资源，多方面寻找自己拥有的财富。在小组讨论时，工作者要引导组员思考财富的真谛，领悟财富不仅仅指金钱财物，也包含自强奋进等精神方面的东西，使组员认识到自己虽然经济上贫穷，但并非一无所有，每个人都有自己的"矿"。第二步，正确认识贫穷。引导组员充分交流互动，重新审视自己的经历，讨论自己在贫困中的收获，谈谈自己与周围同学相比存在的优势，引导组员正确认识贫穷，变压力为动力，以积极的态度迎接生活的挑战。

本次活动的主要目的是要改变组员不正确的自我认知，需要他们全面真诚地分析自我、展示自我，并与别人交流分享，这需要彼此间真诚的信任。因此，本次活动要在事先进行人际沟通能力训练，组员之间建立较好的心理联系，有了良好的信任关系之后才能实施。

4. 第四次活动：希望之梦

经过第三次的小组活动，小组成员从思想上开始重新认识自我、认识贫穷，并且通过前几次的互动沟通交流，组员之间建立了比较深厚的情感联结，小组凝聚力大大增强，小组动力愈加成熟，已经具备了深度挖掘问题，开发潜能，战胜困难的能力，因此，本阶段小组活动的中心任务是引导组员深层次认识自我，挖掘潜能，提高抗逆力，正视贫穷，健康成长。

具体活动内容如下：

①工作者开场白。

②热身游戏："兔子舞"，活动筋骨，让组员在良好的精神状态下参与小组活动。

③主题活动："有梦想就有希望"，通过角色扮演挖掘潜能，培养应对困境的能力。

④总结并分享第四次活动。

主题活动"有梦想就有希望"设计成心理剧的形式，以历史名人的励志故事为主要内容，小组成员通过角色扮演体验学习"穷且益坚，不坠青云之志"的自强不息的奋斗精神。角色扮演结束后接着进行小组讨论，要求每一位小组成员都要回顾自己当初的理想，回想多年来自己走过的历程，对照现状，更深层次地了解自己，发现自己的问题。同时，结合古人的励志故事，鼓舞精神，畅想未来，讨论自己如何能够坚持梦想，如何从贫困中汲取营养，怎样学会在逆境中奋斗，自立自强。

5. 第五次活动：我们在一起

由于害怕贫穷带来的标签效应，相当一部分经济弱势大学生自卑、退缩，对他人缺乏信任，不会或者不敢寻求帮助，也不会处理学习与打工的矛盾，他们在资源占有方面明显处于劣势，缺乏必要的社会支持。针对这一特点，第五次小组活动主要是帮助他们找寻自己周围的资源，建立社会支持系统，从环境中汲取力量，帮助他们解决经济困难和生活困境。

具体活动内容如下：

①工作者开场白。

②热身游戏："信任背摔"，活跃气氛，调动情绪，培养小组成员的信任感。

③主题活动。活动一："经验分享会"，通过小组成员的个人分享，建立组员间的支持系统。活动二："资源导航"，带领组员寻找学校的相关资源，帮助组员解决经济困境。

④总结并分享第五次活动。

本次的热身活动是"信任背摔"，选择这个活动，一方面是为了调动情绪，尽快进入小组活动状态，另一方面是为下面的主题活动做铺垫。本次活动的主要目的是建立社会支持系统，即建立组员与其周围资源之间的联系，便于组员能够得到必要的支持和帮助，解决他们面临的问题。实现这个目标的前提是组员愿意开放自我，建立关系，也就是说组员必须要有对环境的基本信任，"信任背摔"活动就是为了培养小组成员对他人的信任感，营造安全可靠的心理氛围。

本次小组活动中主题活动设计了两个，一个是"经验分享会"，一个是"资源导航"。"经验分享会"是请有勤工助学经验的组员分享自己打工的经历，有哪些经验与教训，小组讨论如何应对贫困，如何才能处理好学习与工作的关系。组员之间还可以交流工作经验、兼职信息等他们感兴趣的问题。这种经验分享实质上帮助组员建立了彼此之间的支持网络，他们可以互相鼓励，共同努力，摆脱经济困境，健康发展。

主题活动之二是"资源导航"，这个活动要充分发挥社工资源整合者、联络人的作用，全面掌握学校贫困生救助的相关政策和措施，并组织组员充分学习和领会政策内容，同时还要带领组员到相关部门机构实地了解办事流程，引导组员学会合理运用资源，解决生活困难。

按照计划书，本小组总共安排六次活动，这是倒数第二次，已经接近尾声。为了让组员有充分的心理准备回归现实社会，本次活动结束前需要提前告知。

6. 第六次活动：为了明天的再见

这是经济弱势小组的最后一次活动，主要任务是巩固一个多月以来的小组活动成果，强化组员学到的经验和能力，并引导组员在日常生活中加以应用。同时评估小组活动，处理离别情绪，顺利结案。

具体活动内容如下：

①工作者开场白。

②主题活动："我的收获"，回顾从最初参加第一次小组活动以来自己的变化和进步，确认自己获得的成长力量，增强独立应对困难的勇气和信心。

③小组评估。

④离别祝福，处理离别情绪，互致祝福，结束小组，回归现实生活。

经过一个多月的互动交流，小组成员之间建立了亲密和谐的关系，面临离别，不舍之情油然而生。同时，一些组员担心一旦离开了小组这个安全温馨的环境，心理状态、生活能力又会回到从前，担忧是否能够在现实生活中建立信任接纳的社会关系，害怕难以适应复杂的生活环境，于是从心底里拒绝分离，不想离开。因此，小组活动结束之前安排一次专门的活动处理相关问题非常重要。

在本次活动中，工作者首先要求小组成员在纸上写下自己参加小组活动的收获，然后小组讨论分享，在此基础上，工作者带领全体组员回顾小组活动一路走来的全过程，梳理大家的收获。从最初的羞涩、隔膜到逐渐变得融洽、接纳，从一开始的不信任到最后变成关系密切的朋友伙伴，一路走来，每个人都学会了很多，成长了很多，每个人都重新认识了自己，重新认识了贫困，消除了自卑，增强了自信，学会寻找有效的资源，建立了自己的社会支持系统，增强了应对困难、战胜贫困的能力。因此，通过小组训练，每个人的抗逆力都得到提升，已经有能力独立应对生活的压力。今天的离去是为了明天更好的发展，鼓励组员满怀信心地离开小组，回归生活。同时也要跟组员承诺小组的跟进服务，在一段时间内，工作者会继续关注每个组员，帮助他们将在小组中获得的观念方法和技巧具体应用到现实生活中，解决生活中的难题。

在小组活动最后，工作者组织组员填写"小组满意度调查表"和"小组目标达成测量表"，并结合小组访谈讨论，对小组工作的过程与结果进行评估。随后举办一个简短的送别仪式，大家互赠祝福，带着美好的愿望离开小组踏上归途，小组任务完成，宣布结束。

（三）小组活动评估

本节运用学校小组工作救助大学生弱势群体，共组建了经济弱势、学业弱势、心理弱势和就业弱势四个小组，每个小组都是在筛选组员、评估需求、斟酌方案的过程中建立起来的，也就是说组前评估已经完成，所以，此处所讲的小组评估主要是对活动的过程与结果进行评估。主要是通过问卷调查和小组讨论的形式进行。在专业监督指导下，工作者编制了"小组满意度调查表"和"小组目标达成测量表"，表7-1和表7-2是本小组的评估结果。

通过表7-1可以看出，小组成员对小组工作的过程满意度比较高，共9个评估项目，每个项目选择比较符合和非常符合都在6人以上，即75%以上的人对小组工作过程感到满意，特别是在对小组活动的喜爱度，小组活动加深了对自己的认知、提高了自信心以及小组活动获得经验的有效性方面满意度达到87.5%。这些数据说明，本小组的活动开展是成功的，大部分组员对于自己的成长是满意的，对工作者和小组持肯定态度。

表7-1　小组满意度调查结果　　单位：人

评估项目	A	B	C	D	E	合计
1. 我能在这个小组中向别人表达我的想法	0	2	0	4	2	8
2. 我喜欢这个小组活动	0	0	1	4	3	8

评估项目	A	B	C	D	E	合计
3. 我在这个小组中学会了如何关怀别人	0	1	1	5	1	8
4. 我对自己越来越了解	0	0	1	4	3	8
5. 参加小组使我对自己越来越有信心	0	0	1	5	2	8
6. 在这个小组中我乐于和其他人分享我的经验	0	2	0	5	1	8
7. 我觉得这个小组经验很有意义	0	0	1	4	3	8
8. 我觉得这个小组大家互相信任而且坦诚	0	1	1	4	2	8
9. 我喜欢工作者的带领方式	0	1	1	3	3	8
10. 我认为以后可以改进的是	略					
合计	0	7	7	38	20	72

（注：A 非常不符合，B 比较不符合，C 不确定，D 比较符合，E 非常符合）

表 7-2 是对小组目标达成情况的调查，结果显示，在与他人良好交往、培养正确的自我认知、积极自信的生活态度、建立社会支持网络、自我目标实现、小组目标实现等方面，83.9%的组员认为达到了期待水平，特别是在支持网络构建和自我目标实现方面，期待水平达成率是100%，26.8%的人感觉小组活动高出了预期。这些数字数说明，总体上小组成员对小组目标的达成持肯定态度。通过组织开展小组活动，社工协助组员提高了人际交往能力，端正了自我认知，建立了社会支持网络，取得了明显的救助效果。

表 7-2　小组目标达成状况调查结果　　单位：人

评估项目	A	B	C	D	E	合计
1. 能够跟他人良好地交往	0	1	4	3	0	8
2. 培养正确的自我认知	0	2	4	2	0	8
3. 培养积极自信的生活态度	0	1	3	4	0	8
4. 建立大学生经济弱势群体支持网络	0	0	5	2	1	8
5. 有效解决经济压力	0	4	4	0	0	8
6. 自我目标的实现	0	0	6	1	1	8

评估项目	A	B	C	D	E	合计
7. 小组目标的实现	0	1	6	1	0	8
合计	0	9	32	13	2	56

（注：A 完全没达到，B 低于期待水平，C 期待水平，D 高于期待水平，E 非常好）

从表 7-2 中还可以看出，在"有效解决经济压力"方面，数据不够理想，4 位同学认为低于预期。这个结果主要是因为从制订计划到真正得到资助需要一定的时间，需要学校各部门的配合，勤工俭学也要有一个工作期，况且学校的资助工作都有固定的时间节点，所以很可能导致我们的小组活动结束时经济救助还没有到手，经济状况没有得到显著改观，但是，他们的认知水平、交际能力已经得到提升，也建立了社会支持系统，为他们获取资源提供了更好的条件，他们具备了更强大的应对贫困的能力，对于未来也会充满希望。这一点在最后的小组讨论中被许多同学认识到、感悟到了。

总之，通过组员的评价可以看出，小组活动是可行的、有效的，促进了组员的成长，基本达到了预定目标。

二、大学生学业弱势学校小组工作救助实例

（一）小组特征和目标

1. 小组特征

本小组是大学生学业弱势小组，服务对象是学业弱势大学生，是一个封闭式的成长小组，小组成员 6 人，每周活动 1 次，连续活动 6 周，地点是社工实验室团体活动室和大学生学习与发展中心。

2. 小组目标

本小组主要解决大学生学业弱势群体面临的困境与问题，满足他们的心理需求，具体目标是：端正学习态度，提高学习兴趣；学会科学的学习方法，提高学习能力；学习合作与分享，提高交往能力。

（二）小组活动过程

1. 第一次活动：相聚是缘

第一次小组活动与经济弱势小组相同，此处略过。

2. 第二次活动：找出拦路虎

经过第一次小组活动，组员之间消除了陌生感，建立了初步的小组认同感。本次活动继续强化巩固相互之间的联系，练习人际沟通的基本技能。同时开始着手了解本小组每个组员在学习方面存在的具体障碍和问题，帮助组员深度了解自我，初步学会处理学习障碍的方法，也为后续提供针对性的服务做好铺垫。

具体活动内容如下：

①工作者开场白。

②热身游戏："你拍拍，我拍拍"，活跃气氛，调动情绪，引导组员迅速进入小组活动状态。

③主题活动。游戏一："我想认识你"，引导组员学习表达自己，学习发现彼此间的共同之处，练习基本的社交技能。游戏二："我的拦路虎"，引导组员自我分析，发现学习弱势；讨论分享，改变不良学习行为。

④总结并分享第二次活动。

前期的调查发现，人际交往能力差也是学业弱势大学生常见的问题，学业不良的学生会因为自己糟糕的学习成绩而心怀自卑，需要在一个他们认为安全的环境中才愿意敞开心扉。因此，本次活动在真正碰触到他们的学习问题之前，安排了一个交往互动的主题活动游戏"我想认识你"，巩固第一次小组活动结果，进一步训练他们的社交能力，创造一个安全温暖的交际氛围，使组员之间可以顺畅地沟通与交流。

主题活动之二是"我的拦路虎"，这是本次活动的重点内容。趁着活动一营造的心理氛围，工作者要求组员在纸上写出自己学习中的困难与障碍，写出自己曾经做出的努力，写出自己渴望得到的帮助，然后小组分享交流。工作者要注意鼓励组员放开自我、坦诚相见，把自己的真实感受呈现出来，引导他们全面深刻地了解自我。同时又要引导组员进行"脑力风暴"，互相出主意、找对策，提出应对学习障碍的方法措施，组员之间相互学习借鉴，改变不良的学习行为与习惯。

在具体活动中工作者还发现，因为组员都是存在学习困境的学生，小组脑力风暴并没有很好地解决他们的问题，他们还有许多学习方面的困惑有待解决。其实这是小组工作者预先就考虑到的问题，这种解决问题的欲望也是工作者想要的状态，因此，接下来工作者要趁热打铁继续组织设计有效的小组活动，帮助组员解决他们的问题与困惑，提升他们的学习能力。

3. 第三、四次活动：学习沙龙

通过第二次小组活动，工作者了解到小组成员在学习方法、学习兴趣、学习能力等方面存在着许多问题与困惑。班杜拉的社会学习理论告诉我们，人们可以利用观察学习的方式，通过模仿他人来改变自己的行为。学习是大学生的第一要务，大学校园中不乏学识渊博的教授、成绩超群的同学，这些都是救助学业弱势大学生的优秀资源。工作者了解到学校大学生学习与发展中心每周都举办各种学习讲座、沙龙，聘请的演讲嘉宾主要是学校优秀教师、国家奖助学金获得者、各院系学习标兵等。工作者联系中心工作人员，围绕着小组成员的问题，请到了合适的演讲者，举办了两场学习沙龙，一场是学习方法指导，一场是学习经验交流，工作者带领全体组员到大学生学习与发展中心全程参加。作为本小组的第三、第四次活动，主要目的是通过实地观察学习、互动交流，学会科学的学习方法，培养学习兴趣，提高学习能力。通过联络优秀的学习资源，还可以帮助组员建立学习支持系统，拓展学习帮扶渠道。

具体活动内容如下：

①工作者开场白。

②第三次小组主题活动：学习沙龙"学习方法指导"。

③第四次小组主题活动：学习沙龙"学习经验交流"。

④总结分享。

这两次小组活动实质上都是教育活动，为防止组员出现逆反心理，提高活动的实效性，在活动设计组织方面工作者要格外下功夫。虽然在小组活动开始前就已经制订了小组活动计划书，但是在具体实施过程中要不断细化优化。本小组的这两次活动，首先要注意演讲内容与组员需要的契合性，这就要求在第二次小组活动中工作者就要做好材料收集与归纳整理工作，概括提炼出组员在学习方面存在的具体问题，还要做好与演讲者的沟通对接工作。第二，要选择合适的演讲者。学习方法有经验成分，但其中更隐含着科学的原理和规律，所以，学习方法指导沙龙就聘请了一位经验丰富的专业教师从理论到实践给同学们进行了一场科普训练；同龄伙伴对大学生有巨大的影响力，在学习问题上学习优胜者的做法和经验最有说服力，因此学习经验交流沙龙的主讲人就选择了一位品学兼优的学霸，做了一场朋辈辅导。

5. 第五次活动：学以致用

心理学的研究表明，他人的经验必须经过主动吸收才能纳入学习者的认知结构，指导自己的行动。为巩固前面两场学习沙龙的效果，工作者组织安排了第五次小组活动，目的是将在沙龙中学到的各种学习经验和方法与自己的实际情况相结合，寻找适合自己的学习方法，培养学习兴趣，提高学习能力。同时通过小组活动培养组员的合作精神和分享意识，提高组员的综合素养。

具体活动内容如下：

①工作者开场白。

②热身活动：表演英语小短剧《走遍美国》。从教学片《走遍美国》上截取一个小片段，要求组员用英语进行角色扮演。调动情绪，激发学习热情，引导组员快速进入小组活动状态。

③主题活动："这是我的菜"，小组成员讨论分享前两次活动学到的学习方法和经验，体验学习为人赢得的尊重，给人带来的骄傲和光荣，结合自己的实际情况找出合适的学习方法。

④总结并分享第五次活动。

本次热身活动安排了一个英语小短剧表演，现场发放英文剧本，把组员分成两个组，进行角色扮演，并与原来的视频对比，看哪个组台词表述准确流利，表情动作表演到位，活动结束后进行评比奖励。表演之前允许查字典，相互帮助。这个表演活动激发了组员的学习兴趣，调动了学习积极性，在规定时间内都比较出色地完成了任务，对他们学习信心的提升有积极影响，同时也让他们意识到团队的合作精神以及遇到困难善于求助对于提高学习效果的重要作用。

本次的主题活动主要是讨论分享，工作者的引领作用非常重要。工作者要注意运用共情、澄清、概括等专业技巧引领组员回顾前两次沙龙的感受，分享学到的经验和方法。帮助组员结合第二次小组活动发现的问题与障碍，找到适合自己的学习方法和技巧，并在日常学习中加以运用。引领组员体会分享演讲者的影响力，感悟学习的魅力，从而激发学习兴趣。另外，通过组织小组讨论，工作者也要注意培养组员的合作与分享意识，引导组员在合作与分享中找到解决自己学习障碍的方法与技巧，提升自身综合素养。

5 第六次活动：明天会更好

通过讨论分享，组员普遍感到收获较大，体会到了学习的价值和意义，学习能力有所提高，小组任务基本完成，小组活动走向尾声。本次活动是学业弱势小组的最后一次活动，主要任务是巩固所取得的成果，帮助组员将学到的方法和经验运用到日常学习中，并处理离别情绪，使组员能够独立自信地离开小组，面对生活。

具体活动内容如下：

①工作者开场白。

②热身活动："画脸"，调动情绪，活跃气氛，同时训练组员的合作精神。

③主题活动。活动一："学习情境模拟"，模拟日常学习情境，检验学习方法的实际应用。活动二："一路走来"，回顾从小组活动最初一路走来自己的变化和进步，与组员分享自己在小组中学到的经验，确认自己获得的成长力量，增强独立应对学习困境的信心。

④临别祝福，组织送别仪式，处理离别情绪。

⑤小组评估。填写"小组满意度调查表"和"小组目标达成测量表"，评估小组活动过程和结果。

本次小组活动的热身游戏"画脸"由经典小组游戏"蒙眼画脸"改造而来。根据组员的实际情况和小组活动目标，将游戏分成了两个环节。第一环节，社工先在黑板上画出六个人脸的边缘轮廓，然后让蒙住双眼的六个组员分别填上五官，期间别人不允许出声指导，全部画完以后比一比谁画得好。第二环节，组员作画时可以求助，允许其他人帮助指导，其他同第一环节。全部完成以后，比较前后两个环节绘画的不同效果。这个游戏非常活跃气氛，冲淡了即将离别的忧伤，同时第二环节的游戏又使组员认识到学习中遇到困难敢于求助、寻求合作能取得更好的效果，增强组员的合作意识，减轻畏难情绪，有利于学习兴趣的培养。

主题活动"学习情境模拟"，模拟学生的日常学习情境，演练组员习得的学习方法和技能。在模拟过程中，工作者帮助组员发现问题，引导组员自己找出解决问题的方法，鼓励组员之间对彼此的问题提出中肯的意见和建议。

模拟活动结束之际，工作者发给每位组员一张亲手制作的心形卡片，组员把对对方的学习建议作为临别赠言写在卡片上，组织了一个简短的送别仪式。大家互相鼓励，互致祝福，对未来充满了希望。

（三）小组评估

小组活动最后，社工组织组员填写"小组满意度调查表"和"小组目标达成测量表"对学业弱势小组全部活动过程和结果进行了评估，表7-3和表7-4是评估的结果。

表7-3 小组满意度调查结果 单位：人

评估项目	A	B	C	D	E	合计
1. 我能在这个小组中向别人表达我的想法	1	1	0	3	1	6
2. 我喜欢这个小组活动	0	1	1	3	1	6
3. 我在这个小组中学会了如何关怀别人	0	1	1	4	0	6
4. 我对自己越来越了解	1	1	1	3	0	6
5. 参加小组使我对自己越来越有信心	0	1	1	4	0	6
6. 在这个小组中我乐于和其他人分享我的经验	1	1	0	3	1	6
7. 我觉得这个小组经历很有意义	0	0	1	4	1	6
8. 我觉得这个小组大家互相信任而且坦诚	0	1	1	4	0	6
9. 我喜欢工作者的带领方式	0	1	0	3	2	6
10. 我认为以后可以改进的是	略					
合计	3	8	6	31	6	54

（注：A 非常不符合，B 比较不符合，C 不确定，D 比较符合，E 非常符合）

通过表7-3可以看出，在全部9项评估项目中一半以上的人都选择了比较符合和非常符合，说明学业弱势小组成员对本小组工作过程各个方面都比较满意，认为自己取得了积极的进步，对小组工作者的工作方式评价很高，

33.3%的组员非常喜欢社工的带领方式。但是在表中也可以看出，在第1个、第4个和第6个评估项目上，均出现了一个组员选择"非常不符合"，说明少数组员对小组工作不是很满意，需要进一步了解原因，加以改正。这样的结果也说明，尽管在组建小组时就已经进行了组前评估，尽量做到同质性和异质性的有机结合，每个小组的组员都存在同样的弱势问题，但是由于小组成员每个人个性不同、能力不一，同样的活动措施可能达到的实际效果并不相同，这也反映了小组工作本身的结构性缺陷。

表7-4　小组目标达成状况调查结果　　　单位：人

评估项目	A	B	C	D	E	合计
1. 矫正不良行为，树立正确的学习态度	0	0	4	2	0	6
2. 掌握科学的学习方法，提高学习能力	0	1	4	1	0	6
3. 培养学生学习兴趣，挖掘学习动力	0	1	4	1	0	6
4. 提高自信，积极正确地与人沟通交流	0	1	3	1	1	6
5. 提高学习成绩，走出学业困境	0	2	4	0	0	6
6. 训练组员的综合素质	0	1	3	1	1	6
7. 个人目标达成	0	0	4	2	0	6
8. 小组目标达成	0	0	4	2	0	6
合计	0	6	30	10	2	48

（注：A完全没达到，B低于期待水平，C期待水平，D高于期待水平，E非常好）

从表7-4看出，组员对小组目标实现状况的评价总体上比较满意，认为达到自己期待水平及以上的占比是87.5%。但是，表中也可以看出，一半到三分之二的选项集中在达到期待水平上，认为效果非常好的比较少，而且，还有少数人选了低于期待水平。另外，表中还可发现，在学习态度、自信心、个人综合素养方面，组员的评价较好，满意度大，而对掌握了科学的学习方法、提高了学习能力、能够走出学习困境，组员的态度相对保守一些。

上述结果说明，小组活动的目标基本完成，但也没有高出组员的期待。组员对态度、人格、综合素养等方面满意度高，说明小组活动在提高学习信心、缓解学习压力等方面起到了很好的作用，但是学习是一个缓慢积累的过程，短时间内很难看到显著的效果，组员仅仅经历了 6 周的训练，学习成绩没有特别巨大的进步也是正常现象，我们需要继续跟进，在以后的学习过程中观察组员的变化。

三、大学生心理弱势学校小组工作救助实例

（一）小组特征和目标

1. 小组特征

本小组是大学生心理弱势小组，服务对象是心理弱势大学生，是一个封闭式的成长小组，小组成员 10 人，每周活动 1 次，连续活动 6 周，地点是社工实验室团体活动室。

2. 小组目标

本小组主要解决大学生心理弱势群体面临的困境与问题，满足他们的心理需求，具体目标是：训练人际交往能力，使组员能够与他人进行良好沟通与交流；培养组员形成正确的自我认知和积极自信的生活态度；引导组员学会合理宣泄不良情绪，缓解心理压力；矫正组员的问题行为，促进健康成长。

（二）小组活动过程

1. 第一次活动：相聚是缘

第一次小组活动与经济弱势小组相同，此处略过。

2. 第二次活动：你是我的好朋友

大学生心理弱势群体的主要问题是心理发展水平低于其他同学，调查结果表明，该群体的突出表现是自我认知过低，自卑感严重，自信心不足，人际交往能力差。这些特征加大了小组工作的难度，需要工作者在小组活动初期付出更多的时间与精力引导组员交往互动。只有彼此交流，才能产生小组动力，小组活动的作用才能实现。第一次的小组活动大家只是初步认识，因此，本小组第二次活动的中心任务是进行人际交往能力训练，从热身游戏到主题活动，在轻松愉快的气氛中，引导组员交往互动，学习沟通交流的基本技能。此外，作为第二次小组活动还需要进一步加强组员之间的心理联系，

为后续小组活动的开展打好基础。再有，通过巧妙设计安排，让组员在交流活动中提高自信心等心理素养。

具体活动内容如下：

①工作者开场白。

②热身游戏："爱的抱抱"，活跃气氛，调动情绪，巩固第一次活动的效果，加强情感联系，促进组员顺畅交流。

③主题活动。游戏一："找朋友"，帮助组员寻找双方的共同点，锻炼社交技能。游戏二："优点轰炸"，引导组员发现自身优势，克服自卑，建立自信。

④总结分享第二次活动。

由于缺乏自信，心理弱势大学生一般比较封闭退缩，热身活动"爱的抱抱"则是利用游戏规则带动他们主动出击，打开自我，接纳他人，由身体的接近缩小彼此心理的距离。通过这个小游戏，组员间的关系瞬间密切了许多，既活跃了小组气氛又为后面的主题活动奠定了基础。

第一个主题活动是"找朋友"，工作者引导组员结交朋友，寻找双方的共同点，在活动最后，让每对"朋友"分享自己的交际过程。在这个过程中，社工要特别注意做好总结工作，引导组员思考自己为什么能交到朋友，交朋友需要什么，引导他们运用自己的亲身经验，体悟到只要愿意交流，主动沟通，相信他人，适当暴露自我，就可以找到彼此的共同点，可以得到认同和接纳，获得良好的人际关系。这个游戏对锻炼组员的交往技能很有作用。

第二个主题活动是"优点轰炸"，即以某个组员为对象，全组成员对他的优点和长处轮番进行赞美，让该组员处在铺天盖地的赞美声中。组员们依次轮换，都被轰炸一次。通过这种密集的优点轰炸，小组成员能够发现很多自己平时看不到的优点，非常有利于他们克服自卑、树立自信。同时，学会发现别人的长处并能够真诚地赞美他人也是一种交际技能，"优点轰炸"也可以提高组员的人际交往能力。

第三次活动：我是谁

心理弱势大学生自我认知过低，自信心不足，给他们的学习和生活带来种种不利影响。本次小组活动主要任务是帮助组员认识自我、了解自己的优势与不足，形成正确的自我认知；挖掘个人潜能，增强自信心，更好地发展自己。

具体活动内容如下：

①工作者开场白。

②热身游戏："叠报纸"，密切组员关系，制造愉快气氛，培养合作精神。

③主题活动："认识自己"，用 SCL - 90 症状自评量表和气质量表对组员进行心理测验，了解组员的心理健康状况和气质特点，引导组员全面了解自我，正确看待自我。

④总结并分享第三次活动。

SCL - 90 症状自评量表是应用最广泛的心理健康测试量表之一，从躯体化、强迫、人际关系敏感、抑郁、焦虑、敌对、恐怖、偏执、精神病性等方面对心理健康状况进行了全方位的测评。气质是指人的心理活动在发生速度、承受强度、转移灵活性等方面的特征，气质与个体的高级神经活动特点密切相关，使人的全部心理活动都染上明显的个性化色彩，一般包括多血质、胆汁质、黏液质、抑郁质四种类型。气质测验就是对上述四种气质类型的表现、特征进行测量，让受测者把握自己的气质特点。SCL - 90 症状自评量表和气质量表都是经典的心理测验量表，有较高的信度和效度，因此，组员们对这两个心理测验很感兴趣，对测验结果也比较认可。

工作者要引导组员根据测量结果进行自我剖析。通过 SCL - 90 测验，帮助组员了解把握自己的心理健康状况，了解自己在哪些方面健康状况良好，哪些方面存在问题，问题的原因是什么，怎样解决，等等。通过气质测验，帮助组员了解自己的气质特点，知道自己的个性长处与不足。测验结束后，进行小组讨论，借助小组动力，分析讨论如何适应环境，如何在现实生活中扬长避短，实现最好的发展。

经过分析和讨论，组员们更加全面地认识自己，了解了自己的长处与不足，对于形成正确的自我观念意义重大，特别是通过心理测验发现了自己的心理优势，明显地增强了组员的自信心。同时，通过心理测验，社工也能够更全面准确地了解组员，为开展有针对性的帮扶活动奠定了良好的基础。

4. 第四次活动：心理剧

由于自卑心理重，交际能力差，心理弱势大学生常常封闭压抑自己，带着"偏光镜"看待自己、看待他人、看待社会，经常出现无能感、劣等感等消极情绪体验，负面的体验反过来又加剧了封闭与隔阂，二者相互叠加、恶性循环，造成了沉重的心理压力和精神痛苦。本次活动的主要目的是为心理弱势大学生提供合适的活动平台，让他们挖掘内心深处的心理问题，宣泄不良情绪，纠正不合理的认知与做法，打破封闭，正视自我，促进成长。

具体活动内容如下：

①工作者开场白。

②热身游戏："信任背摔"，活跃气氛，调动情绪，营造一种充满温暖和信任的氛围，引导小组成员相互信任，敞开心扉，开放自我。

③主题活动："即兴心理剧表演"，以某位组员的一个生活事件为线索，围绕此事件小组成员即兴开始现场表演。在表演过程中，引导组员呈现自己真实的想法，表达自己真实的情绪体验，表演结束后，社工带领组员运用认知行为疗法进行分析与矫正。

④总结并分享第四次活动。

心理剧是一种心理咨询和治疗的形式，运用投射原理将参与者的内心感受通过剧中角色表露出来。由于是角色扮演，少了许多自我心理防御，展现出来的心理世界更真实更客观。心理弱势大学生自卑感强，自卫心理重，心理剧表演可以帮助工作者更深刻地了解他们，也可以使他们进入深一层的自我认识，更全面更客观地认识自我。

我们的研究采取了一种开放式的表演形式，没有现成的心理剧本，只提供一个心理线索，目的是激励组员没有约束、不受限制地表达自己的想法，宣泄内心的情感体验。

在心理剧的表演过程中，工作者要认真观察记录，鼓励组员大胆表演，充分宣泄情感，然后运用认知行为疗法与组员进行分析讨论，指出哪些是合理的观念和做法，哪些是不合理的，通过不合理信念辩论术和行为塑造技术等方法矫正组员的错误认知和行为方式。通过分析和讨论，组员也能够更深层次地了解自己，学习运用共情的技巧去认识他人、理解他人，有利于他们提高自信，提高交际能力。

5. 第五次活动：和自己赛跑

心理弱势大学生常常自信心不足，比较退缩，不利于社会适应，也不利于社会责任感的养成，本次小组活动主要任务是通过组织开展团体活动，提高组员的自信心，提高耐挫力，培养合作精神和社会责任感。

具体活动内容如下：

①工作者开场白。

②主题活动一：游戏"耳语传真"，将组员排成一列，工作者对第一个同学耳语一句话，不让其他人听见，要求快速往下传，到最后一个同学报出结果，看看最后说出的话保真度有多高。使用不同的语句多次重复，比较传话效果。

③主题活动二："每天进步一点点"，要求组员写出自己每天的进步，然后小组讨论。

④总结并分享第五次活动。

在"耳语传真"游戏中，要想传递的话语准确性高，前后两个同学必须高度配合，前面的尽量表达得准确清晰，后面的同学则要高度集中注意，认真倾听，全体同学齐心协力才能更好地完成任务，这对于提高团队合作意识非常有价值。游戏过程中，即使传递的效果不好，失真多，正确性差，也能让大家认识到语言传递过程中存在信息丢失现象，明白"三人成虎"的道理，认识到在日常学习生活中不能随意传播不确定信息，提高社会责任感。

第二个活动"每天进步一点点"，工作者事先设计一个"个人进步表"，分成三个栏目，分别是"每日进步""每周进步""每月进步"，要求组员填表，个人进步可以涉及学习、生活的方方面面，每人必须填写，至少一项，不能空栏。填完表格以后进行小组讨论，工作者引导组员相互找出对方的进步之处，并进行补充，让组员从自身、从他人的角度都能看到自己的进步与提高，增强自信心。同时，组员还要讨论自己在成长过程中遇到的障碍和挫折，自己如何应对，学到了什么，有什么收获。这样的讨论，提高了组员抵抗挫折的能力、在逆境中成长的能力。

6. 第六次活动：明天更美好

这是心理弱势小组的最后一次活动，本次活动的目的是总结回顾小组每一次的活动过程，梳理小组活动成果，强化学到的经验和能力，并引导组员应用到日常生活中去。同时评估小组活动，处理离别情绪，顺利结案。

具体活动内容如下：

①工作者开场白。

②热身活动："抢凳子"，调动情绪，活跃气氛，引领组员迅速进入小组活动状态。

③主题活动："我的成长"，回顾每一次小组活动的过程与结果，帮助组员梳理自己的收获，总结自己各方面的成长，制订每个组员小组结束后的成长规划。

④临别祝福，组织送别仪式，处理离别情绪。

⑤小组评估。填写评估问卷，评估小组活动过程和结果。

虽然大学生弱势群体总体上都存在着缺乏自信、人际交往能力不足的问题，但是心理弱势大学生的自卑感更突出，更封闭退缩，更不擅长人际沟通。主题活动"我的成长"带领组员梳理进组一个多月以来的成长变化，大家回想起刚进小组时羞涩、封闭的状态，经过一次次小组活动训练，逐渐变得开朗自信，深切体会到了小组活动带来的变化，体会到了每个人的心理收获。

借着这股积极向上的心态，工作者引导小组成员相互帮助，制订小组活动结束后每个人的学习生活规划。在规划中，每个人都要考虑怎样把在小组活动中学到的知识技能运用到日常生活中去，遇到问题时怎样解决，怎样求助他人，怎样寻找自己周围的社会资源，等等。

通过回顾小组活动收获，特别是制订未来的学习生活规划，大家对离组之后的生活充满信心，虽然面对离别依依不舍，但少了许多消极和恐惧。在互赠祝福环节，大家把对同伴的美好祝愿写在心形卡片上，情真意切，也透射出自己对未来创造幸福生活的信心，整个活动气氛温暖融洽，组员满怀着信心和期望返回各自的学习生活岗位，小组活动圆满结束。

（三）小组评估

在小组最后一次活动结束之际，社工组织组员填写"小组满意度调查表"和"小组目标达成测量表"，评估心理弱势小组的全部活动过程和结果，具体结果见表7-5和表7-6。

表7-5　小组满意度调查结果　　单位：人

评估项目	A	B	C	D	E	合计
1. 我能在这个小组中向别人表达我的想法	0	2	0	5	3	10
2. 我喜欢这个小组的活动	0	0	0	5	5	10
3. 我在这个小组中学会了如何关怀别人	0	1	1	6	2	10
4. 我对自己越来越了解	0	0	0	7	3	10
5. 参加小组使我对自己越来越有信心	0	0	1	7	2	10
6. 在这个小组中我乐于和其他人分享我的经验	0	0	0	6	4	10
7. 我觉得这个小组经历很有意义	0	0	0	4	6	10
8. 我觉得这个小组大家互相信任而且坦诚	0	0	1	5	4	10
9. 我喜欢工作者的带领方式	0	0	0	7	3	10
10. 我认为以后可以改进的是	略					
合计	0	3	3	52	32	90

（注：A 非常不符合，B 比较不符合，C 不确定，D 比较符合，E 非常符合）

表7-5是对小组工作过程的满意度评估。从表中数据可以看出，组员在各个选项上基本都选择了C和D，即"比较符合"和"非常符合"，占比达到93.4%，说明对小组活动过程满意度高，特别是将近40%的组员选择"非常符合"，说明组员对本小组的工作氛围、活动安排、工作者的表现都比较满意。

根据工作者的观察和小组成员的反应，本小组成员之间的亲密度提升很快，非活动期间组员也有较频繁的互动，经过6周的小组活动，组员之间建立了友谊，成了较好的朋友。对于一个心理弱势小组而言，这首先是一个显著的训练成果，显示了小组成员人际交往能力的提高。同时也说明了组员之间互动良好有利于小组活动开展，有利于每一次小组活动目标的实现，良好的活动结果增强了小组的凝聚力，小组动力作用发挥得更好，组员对小组过程的满意度更高。

表7-6　小组目标达成状况调查结果　单位：人

评估项目	A	B	C	D	E	合计
1. 训练小组成员的人际交往能力	0	0	2	5	3	10
2. 引导组员全面、正确地认识自己	0	0	4	4	2	10
3. 培养积极、自信的生活态度	0	0	2	5	3	10
4. 宣泄不良情绪，缓解心理压力	0	0	3	5	2	10
5. 增强小组成员的心理承受能力	0	1	5	3	1	10
6. 矫正问题行为	0	1	5	3	1	10
7. 促进组员健康发展	0	0	4	4	2	10
8. 个人目标达成	0	0	1	7	2	10
9. 小组目标达成	0	0	3	6	1	10
合计	0	2	29	42	17	90

（注：A 完全没达到，B 低于期待水平，C 期待水平，D 高于期待水平，E 非常好）

从表7-6可以看出，本小组目标达成状况比较理想，达到期待水平以上的占到97.8%，其中认为高于期待水平的占46.7%，认为目标实现状况非常好的占18.9%，这些数据说明小组成员对小组活动的效果认可度高，小组任务完成得非常好。

作为心理弱势小组，本小组成员的自我认知水平低，自卑心重，交际能力差，比其他小组的同学更渴望与他人交流，也愿意全面了解自己，走出自卑泥潭，开朗自信，被他人认可接纳。本小组组织设计的各种游戏活动给组员提供了一个安全可信的平台，让他们放下戒备，打开自我，全面了解自己，宣泄不良情绪，正确看待他人，敢于与他人交流沟通。从组员的反馈看，本小组比较成功地完成了既定目标，有效解决了小组成员的心理问题，提高了他们的心理健康水平。

四、大学生就业弱势学校小组工作救助实例

（一）小组特征和目标

1. 小组特征

本小组是大学生就业弱势小组，服务对象是就业弱势大学生，是一个封

闭式的成长小组，小组成员 8 人，每周活动 1 次，连续活动 7 周，地点是社工实验室团体活动室。

2. 小组目标

本小组主要解决大学生就业弱势群体面临的困境与问题，满足他们的心理需求，具体目标是：训练小组成员的人际沟通能力，培养他们积极自信的求职态度；引导组员正确认识自我，积极表现自我；协助组员制订合理的职业生涯规划，并进行求职能力训练；缓解组员的求职择业心理压力。

（二）小组活动过程

1. 第一次活动：相聚是缘

四个小组的第一次活动大致相同，前文已有介绍，此处略过。

2. 第二次活动：推出自己

就业弱势大学生是在求职择业方面存在突出问题的学生，不善表达，不会展示自己是他们非常明显的不足。通过第一次小组活动，小组成员彼此之间已经有了初步的认识和联系，本次活动的目的任务首先是进一步加深组员之间的熟悉程度，加强联系，同时，通过组织开展小组活动，训练组员正确表达自我的能力，学会印象整饰，管理自己留给别人的第一印象。

具体活动内容如下：

①工作者开场白。

②热身游戏："猜猜我是谁"，活跃气氛，调动情绪，使初步熟悉的组员再进一步认识，巩固强化第一次小组活动的成果，引导组员迅速进入小组活动状态。

③主题活动："请你认识我"，要求组员向小组内其他同学推介自己，争取让别人在最短的时间内接纳自己，训练组员表达自己、印象管理的能力。

④总结并分享第二次活动。

本次小组活动的热身游戏选择了"猜猜我是谁"，不只是为了活跃气氛，调动情绪，更重要的是巩固第一次小组活动效果，拉近彼此之间的心理距离，使组员之间可以比较顺畅地沟通和交流，为主题活动的开展打好基础。

在求职应聘活动中，能够很好地表现自己，在短时间内成功地将自己推介给别人是求职成功的开始，是一项非常重要的求职择业能力。主题活动

"请你认识我"就是对这种能力的训练，要求每一位组员都要向其他同学介绍自己，尽可能地让他们接受自己、喜欢自己。为了达到这一目的，组员要学会印象整饰，做好印象管理，尽可能留给他人良好的第一印象。在活动过程中，小组成员的参与动机很强烈，都努力表现自己，但也看得出他们的自我推销能力整体上确实不高，有的人甚至被憋出汗来。本次活动的讨论环节非常热烈，大家各抒己见，相互学习，气氛融洽，达到了预期效果。

3. 第三次活动：我与职业

"知己知彼，百战不殆"，全面了解自己，掌握自己的人格特点，了解与自己相匹配的就业领域和职位，对于成功就业意义重大，也能够增强求职信心。本次活动的主要任务就是通过组织小组活动引导组员全面认识自我，了解哪些领域可以发挥自己的长处，是自己的优势领域，哪些领域不适合自己的发展，挖掘潜能，增强求职信心。

具体活动内容如下：

①工作者开场白。

②热身游戏："当我们同在一起"，活跃气氛，调动情绪，引导组员迅速进入小组活动状态。

③主题活动："认识你自己"，通过"气质测验"和"霍兰德职业能力倾向测验"，引导组员认识自我，了解自己的人格特点与职业兴趣的关联，提高求职信心。

④总结并分享第三次活动。

气质是人的心理活动的动力特征，气质测验可以让组员了解自己的气质特点和气质类型。不同的气质类型给人的活动染上了不同的个性色彩，影响了人们的职业行为。多血质机智灵活，擅长环境多变的工作；胆汁质能够承受很大的工作压力，工作热情高、干劲足；黏液质仔细、认真，更擅长踏踏实实、按部就班、不折不扣地完成任务；抑郁质更具创造性和发现精神，更容易迸发出别人想不到的新观点、新思想。当然，四种气质类型也有各自的不足之处，如多血质不擅长潜心钻研，胆汁质易冲动，容易让情感驾驭理智，黏液质保守刻板，灵活性不足，抑郁质敏感多疑，耐挫力差。通过气质测验，组员对自己的气质特征有了比较全面的了解，知道了自己的长处与不足，也认识到别人与自己一样有优势也有缺点，同时，对职业与心理特点的匹配有了初步的认识。

霍兰德职业能力倾向测验是美国著名职业指导师、心理学教授霍兰德制定的测量人格与职业匹配关系的心理量表。霍兰德认为凡是具有职业兴趣的职业都可以促使人们积极愉快地从事该职业，职业兴趣与人格具有较高的相关性。他把人格分成六种类型，每种类型都有与之相匹配的典型职业。通过测验，小组成员更加了解自己，明白按照自己的个性特点更擅长哪些职业，哪些职位是自己的弱项，增加了求职择业的针对性。在讨论中，小组成员集思广益，认真探讨如何根据自己的人格特点在求职中扬长避短，减少求职的盲目性。大家发言积极，受益匪浅。

4. 第四次活动：职业发展训练营

调查发现，就业弱势大学生普遍缺乏职业规划，就业信息闭塞，本次小组活动主要聘请就业指导专家为小组成员组织一场求职择业培训讲座，传递就业信息，帮助制订职业发展规划，提高组员的求职技能。

具体活动内容如下：

①工作者开场白。

②主题活动："求职择业培训会"，邀请大学生就业指导中心专职老师进行求职择业专题培训。

③总结并分享第四次活动。

信息闭塞是许多就业弱势大学生常见的问题，由于个性、能力等方面的原因，他们常常不清楚真正的就业形势，对就业政策也知之甚少，信息的不对称加剧了求职的盲目性，降低了求职成功率，就业信心很受打击。本次活动邀请的演讲嘉宾是学校大学生就业指导中心的专职老师，他熟悉就业形势，掌握国家的就业政策，老师详细讲解当前的就业形势，分析未来的就业发展方向，让大家收获颇多。

针对大部分同学不重视职业发展规划的现实状况，指导老师结合多年的实践经验分析阐述了制订职业生涯规划的重要价值，并根据组员的具体情况，现场指导，手把手地帮助他们制订适合自己的职业发展规划。组员们结合上一次小组活动的测量结果，不断地修改完善，使得职业发展规划更加科学合理，提升了就业信心。

指导老师还结合具体案例和同学们分享了求职择业的具体技巧，比如，如何寻找就业信息，怎样制作求职简历，怎样回答面试官的问题等，促进了组员求职能力的提高。

5. 第五次活动：模拟招聘会

通过前面四次小组活动，组员们从了解自我、表现自我、制订规划、提升信心等各个方面进行训练，提高求职择业能力。本次活动计划组织一次模拟招聘会，给组员提供一次模拟实战机会，演练求职技能，发现存在问题，并将主要问题编写成剧本，在下一次小组活动中进行职场话剧表演，以利于组员求职择业能力的进一步提升。

具体活动内容如下：

①工作者开场白。

②热身游戏："青蛙游戏"，活跃气氛，锻炼组员的反应能力。

③主题活动："模拟招聘会"，聘请专业人士做主考官，小组成员作为应聘者进行就业招聘模拟演练，感受招聘气氛，锻炼组员的求职能力。

④总结并分享第五次活动

模拟招聘会需要事先准备，在上一次小组活动结束之际，工作者布置了任务。当时，组员们经过专家指导显得很有信心，对招聘会充满期待，但是本周活动开始时他们还是表现出明显的紧张情绪，因此，在招聘会开始之前，选择"青蛙游戏"作为热身活动。该游戏简单易行，游戏者看到虫子出现就要操纵青蛙跳起来吃到虫子，吃得多者获胜。这个热身活动在活跃气氛、放松心情的同时，也锻炼了反应能力，为组员参与模拟招聘会做好了心理准备。

为营造真实的招聘现场气氛，也为了提高招聘会的专业性，工作者邀请了大学生就业指导中心、大学生职业发展协会的专业老师，学校驻地单位工作人员以及社会工作实务教师担任招聘考官。尽管事先做了准备，在模拟招聘过程中，小组成员还是出现了不少问题，比如情绪紧张、不善表达、应变能力不足、专业素养不高，等等。评委老师对每个人的表现一一进行了点评，肯定了优点，对出现的问题提出了改进办法。总结讨论时，大家感想很多。社工也把主要问题记录下来，并准备下一周组织一次心理剧表演——职场话剧，将存在的主要问题编进剧本，组员们在表演过程中学习与借鉴，提高求职择业能力。

6. 第六次活动：职场话剧

根据模拟招聘会上小组成员出现的主要问题，工作者编写了一个心理剧本——职场话剧。本次活动的目的主要是通过角色扮演进一步提升组员的求职择业能力，同时，借助职场话剧的排练与演出，培养组员的团队合作意识、展示自我的能力和人际沟通的能力，这些能力对于提高组员的个人素养，促进职业发展具有重要的意义。

具体活动内容如下：

①工作者开场白。

②主题活动：表演职场话剧，结束后分享心得体会。

③总结并分享第六次活动。

由于剧中人物的问题来源于组员的实际生活，所以职场话剧的演出比较顺利。虽然排练时间不长，但是组员的本色出演增加了演出的感染力，也增加了组员的信心。工作者将问题的应对措施巧妙地植入剧情之中，小组成员在扮演过程中自然而然地就能理解、接纳，更有利于能力的进步与提高。在演出结束后的心得分享中，组员们普遍认为这种情景化的体验让他们清晰地看到了自己在求职择业中的长处与不足，对于如何应对不足也有了切身的体会，比单纯的说教效果好得多，对于以后求职应聘更有信心。

除了内容以外，话剧排练表演的过程也让组员受益良多。参与表演的过程就是一个展示自我的过程，组员们冲破了自我束缚，变得更加开放，也更有包容度。通过排练演出，组员间的联系更密切，了解更深刻，小组气氛更温馨，更富有感染力。大家齐心协力共同完成演出任务，锻炼了团结合作能力和沟通交流能力。在小组讨论时，工作者有意引领大家发现彼此的优点，组织开展"优点轰炸"，相互之间取长补短，培养了自信心，提高了心理素养。

7. 第七次活动：我的未来不是梦

经过六次小组活动，本小组的任务已经基本完成，小组活动进入尾声。本次活动的目的是回顾小组活动的全部过程，分享收获，巩固成果，树立组员独自面对生活的信心，处理离别情绪，完成小组使命，顺利结案。

具体活动内容如下：

①工作者开场白。

②热身游戏："击鼓传花"，活跃气氛，调动情绪，引导组员迅速进入小组活动状态。

③主题活动："我能行"，工作者带领组员回顾进组以来的每一次小组活动，总结每个人的成长与进步，增强组员面对生活的信心。

④临别祝福。组织送别仪式，处理离别情绪。

⑤小组评估。填写评估问卷，评估小组活动过程和结果。

作为最后一次小组活动，最主要的任务就是总结小组成立以来的所有活动成果。本小组是就业弱势小组，所有活动开展都是围绕着如何提高组员的求职择业能力而设计安排的。主题活动"我能行"就是遵循这条主线，工作者带领组员共同梳理通过每次活动小组成员得到的收获。每个组员都要对照自己初进组时在求职择业方面存在的困惑与问题，认真总结自己的进步之处，组员之间相互提醒、互相发现对方的闪光点，在温暖融洽的气氛中，小组成员看到了自己的成长与进步，感受到了自己求职择业能力的提升。同时，工作者根据每一位组员的具体问题和改变程度，协助他们制订了离组后的活动计划。社工还发挥资源整合者的角色功能，帮助他们联系社会资源，搜寻就业信息，协助建立社会支持网络。通过这样的活动，小组成员独自面对生活的信心增强了，离别焦虑情绪大大降低，基本做到了独立自信地离开小组。小组任务完成，顺利结案。

（三）小组评估

在第七次小组活动最后，工作者安排组员填写了"小组满意度调查表"和"小组目标达成测量表"两个测量表，对就业弱势小组的全部活动过程和结果进行评估，具体结果见表7-7和表7-8。

表7-7　小组满意度调查结果　　　单位：人

评估项目	A	B	C	D	E	合计
1. 我能在这个小组中向别人表达我的想法	0	1	0	5	2	8
2. 我喜欢这个小组的活动	0	0	0	5	3	8
3. 我在这个小组中学会了如何关怀别人	0	1	1	5	1	8

续表

评估项目	A	B	C	D	E	合计
4. 我对自己越来越了解	0	0	0	4	4	8
5. 参加小组使我对自己越来越有信心	0	0	0	5	3	8
6. 在这个小组中我乐于和其他人分享我的经验		1	0	6	1	8
7. 我觉得这个小组经历很有意义	0	0	0	3	5	8
8. 我觉得这个小组大家互相信任而且坦诚	0	1	1	4	2	8
9. 我喜欢工作者的带领方式	0	0	0	6	2	8
10. 我认为以后可以改进的是	略					
合计	0	4	2	43	23	72

（注：A 非常不符合，B 比较不符合，C 不确定，D 比较符合，E 非常符合）

表 7-7 是对小组活动过程的评估。数据显示，小组成员对本小组活动过程满意度比较高，大部分都选择 D 和 E，即"比较符合"和"非常符合"，占比达到 91.7%。说明绝大多数组员认可小组活动安排，感到小组活动让自己有收获，对工作者的带领方式也比较满意。虽然在改进意见中有人提出模拟招聘会之前的培训力度不够，职场话剧拿到剧本太晚准备仓促，但是整体而言本小组活动安排比较成功，实现了预期目标。

表 7-8 是对小组目标达成状况的结果评估。从表中可以看出，组员的选项比较集中，75% 的选择 C，即小组活动达到期待水平，高于期待水平的占 17.5%，非常满意的占 6.3%，但是不满意的也很少，低于期待水平的只占 1.2%，没有选择完全达不到预期的。上述结果说明，本小组目标达成状况良好，达到了组员的期待水平。在讨论中，组员对小组活动效果也给予了积极肯定，对于求职择业能力的提升、自身素养的提高都比较认可，这些充分说明了小组工作救助就业弱势大学生的有效性与可行性。但是非常满意的占比不高说明本小组的工作还需要不断改进，在活动设计安排、活动时间把控等方面还有较大的提升空间。

表7-8 小组目标达成状况调查结果 单位：人

评估项目	A	B	C	D	E	合计
1. 训练小组成员的与人沟通能力	0	1	6	1	0	8
2. 引导小组成员形成正确的自我认知	0	0	6	1	1	8
3. 缓解小组成员的心理压力	0	0	6	2	0	8
4. 职业技能训练，训练组员社会适应能力	0	0	6	2	0	8
5. 制订合理的职业生涯规划	0	0	6	1	1	8
6. 培养组员的团队意识	0	0	7	1	0	8
7. 训练小组成员的自我表现能力	0	0	5	2	1	8
8. 培养积极、自信的生活态度	0	0	7	1	0	8
9. 个人目标达成	0	0	5	2	1	8
10. 小组目标达成	0	0	6	1	1	8
合计	0	1	60	14	5	80

（注：A 完全没达到，B 低于期待水平，C 期待水平，D 高于期待水平，E 非常好）

第八章

大学生弱势群体救助中的学校社区工作

相对于学校个案工作和学校小组工作，学校社区工作是一种宏观的工作方法。它以整个社区为工作对象，将学校社会工作的理论与方法运用其中，在社区中开展学生工作，协助社区建设，改善教育环境，协助学生成长。对于大学生而言，其生活的社区主要就是大学校园，在高校开展学校社区工作主要就是如何调动各种资源为大学生服务，同时通过服务学生又促进学校各个部门乃至整个学校的发展，实现学生与学校共同成长的双赢结果。本章主要在这种理念的指导下，阐述如何运用学校社区工作的理论与方法开展大学生弱势群体救助工作。

第一节　大学生弱势群体救助学校社区工作理论模式

社区工作的理论模式实际上是在实践中发展起来的工作模式，美国学者罗斯曼在总结实践经验的基础上提出了地区发展、社会策划和社会行动三种模式①，鉴于社会行动模式与我国高等教育的目标理念不相适应，因此本研究只采用地区发展模式和社会策划模式作为大学生弱势群体救助学校社区工作的理论依据。

---

① Rothman . Three Models of Community Organization Practice［M］. New York：Columbia University Press，1968/1978.

一、地区发展模式

地区发展模式又称社区发展模式，主要通过鼓励社区成员广泛参与社区事务，互助合作，解决社区问题，满足居民需要，推动社区发展。地区发展模式强调的是社区居民的参与，通过居民的沟通与合作，充分利用资源，获取多方支持，促进社区问题的解决。因此，该模式非常重视社区居民个人素质的培养，强调通过参与社区活动提高居民的沟通交际能力、团结协作能力、解决问题能力，培养居民的公共意识、社区认同感和归属感。解决社区实际问题和培养居民个人能力双重目标并重是地区发展模式的突出特点。另外，该模式还非常注重社区各部门各单位之间的沟通协调，强调通过各方协作解决社区问题。

大学生弱势群体的存在是学校发展过程中不容忽视的问题。我们调查发现，大学生弱势群体对学校事务的关注程度和对学校组织活动的参与度明显弱于普通学生，冷漠、孤立、封闭的状态时有发生，运用地区发展模式开展学校社区工作，可以调动他们的活动积极性，引导他们打破封闭，开放自我。大学生弱势群体往往自卑退缩、人际交往能力差，通过参与活动可以培养他们的合作精神、参与意识，培养他们对学校对班级的归属感认同感，增强自信心，提高人际交往能力。地区发展模式还强调整合各种资源，共同解决问题，大学生弱势群体救助工作需要调动学校多个部门的力量，通力协作、共同发力，才能取得满意效果。所以，地区发展模式对于救助大学生弱势群体，解决他们面临的各种问题很有价值。

二、社会策划模式

社会策划模式又称社区策划模式，该模式秉承问题导向原则，着力解决社区发展中存在的问题，是一个发现问题、分析问题、解决问题的过程。具体而言就是社区工作者发现梳理社区存在的问题，如就业、生活服务等，收集分析社区问题的相关资料，根据工作理念、政策制度、社会资源等各方面的条件，综合确定工作目标，设计工作方案，动员、分配各种资源，在实施过程中不断优化完善，达成工作目标，计划完成以后根据执行情况进行检验评估，总结经验、反思问题，使以后的工作更加有效。

社会策划模式体现的是社会发展的理性主义，与地区发展模式重视发挥居民的作用不同，该模式强调运用专家和外部权威机构的力量，从上而下地进行科学而理性的调查研究，权衡利弊，选择最优方案，为社区提供最好的服务。从这个意义上讲，社会策划模式比较科学、经济，能够快速有效地解决社区问题，特别是社区问题比较复杂，单靠一般的社区民众难以应对时，这个模式的优势就非常明显。但是，社会策划模式常常采用行政安排或上级布置的工作方式，不注重社区居民的深度参与和能力培养，看重专家权威的作用，认为权威与社区居民是一种控制与被控制的关系，这样的做法不利于社区自身的长远发展，这是该模式的不足之处。

大学生弱势群体是大学校园中在生活条件、心理健康、学习发展、求职择业等方面存在问题的学生群体，发展的弱势使得他们缺乏足够的力量摆脱困境，迫切需要外部力量的支持与帮助。社会策划模式注重借助专家力量解决实际问题的理念和思路恰恰迎合了他们的心理需求。社区工作者作为问题处理专家，分析学校资源、评估自身能力、制订救助方案、实施计划、解决问题，他们运用自身的专业知识和技能为弱势大学生提供合理有效的服务，大学生弱势问题的解决也促进了学校的发展。

运用社会策划模式解决大学生弱势群体的问题，强调的是问题解决本身，对于弱势大学生自身能力的培养重视不够，为了弥补这一不足，在实际运用过程中，要与地区发展模式结合使用，既要解决实际问题，又要提高弱势大学生的自身素质，促进他们健康成长，达到双赢的效果。

第二节　大学生弱势群体救助学校社区工作过程

学校社区工作作为一种专业的助人方法，有一定的工作过程。鉴于高校社区工作的特殊性，本研究中的学校社区工作是指在高校中运用社区工作的方法，按照社区工作的一般过程救助大学生弱势群体。此处的"社区"是指"高校社区"。大学生弱势群体救助属于学校社区工作中的社区服务建设范畴，其工作过程就是在社区工作者的组织引导下，学校各相关机构组织共同协商，为大学生弱势群体提供合理的、高质量的服务。

一、介入学校，建立关系

运用学校社区工作救助大学生弱势群体第一步就是要进入学校，建立初步的工作关系。工作关系的建立主要包括两个方面，一是与弱势大学生建立联系，让他们对大学生弱势群体救助工作有初步的认识，了解工作目标，了解社区工作者的任务与角色，接纳工作者。二是初步了解学校资源，与各个相关部门接洽，赢得他们的支持。

如何与弱势大学生接触，建立初步的专业关系是这个阶段最重要的工作。一般而言，建立与学生的联系常用群体性接触和个体性接触两种办法。

（一）群体性接触

群体性接触就是社区工作者进入学校以后，面向学生群体开展宣传工作。学生群体可以是全校学生、全院学生、全体弱势大学生，也可以是部分学生、某类弱势大学生，还可以是某个班级、某个宿舍。活动形式多种多样，可以在全校范围内举办讲座、召开晚会，工作者介绍工作目的、工作内容，树立工作人员的形象；也可以深入班级、宿舍，召开主题班会、组织宿舍联谊，与学生面对面直接交流；还可以在人流量大、学生活动频繁的教学楼、图书馆、餐厅等地方设置展板，发放宣传单，工作者现场解答疑问。

（二）个体性接触

个体性接触是工作者与单个的弱势大学生进行直接联系，接触方式一般有面谈、电话、微信、QQ等形式。在这几种形式中，面谈最费时费力，但是，面谈是面对面的直接沟通，既有语言内容的交流，也有表情、动作、声音等非言语信息的互动，生动亲切，更易拉近距离，建立联系。因此，面谈是最常用的个体接触手段。面谈前，工作者要做好充足的准备，确定访谈目的、选择访谈对象、拟定访谈提纲，谈话过程中，要充分运用社会工作的会谈技巧，认真倾听、准确共情、热情真诚、尊重对方、举止得体，给对方留下良好的第一印象，赢得信任，促进专业关系的建立。

二、学校社区分析

因为高校校园就是大学生生活的社区，所以，运用学校社区工作救助大学生弱势群体最重要的社区就是学校社区。当工作者进入高校，与学生建立了初步的专业关系之后，接下来就要对学校社区进行全面了解，为实施具体的救助活动做好准备。对学校社区的了解一般包括以下三个方面。

（一）学校背景分析

学校背景分析主要是指了解学校的基本情况和学校的权力机构。学校的基本情况包括学校的学生数量、教职工数量，学生的饮食住宿情况，学校的专业设置、基础设施、历史传统、校园文化建设等。学校的权力机构主要是指学生处、教务处、团委、招生就业处等与大学生弱势群体救助工作相关的部门。

了解学校背景有许多方式方法，本研究中主要运用的是文献分析法和社区访问法。文献分析法就是收集有关学校发展的历史文献，了解学校的基本情况、历史传承、文化特色等。社区访问法，一般采用口头方式，针对与大学生弱势群体救助工作相关的学校部分代表性人员，如辅导员、学生发展中心工作人员、弱势大学生等进行面对面的直接交谈，因为是一对一的互动交流，可以比较深入地了解情况，获取信息。

（二）问题与需求分析

了解大学生弱势群体的问题与需求是实施大学生弱势群体救助工作的立足点和出发点，本研究主要通过社区调查的方式对大学生弱势群体进行问卷调查，运用随机抽样方法，抽取调查样本，系统了解大学生弱势群体的类型、特征、心理需求等。除了对弱势大学生本身的调查外，还可以从教师角度进行了解，运用访谈法与教师深度沟通交流，了解他们心中对大学生弱势群体的看法态度。还可以通过访问普通学生，了解他们心目中大学生弱势群体的形象、特点、问题等。教师层面和普通学生层面的信息对全面掌握大学生弱势群体的特点、问题和需求是一个有益的补充。

（三）学校社区动力和资源分析

这部分主要是了解在学校社区中有哪些力量可以推动大学生弱势群体救助工作的顺利进行。根据大学生弱势群体的特点、问题与需求，学校社区中可以运用的动力与资源包括许多方面。从组织机构上看，有学校各个学院、学生处、团委、教务处、招生就业处、后勤处等职能部门和校院学生会、学生社团等各种学生组织。从人员上看，有校院各级领导、辅导员、班主任、班级导师、任课老师、各相关职能部门的工作人员、学生干部、普通同学、室友同伴等。此外，还有国家制定颁布的各种相关政策法规以及社会上可以用来救助大学生弱势群体的其他资源等。

进行学校社区动力与资源分析，要了解相关机构、组织、团体的工作目标、组织架构、资源及权力特性，掌握它们各自不同的功能及行为取向，并以此为据划分为不同的类别体系，厘清彼此间的互动关系，勾画出学校内关于大学生弱势群体救助工作的资源网络体系。

三、制订工作计划

在对学校社区进行了充分了解之后，就进入到制订工作计划阶段。制订工作计划就是在"以人为本，助人自助"的原则标准下，根据大学生弱势群体的具体问题与需求，配合不同的资源调动，通盘计划设计工作进程，并将工作步骤以适当的次序排列出来。不同类型的大学生弱势群体的问题及需求各不相同，不同的学校社区也有不同的特点，所以具体的工作计划要灵活制订，但是一般应包括以下几个方面。

（一）工作目标

工作目标是工作计划的灵魂，决定工作方向，是工作的出发点和落脚点。制订工作计划时，社区工作者要遵循"以人为本"的价值理念，信任、尊重弱势大学生，充分考虑他们的特点和需求，共同制订切实可行的行动目标，使工作目标真正发挥引领作用，充分调动弱势大学生的活动积极性，在解决具体问题的同时，完善弱势大学生的人格，挖掘其潜能，使其迈向自我实现。

（二）评估自身能力

这是指社区工作者对自身以及所在机构的能力评估。社会工作既是一门职业又是一门专业，运用学校社区工作救助大学生弱势群体需要专门的知识和技能技巧，社区工作者必须具备相应的资质。同时，也要根据大学生弱势群体的特点与需求评估自身拥有的资源、人力、物力、财力等能否与之相匹配。必须保证实现工作目标所必须的人、财、物的供给，保证工作者充足的工作时间。

（三）整合社区资源

大学生弱势群体类型众多，需要的救助也各不相同，有的需要经济救济，有的需要学业辅导，有的需要心理援助，有的需要就业指导，还有的需要几个方面的综合救助。满足不同的需求既需要相应的专业知识与技能更需要与之匹配的各种资源做支撑。因此，大学生弱势群体救助工作是一项系统工程，需要学校各相关部门和组织共同协作。在高校社区中，与大学生弱势群体救助工作相关联的可以利用的资源主要就是前文分析的学校动力与资源网络，在制订具体工作计划时，可根据弱势大学生的实际问题进行有选择地联络与应用。

（四）制订工作进度表

制订工作进度表，就是将工作过程划分为几个不同的阶段，比如开始阶段、中间推进阶段、结束评估阶段等，列出每个阶段的具体工作任务，并确定完成工作的时间期限。工作进度表就像一个工作标尺，时刻提醒着工作者合理安排工作进度，及时调整工作速度和深度，保证按时完成工作任务。

制订工作进度表要注意两点，一是安排工作任务和确定时间期限时要考虑大学生弱势群体的实际情况，尽量避开上课时间，保证他们的参与度。二是工作进度的安排不能太呆板，要考虑到突发因素的影响，留有余地，做好备案。

四、实施计划，评估成效

（一）实施计划

实施计划就是将先前纸上的计划转变为行动，是"做"的过程。根据工作进度表的安排，有条不紊地开展工作。

开始阶段，主要进行活动筹备工作，做好人、财、物的配置和活动的宣传发动。资金筹措的途径一般有两条，一是向学校申请，二是筹集赞助。人员安排方面，选派专业的社区工作者，必要情况下可以招募志愿者协助活动开展。场地安排要提前与相关部门沟通联系，提前打扫布置。宣传发动方面，可以运用设置展板、张贴海报等形式对活动进行宣传发动，尽量吸引适宜的弱势大学生参与到活动中来，同时还可以根据需要选取一些普通学生参加进来。

活动开展阶段，就是按照活动计划开展具体的救助活动，按照设计安排的工作步骤，一步一步组织落实，将计划变成具体的活动。这个阶段最主要的任务就是工作者运用学校社区工作的专业知识和方法技巧统筹协调各个相关单位和组织，整合各方力量，共同解决大学生弱势群体的具体问题。同时，为保证中心活动任务的顺利完成，还要做好经费预算管理、时间进度管理等辅助工作，还要对参与大学生弱势群体救助工作的社区工作者和志愿者进行适当的鼓励，激励士气，增强成就感，提高工作热情。

当活动计划中的各项任务完成以后就进入了结束阶段，此时主要的工作是总结活动过程，梳理活动成果，发现存在问题，指出改进措施。鼓励弱势大学生独立自信地面对生活，对社区工作者的工作状况进行反思。同时，工作者要妥善做好经费报销、场地归还等细节工作，善始善终，圆满完成工作任务。

（二）评估成效

在活动完成以后要及时进行总结评估，主要围绕着工作目标的达成、工作方法和技巧的使用、工作者的职责完成情况、弱势大学生和学校各方面对工作成效的满意度进行评价反思。评估方法有许多种，比较规范严谨的是建立评价指标体系，根据一定的评价标准，选择评价指标，运用统计学专业知识进行指标优化，建立评价模型，然后将各项任务的完成情况纳入评价体系，得出数量化的评价结果。这种评价方式比较严谨科学，但是需要较高的专业知识水平，常需聘请专业人士进行专门操作。除此之外，最常用的是运用访谈法，听取弱势大学生、社区工作者、学校相关部门等各方面的反馈意见，根据他们的满意度，综合考量救助工作的成效。

以上是运用学校社区工作开展大学生弱势群体救助工作的基本过程，上述四个阶段在实际工作中没有绝对的分隔点，经常存在交叉混合的情形，需要根据实际情况灵活掌握。

第三节 大学生弱势群体救助学校社区工作实例分析

运用学校社区工作进行大学生弱势群体救助，社区是开展工作的平台。由于大学生活的特殊性，高校校园就是大学生生活的社区。各个高校的自然环境、文化传统、社会声誉、学科设置、基础设施等具体情况不甚相同，救助工作的开展也会有所差别。本研究以 S 大学为例，阐述在大学校园中社区工作者如何协调各方力量组织开展大学生弱势群体救助活动。

一、学校资源分析

（一）学校基本情况

S 大学是一所省属重点大学，1956 年建校，经过 60 多年的发展，形成了"厚德、博学、笃行、至善"的校训和"无私奉献、追求卓越"的校风。学校的专业设置广泛，涵盖了工学、理学、经济学、管理学、文学、法学、历史学、教育学、艺术学等 9 个学科门类，是一所以工科为主，多学科协调发展的综合性大学。学校现有 26 个学院，69 个本科专业，在校本科生 34000人，本科教学学生多、规模大，但是专业发展不均衡。汽车、电气、机械、化工等专业发展水平高，有博士点，就业形势好，属于热门专业，也有一些专业比较冷僻，就业形势不乐观。学校的师资力量比较雄厚，现有教师 2179人，其中教授 264 人、副教授 692 人，具有博士学位的 1005 人。学校实行辅导员带班制，每名辅导员带三四百名本科生，工作强度较大。

学校占地 240 万平方米，三季有花，四季常青，环境优美，校舍建筑面积 107.36 万平方米，网络多媒体教室 335 个，运动场面积 13.28 万平方米，图书馆藏书 333 万册，电子图书、期刊 782 万册。校内设有四个食堂，另外还有超市、医院、邮局、银行、书店以及各种便利店满足学生的日常需要。学校基础服务设施健全，为学生和教职工在生活和学习上提供了很大的便利。

（二）学校机构设置

大学生弱势群体主要包括经济弱势、学业弱势、心理弱势、就业弱势几种类型，经济资助、学习辅导、心理援助、就业指导是大学生弱势群体救助工作的主要内容，因此，与之关系最密切的职能部门是学生工作处和招生就业处。

S大学学生工作处下设学生教育科、学生管理科两个科室，学生资助管理中心、大学生事务中心、大学生心理健康教育中心、学生公寓管理中心四个中心，全面负责学生日常教育管理服务工作，起草全校学生工作计划、制定规章制度、组织协调与学生工作有关的各项工作，管理考核各学院的学生工作，负责辅导员队伍建设，负责大学生思想政治教育，负责下辖四个中心的管理工作。四个中心主要进行具体的事务性工作，学生资助管理中心主要负责学生奖学金、国家助学贷款、困难补助、减免学费、勤工助学等工作；大学生心理健康教育中心主要开展学生心理咨询、心理健康教育、建立学生心理档案库等工作；大学生事务中心是为方便服务学生而设立的一个多部门联合办公、协同服务的专门机构，统一办理与学生相关的各类事务。挂靠在学生处，设有专门的服务大厅，各相关职能部门设有服务柜台，实行一站式服务。大学生事务中心还联合教务处设置了一个学习与发展指导中心，对学生进行学业生涯指导、学习辅导，为学生提供学习资源等。

就业工作是招生就业处的主要工作之一。学校建有就业市场、综合服务厅、就业信息网站、就业信息查询室、洽谈室、咨询室等，积极为毕业生就业开展服务。S大学毕业生就业工作主要包括：毕业生资源统计、上报，就业信息采集、发布，毕业生就业指导，就业网站的维护和建设，就业市场建设，校园招聘会组织，毕业生签约管理，就业方案编制、上报，毕业生派遣等。招生就业处也进驻大学生事务中心，设置专门窗口，为毕业生提供就业服务。

（三）学校社团组织

高校学生社团是在大学生自愿基础上形成的各种群众性组织，S大学重视发展学生社团组织，从学校到院系建立了完整的组织体系。下面主要介绍几个影响比较大的社团组织。

学生会。学生会是学校党委领导下、团委指导下的学生自治组织，一般分为学校和学院两个层次。学生会的主要职责是协助学校有关部门完成学生的日常管理工作，沟通学校党政与学生的联系，参与涉及学生事务的民主管理，维护学生的正当权益，是学校联系广大学生的桥梁和纽带。S 大学目前设有 1 个校级学生会和 22 个院级学生会。

学生社团联合会。学生社团联合会，简称"社联会"，是在学校团委领导下管理全校各类学生社团活动的学生自治组织。S 大学有 108 个学生社团，涵盖了理论研究、科技发明、文娱体育、社会公益等各个层面，学生社团对活跃学习气氛、提高自治能力、丰富课余生活发挥了重要作用。

大学生职业发展协会。大学生职业发展协会是 S 大学 2006 年成立的一个社会公益性质的学生团体，挂靠在招生与就业处。协会以"服务就业、成就未来"为宗旨，目标是帮助大学生树立正确的职业价值观，提高毕业生的就业竞争力。举办的活动主要有职来职往校园挑战大赛、舌战群儒职场风云大赛、大学生职业竞技大赛等，在学生中享有一定的知名度。

大学生心理健康协会。大学生心理健康协会以"普及心理健康知识，开展心理健康教育"为宗旨，以提高学生心理健康水平为目标，在学生处大学生心理健康教育中心指导下，配合学校组织开展大学生心理咨询、"走过分水岭"大学新生心理健康活动月、"5·25"心理健康活动周等各种心理健康教育活动。

青年志愿者协会。青年志愿者协会是由志愿从事社会公益事业的青年大学生组成的校级学生组织，直属于校团委。协会以"奉献、友爱、互助、进步"为宗旨，组织实施了一系列志愿者服务活动，创立了"安全之声""文化之旅""绿色先锋""医疗健康""爱心桥"等品牌志愿服务队，以奉献扬青春，以文明树新风，培养了大学生关爱他人、服务社会、提升自我的良好品格，推动了学校精神文明的建设与发展。

二、大学生经济弱势学校社区工作救助

（一）了解经济弱势大学生的问题与需求

经济弱势大学生就是平时所说的贫困生，他们大都家境贫寒，父母无力提供稳定充足的经济支持，他们的经济生活状况明显低于一般大学生，严重贫困者，不仅缴纳不起学费，一日三餐也难以保证。经济困难是他们面临的

主要问题，脱贫解困也是他们最大的需求。

经济贫困不仅使经济弱势大学生生活困顿，还会造成其他多方面的问题，最突出的就是造成自卑怯懦的心理状态，疏离孤僻的处事方式，严重影响他们的健康成长。因此，在解决经济困难的同时，他们还迫切需要心理援助。社区工作者要高度关注他们的心理需求，运用专业知识，整合学校社会各方资源，通力合作，消除经济弱势大学生的自卑心理，培养其人际交往能力，引导他们走出孤独，融入集体，提高适应能力。

（二）学校社区工作者采取的措施

1. 经济救助

S 大学的贫困生资助工作由学生处下属的学生资助管理中心具体负责，学生资助管理中心下设五个工作部门，负责奖、贷、助、补、减各个环节的具体工作。资助中心根据国家政策制定具体的资助方案，各个学院根据方案要求确定获得资助的学生名单，资助中心再根据名单将资助金额、工作岗位等落实到受助学生身上。

为实施经济弱势大学生救助工作，社区工作者介入贫困生资助工作中来。通过调查，社区工作者了解到，作为一项常规工作，贫困生资助每年都按部就班地进行着，为经济弱势大学生提供了很大的经济支持，但是工作中还存在许多问题，需要改进提高。实际工作中行政化现象严重，管理味道突出，服务意识不够，缺乏对贫困大学生的尊重与关怀。比如，贫困生评定不考虑学生的自尊心，致使部分贫困生因为敏感害羞而失去受助机会，生活困顿不堪，心理郁闷难耐；奖助学金评选不透明，人情分面子分妨碍了公平公正，加重了弱势大学生的自卑感、失落感；勤工助学只提供岗位，缺乏必要的岗前培训与指导，学生上岗困难重重，加深了对自己的怀疑和否定，等等，这些具体的问题严重影响了资助的实际效果。

学校社区工作者联系学生处领导、资助管理中心负责人、各学院分管学生工作的党总支副书记、分管学生资助工作的辅导员、学生干部代表、大学生经济弱势群体代表等各方人员，组织召开座谈会，对大学生资助工作中存在的问题进行了认真讨论。经过多次讨论，逐渐达成共识，即要改变工作观念，以人为本，重服务、轻管理，尊重学生，设身处地为学生着想，让学生既能得到经济上的补助，又能感受到温暖与关爱。在具体问题上也提出了细致的改进措施。对于贫困生的评定，改变原来的班级公开投票唱票方式，由学生个人提交申请，辅导员考察把关，确定受助人选，有效尊重、保护了学生的自尊心和个人隐私。对于奖助学金的评选，要做到公正公开，程序规范，坚决杜绝拉关系走后门，使获奖受助学生真正能够提高自信，激励他人，发挥奖助学金的积极作用。对于勤工助学岗位，要向贫困学生倾斜，并保证进行必要的岗前培训，对于勤工助学表现优秀者定期进行表彰奖励，激发他们的自信心和积极性。

除了校内资源，社区工作者还十分重视利用社会资源救助经济弱势大学生，通过资助管理中心争取到了多家企业在学校设立了面向贫困大学生的专项奖助学金。下例是某企业在S大学设立的助学金评定办法。①

"曹志英助学金"评定办法

为帮助家境贫寒、品学兼优的大学生顺利完成学业，同时鼓励特困生刻苦学习，积极进取，努力成为德智体全面发展的高素质人才，淄博宝鼎生物工程有限公司在我校设立"曹志英助学金"，为完善我校助学金管理体系，保障助学金评比工作的顺利开展，特制定本办法。

一、申请"曹志英助学金"助学金的基本条件

第一条　申请者为我校全日制普通本（专）科一年级贫困大学生，重点是品学兼优的经济困难的学生。

第二条　热爱社会主义祖国，拥护中国共产党的领导，道德品质优良，模范遵守大学生守则和学校有关规章制度。

第三条　勤奋学习，刻苦钻研，能完成正常的学习任务。

第四条　积极承担社会工作，积极参加体育锻炼和文娱活动。

二、评审程序

第五条　"曹志英助学金"每年九月评定一次。成立"曹志英助学金"评审委员会，具体负责评选工作，评委办公室设在学生工作部。

第六条　符合条件的学生提出书面申请，由所在班级按评选条件推

---

① 山东理工大学官网。

荐到所在院（部），院（部）审核后，组织申报助学金的学生填写推荐登记表，报评审委员会办公室，"曹志英助学金"评审委员会进行评审，确定资助对象。

第七条　对受资助者在全校进行公布，无异议后颁发助学金，并将推荐登记表存入本人档案。

三、资助标准与资助名额

第八条　资助金额：每人1000元。

第九条　资助名额：受资助人数将于每学年视企业赞助金额而定，具体将在每学年的评定工作开展之前公布。

四、助学金的发放与管理

第十条　资助办法：采取一次性发放的方法。

第十一条　出现以下情形之一者，终止资助。

1. 经查实，在申报贫困大学生中弄虚作假者；

2. 违反校纪、校规及法律受到处分者；

3. 助学金不用于基本生活和学习费用者。

五、本办法自公布之日起实施，由学生工作部负责解释。

2. 心理关怀

经济弱势大学生因为贫困常常导致自卑、敏感、不善交际等心理问题，需要得到心理辅导，这是以往学生资助工作所不重视的。社区工作者运用社会工作专业方法和技术，联合校内外各相关单位，策划组织了一系列活动，为经济弱势大学生提供真诚的心理关怀。例如，为培养他们的自信心，工作者通过学校校友联谊办公室联系到了几位白手起家的校友，他们当年都是贫困生，经过不懈的努力，如今都成就了自己的一番事业。工作者联合校团委邀请这些校友作为演讲嘉宾，组织了一场报告会，通过聆听校友们的创业之路，经济弱势大学生体会到贫困不可怕，不努力、不奋斗才是前进道路上的障碍，努力上进、不懈追求才是成功的法宝。从榜样身上看到力量，激励经济弱势大学生打破自卑，鼓足向上的勇气。

为了锻炼经济弱势大学生的人际交往能力，社区工作者与大学生心理健康教育中心合作，组织设计了人际沟通训练营，利用中心的团体心理活动室、个别咨询室等资源，对他们进行了人际沟通能力训练，收到了良好的效果。此外，社区工作者还联系校内外资源组织开展了一系列大学生志愿服务活动，让经济弱势大学生在服务他人的过程中开放自我，消除孤独，体验到自身的价值，增强自信心。下面以一次社区公益活动为例加以说明。

"携手奋进、共筑坚强"公益服务活动

一、需求分析

经济弱势大学生对自己的贫困境地格外敏感，常因贫困而自卑怯懦，否定自我，消极的心态加剧了负面情绪体验，常常感到紧张焦虑。学校社区工作者需要帮助他们端正态度，增强自信，正确看待自己，引领他们走出心理阴影，积极乐观地学习与生活。

二、确定可利用的各种资源

1. 爱心桥志愿服务队。爱心桥志愿服务队是 S 大学青年志愿者协会名下的一支品牌志愿活动队伍，队员来自全校各个专业，经常组织各类志愿活动，队员乐于奉献、敢于吃苦，在大学生中有很高的声誉。

2. 大学生资助管理中心。大学生资助管理中心隶属于学生处，是学校具体负责贫困生资助工作的组织机构，工作人员比较了解全校经济困难学生的基本状况，便于联系学生。

3. Z 市社会福利院。Z 市社会福利院是民政局下属的社会公益性事业单位，主要收养安置无家可归、无依无靠的孤寡老人、残疾人（包括残疾儿童）、弃婴，Z 市社会福利院是 S 大学校外实践教学基地，常年接受大学生实习实践，与学校保持着密切的沟通和联系。

三、工作目标

通过到社会福利院参加帮助孤残儿童的公益服务活动，引导经济弱势大学生学会自我增强，克服自卑心理；通过帮助孤残儿童，培养经济弱势大学生的助人意识，使其获得成就感，提高自信心，提高自我价值，消除焦虑情绪；通过与爱心桥队员组队参加公益活动，扩大经济弱势大学生的交往范围，促进他们开放自我，提高人际交往能力。

四、制订计划

1. 通过宣传发动，召集经济弱势大学生，与爱心桥志愿服务队一起

组成公益服务队伍，走进 Z 市社会福利院，为孤残儿童献爱心、送温暖。

2. 听福利院工作人员介绍情况，了解孤残儿童的悲惨身世，引导经济弱势大学生认识到社会上还有许多人不如自己，促进自我增强，减轻自卑。

3. 与孤残儿童互动交流，为孩子们提供力所能及的帮助，在帮助孤残儿童的过程中，培养经济弱势大学生的助人意识，提高成就感和自信心。

4. 组织经济弱势大学生讨论参加本次公益服务活动的感悟，一方面与孤残儿童相比自己存在的优势，学会正确看待自己，另一方面体会与爱心桥队员合作开展活动对自己人际交往能力的促进作月。

五、计划实施

1. 活动的前期准备

（1）学校社区工作者与学生资助管理中心和爱心桥志愿服务队联系，商讨确定活动计划，获取资金和人员支持。

（2）学校社区工作者与社会福利院联络，沟通活动计划，确定具体的活动时间、内容与步骤。

（3）与学生资助管理中心联合，通过张贴海报、网站发布信息等形式召集公益活动队员，重点吸纳经济弱势大学生。

2. 活动的具体过程

（1）全体人员早8：00集体乘车前往 Z 市社会福利院，强调活动注意事项，保证活动安全顺利进行。

（2）福利院工作人员介绍福利院的发展历史和现状，重点介绍孤残儿童的基本情况，包括身世、在福利院的生活状况等。

（3）与孤残儿童游戏、联欢，赠送学习用品，为孩子们的学习和生活提供力所能及的帮助。活动过程中，爱心桥队员注意多帮助经济弱势大学生与孩子们沟通交流、组织活动，协助他们自然真诚地送出自己的关爱与温暖。

（4）返回学校后，社区工作者组织经济弱势大学生开展讨论，重点有三个，一是与孤残儿童相比较，经济弱势大学生能够重新看待自己，走出自卑的阴影。二是通过帮助孤残儿童，体会到自身的价值，增强自信心。三是通过与爱心桥队员合作开展活动，打破孤独，开放自我，提高与人交往的能力。

六、活动评估

本次活动的目的是运用学校社区工作方法帮助经济弱势大学生走出自卑、正视自我，从活动的策划到实施都紧紧围绕活动目的进行组织安排，比较紧凑合理。在活动过程中，社区工作者职责明确，时刻围绕活动目的把控活动方向，工作角色比较到位。

对于活动目的的实现状况，经济弱势大学生感受最深。参加活动之前，他们常常留给别人"不爱说话"，"孤僻，不合群"的印象，时常因为贫穷而自怨自艾、自卑孤独。通过参加活动，他们重新认识了自己，特别是看到自己也能给孩子带来欢乐愉悦，备受鼓舞，感受到了自己的力量与价值，在爱心桥队员身上还学到了许多与人交流的勇气和技巧，他们认为参加这次活动收获很多。在随后的跟进服务中，工作者发现他们中的许多人变得开朗了，一些人还主动与福利院的孩子结成了帮扶对子，定期去做义工，送去温暖与关爱。周围的老师和同学也反映这些人变化很大，主动与人交流，孤僻状况明显减轻。总之，从各个方面来看，这是一次比较成功的救助活动，达到了预期目的。

三、大学生学业弱势学校社区工作救助

（一）了解学业弱势大学生的问题与需求

学业弱势大学生又叫学困生，是指存在学习困难的学生，主要是需要参加补考、重修的大学生。调查发现，学业弱势大学生普遍存在两大问题，一是缺少学习兴趣，不爱学习；二是学习能力差，学习方法不正确，不会学习。

大学生都是经过层层选拔考入大学的，不存在智力落后问题，也具备了一定的学习能力，但是，可能是对专业不感兴趣，也可能是进入大学以后没有做好发展规划，自我放纵，还可能是不适应大学的学习方式，跟不上学习节奏，导致部分学生进入大学以后学习落后，成绩不达标，成为学困生。成

绩差进一步加剧了对学习的厌恶，厌恶学习又导致了学习能力的降低，成绩更差，如此恶性循环，学习弱势状态愈加明显，学习压力也越来越大。

学生以学习为天职，学习成绩是衡量学生个人水平最重要的指标。学习不达标就与评优评先无缘，不能担任学生干部，无法获得奖学金，在班级中处于边缘地位。现在高校普遍实行学分制，学习成绩差，学分绩点达不到要求，就不能正常毕业，拿不到毕业证学位证，对求职择业影响巨大。由此可见，学业不良会阻碍学生的发展，长此以往极有可能导致他们降低自我认知，失去自信，自暴自弃，严重影响大学生心理健康。

（二）学校社区工作者采取的措施

学生学习困难是学校发展过程中不可忽视的问题，作为学校问题处理专家，学校社区工作者认真分析校情，广泛动员全体师生员工，积极发掘学校资源，整合协调各部门力量，共同帮助学业弱势大学生摆脱学习困境，促进大学生健康成长，也促进学校的健康发展。

根据调查发现，学业弱势大学生的主要问题是学习兴趣低、学习能力差、学习方法不正确。导致上述问题的原因是复杂多样的，有学校政策制度的因素，也有教师教育教学方法的原因，学生个人自身的因素也占很大的比重，社区工作者根据不同情形采取不同的救助方法。

在学校层面，学校社区工作者积极发挥倡导者的角色功能，倡议学校完善各项与学生学习相关的制度措施，邀请部分学生代表一起参与制订实施计划，增加学生对学校的认识，提高学习积极性。在工作过程中，工作者发现，学校的许多制度措施制定得比较规范完善，但是在实施过程中会出现各种问题，因此，工作的重点是抓制度的落实，让每个学生都清楚学习与自己的利益关系，激发学习动机。比如，学校进行人才培养模式改革，实行普通本科生转专业制度，每个学生在大一和大二有两次转专业的机会，第一次是在大一结束时可以申请转学院，第二次是在大二结束时可以在本学院内申请转专业。这项制度尊重学生的志向、爱好，发挥学生的个性和特长，为不喜欢本专业的学生打开了另一条发展之路。转专业最重要的条件就是学习成绩优秀，除了极个别具有明显专业潜能的特长生以外，学生的学分绩点必须在专业排名前30%以内。入学之初辅导员就把相关政策告知了学生，但是总有一些学生懵懵懂懂，学习松弛懈怠，等到失去选择资格才恍然大悟，追悔莫及。这样的事情还有很多，比如保研资格、优秀生源资格、奖学金获取资格、评优评先资格、毕业资格等都与平时的学习直接相连，而且大都是依靠平时的积累，临时抱佛脚解决不了问题。这就要求学生要十分了解相关政策，不能放松学习，但这恰恰是部分学生所忽视的。社区工作者了解到这些情况以后，积极与学校相关部门联系，共同商讨应对措施。S大学实行辅导员与班级导师共同管理制度，社区工作者协同学生处和教务处组织召开辅导员和班级导师会议，明确要求辅导员和班级导师负责将相关政策制度传达到每个同学，并要求定期强化，特别是对那些学习松懈、成绩落后的学生要加强管理，确保这些政策制度入脑入心，让每一个学生都知晓学习的重要意义，保持学习的动力。

在教师教学方面，重视突出学生的主体地位。当前，信息技术革命如火如荼，S大学也在进行教学改革，利用互联网技术实施线上线下混合型课堂教学改革模式。社区工作者与教务处联系，反映了学业弱势大学生存在的不爱学习、不会学习的问题。教务处领导非常重视，要求结合学生实际情况，在教学内容设计、教学方法选择、教学结果考核等方面深化改革，将课堂还给学生，突出学生的学习主体地位，变"要我学"为"我要学"，激发学习兴趣，增强学习能力。

在学生自身方面，社区工作者充分发掘学校资源，利用各种办法促进学习弱势大学生明白学习的价值与意义，使其提升学习能力，走出学习困境。在调查中工作者了解到，许多学业弱势学生没有学习目标，也没有清晰的发展规划，缺乏学习动力。学校也发现了这个问题，已经安排辅导员面向全校大学生开设生涯规划辅导课程，但是效果不理想。进一步调研发现，该课程之所以没有发挥应有的作用主要是因为以下几点。第一，在学生的观念中，辅导员是管理者，辅导员上的课都是政治思想教育课，就是灌输加说教，对其怀有强烈的抵触情绪。第二，课程形式的学业生涯规划指导，更多的是讲共性问题，缺乏个别化的指导。第三，有些辅导员对上课的重要性认识不足，认为上课是专职教师的事情，加之日常的学生教育管理事务繁杂琐碎，无心也无力钻研课堂教学，应付敷衍。为此，社区工作者积极开展补救工作，与学生处负责同志联系，学生处组织召开各学院学业生涯规划任课辅导员会议，重申学业生涯规划对学生发展的重要性，统一辅导员的思想；组织集中备课，辅导员之间相互取长补短，提高教学质量；辅导员主持召开主题班会，介绍新时期学生工作内容、形式的新发展、新变化，改变学生对思想政治教育的错误认知，组织学生讨论做好学业生涯规划的重要性；举办"学业生涯规划"比赛，在比赛过程中，学生参与其中，自己发现学业生涯规划的重要性，提高大学生对学业生涯规划的认识和积极性，自觉做出适合自己的学业生涯规划。通过上述各种措施，帮助学业弱势大学生确立正确的学习目标，给自己的学习生活做出合理的规划，激发学习动机，提高学习兴趣，提高学习的主动性和积极性。

针对学业弱势大学生学习能力差，学习方法不正确的问题，社区工作者积极整合资源，多管齐下，帮助学业弱势大学生学会学习，提高学习能力。社区工作者主动与学习与发展指导中心对接，由中心出面邀请学校的老师和成绩优秀的学生，每周为学业弱势大学生举办一次学习沙龙或学习经验交流会，传授学习技能，进行学业辅导，帮助学习困难学生找到适合自己的学习方法；与教务处教学管理科沟通，将学习辅导纳入大学生心理健康教育公选课，引导学困生积极选修；充分调动朋辈群体的力量，组织学习优胜者对口帮扶学习困难学生，帮助学困生学会学习，摆脱困境。下面以 F 学院的"朋辈辅导志愿活动"为例说明运用学校社区工作救助学业弱势大学生的工作过程。

朋辈辅导志愿活动

一、需求分析

F 学院 G 专业是改革开放以后从国外引进的一个比较年轻的学科，在我国起步晚，发展时间短，社会知晓度不高。许多人对 G 专业存在误解，认为其就业状况不太乐观。G 专业的学生大部分是调剂而来的，专业认同度不强，学生的入学成绩也比较靠后，学习基础相对薄弱。由于存在专业偏见，学习热情普遍不高，再加上学生入学后对大学学习环境的不适应，学业不良问题比较突出。

二、工作目标

帮助 G 专业学业弱势大学生端正学习态度，正确认识本专业，克服认知偏见，增强专业认同，掌握合适的学习方法，提高学习能力，走出学习困境。

三、工作计划

1. 朋辈辅导员的招募与培训

（1）在全院范围内招募朋辈辅导员，需要满足三个条件，一是学习成绩良好；二是有爱心，有助人意愿，善于与人沟通交流；三是有充足的时间参与活动。

（2）培训。朋辈辅导员的概念、作用；学业弱势大学生的特点与需求；G专业的现状、前景与社会需求；沟通技巧训练等。

2. 活动开展

朋辈辅导员与学业弱势大学生结成帮扶对子，在社区工作者的组织下开展一对一学习辅导。每周一次，每次1小时，共进行8周。活动场地定在学院自习室，具体活动时间可根据结对双方的时间灵活安排。

四、计划实施

1. 活动筹备

（1）借助辅导员的力量帮助工作者招募朋辈辅导员、确定学业弱势大学生，分别召集到10名朋辈辅导员和10名学习困难学生。

（2）与学院领导沟通协商，将本次活动列为一项学生教育活动，活动经费由学院学生工作专项经费支出。

（3）与教室管理员沟通协调，保证场地使用顺利。

2. 活动过程

（1）朋辈辅导员的前期培训，以朋辈辅导员自学为主，社区工作者现场教育为辅。

（2）缔结帮扶对子。通过组织团体活动，将朋辈辅导员和学业弱势大学生组成一对一帮扶小组，签订协议书。

（3）了解具体问题。朋辈辅导员运用沟通技巧与学业弱势大学生交朋友，了解学习困难学生的具体情况，特别是学习上的障碍和苦恼。

（4）学习问题辅导。针对学业弱势大学生的不同问题采取不同的帮扶对策。对于不喜欢本专业而厌学的，引导学生了解专业发展状况，特别是了解新时代该专业在社会发展中的重要作用及国家对专业的高度重视，通过学习国家相关文件和该专业在经济社会发展中发挥作用的典型案例，促使学生改变认知偏见，认清专业发展前景，端正专业思想，激发学习动机和兴趣。

对于学习方法不正确、学习效率低下的，重点是帮助他们掌握大学学习的特点和规律，学会时间管理，掌握不同学习方法的关键技巧，结合不同科目对学习者的不同要求，进行相应的行为训练，找到适合自己的方法和技巧。

对于学习基础差、跟不上学习节奏的，朋辈辅导员结合具体问题帮助他们梳理知识体系，构建知识网络，针对薄弱环节，对症下药，精准施策。

五、活动评估

学生的学习是学院发展的重要问题，本次活动得到 F 学院的大力支持和积极配合，活动资金充足，活动场地按时开放，为活动顺利开展提供了有力的保障。

招募的朋辈辅导员责任心强，全程参与，没有中途退出，活动中真诚为学习困难同学服务，表现出很高的素养。

参加活动的 10 名学业弱势大学生遵守约定，珍惜这次学习机会，收获很大。他们对 G 专业有了比较全面的认识，不再人云亦云，制订了个人学业发展规划，有了明确的学习目标，学会科学合理地安排利用时间，学习的动力明显增强，在随后的期末考试中全部考试合格，无一人挂科。

这次为期 8 周的朋辈辅导活动在学院产生了积极的影响，激发了学生的学习热情，F 学院的学风明显改善。

四、大学生就业弱势学校社区工作救助

（一）了解就业弱势大学生的问题与需求

大学生就业弱势群体是指在就业竞争环境中处于劣势或竞争能力不足的学生群体。造成就业弱势的原因既有社会大环境因素也有大学生自身的原因，从个人角度讲，缺乏职业规划、缺乏求职能力、信息闭塞、自身知识能

力水平达不到用人单位要求等是就业弱势大学生普遍存在的问题。就业困难给大学生带来消极的心理体验，抱怨社会、埋怨学校、自卑自怨等时有发生。因此，救助就业弱势大学生一方面是进行就业能力培训，包括帮助他们提高自身专业水平、了解就业信息、端正就业态度、做好职业生涯规划、提高求职技巧等，另一方面是进行就业心理问题疏导，帮助其缓解就业压力、减轻自卑心理、释放焦虑情绪、维护心理健康。

（二）学校社区工作者采取的措施

随着大学毕业生逐年增多，就业竞争日趋激烈，就业率已经演变成影响学校知名度的重要因素，高校对大学生就业工作的重视程度日益高涨。S大学设置了招生就业处专门负责大学生就业工作，还有一个校团委下属的大学生职业发展协会，每年都会组织一些社团活动提高大学生的就业技能。但是社区工作者的调查发现，招生就业处主要把精力放到了毕业生日常管理上，比如，统计、采集、上报毕业生信息，毕业生签约服务，毕业生派遣等工作。在就业服务上，主要是组织校园招聘会，为毕业生提供就业信息。虽然有一定成效，也还有很多不足之处，学校更多的是给毕业生提供了选择就业岗位的机会，缺乏对大学生职业素养和实践能力的培养。大学生职业发展协会举办的活动虽然有利于提升大学生的职业素养和职业技能，但是由于举办活动的次数比较少，而且参加者多为学生干部和一些性格开朗、乐于参加集体活动的大学生，真正需要帮助的就业弱势大学生常因自卑封闭、远离集体而得不到培养与训练。所以，S大学的就业弱势大学生的问题仍然没有得到很好的解决。

了解到这些情况以后，社区工作者积极与学校领导沟通。在分管校长的参与下，招生就业处、团委、学生处、教务处等部门开会协商，制订了“提高素养，促进就业”的发展规划，由上而下层层落实，提高大学生就业水平。

1. 提高学生自身专业水平

打铁还需自身硬，就业弱势大学生所以在就业市场上屡屡碰壁与他们自身能力不高有很大关系。S大学首先在课堂上下功夫，提高课堂教学的有效性。教务处牵头，以教学立项的形式吸引、鼓励教师进行课堂教学改革，突出学生的主体地位，激发学习动机和学习兴趣，真正让学生学有所得、学有所成，提高专业知识和专业技能，增强求职择业的信心和能力。其次，加强学生实践教学，强化动手能力。S大学借着修订专业培养方案的时机，增加了实践锻炼培养时间，让学生走进社会，运用所学知识解决实际问题，学以致用。最后，鼓励学院与企事业单位、社会组织建立教学联合培养基地，为学生提供更多的动手操作的机会和平台，加大检查监督力度，保障教学基地正常运行。积极尝试校企融合、产教融合，实行订单式培养，满足社会需求，提高学生就业率。

2. 引导学生进行职业生涯规划

大学生职业生涯规划是指在大学期间对未来的职业发展进行的系统规划与展望，为未来的就业和事业发展做好准备。一个好的职业发展规划可以帮助学生树立正确的奋斗目标，端正就业态度，规划发展进程，时刻保持前进的动力，为未来职业发展准备充足的条件。职业生涯规划对大学生的学习与发展影响巨大。然而，大部分就业弱势大学生缺少或者根本就不会进行职业生涯规划，因此，进行职业生涯规划辅导就成了一项重要的工作。这项工作由辅导员负责，以班级为单位开设职业生涯规划课程，引导学生从大一入学开始就思考未来的发展之路，做出一个初步的规划表，以后根据社会的需求、自己的发展状况不断进行调整与完善。在这个过程中，辅导员要格外注意发展不良的弱势大学生，及时跟进辅导，手把手教会他们了解自己、规划未来，并根据实际情况及时提出改进的意见与措施。

3. 进行就业心理辅导

依托大学生心理健康教育中心进行就业弱势大学生心理辅导工作。心理辅导主要包括两部分内容，第一，进行与就业有关的心理测量，主要有霍兰德职业能力倾向测验、卡特尔16种人格因素测量、气质测验，等等。通过心理测量帮助就业弱势大学生了解自己的职业兴趣、知道自己的气质特点以及与之相匹配的职业类型，能够画出自己的人格剖面图，学会在求职择业中扬长避短，使自己的职业规划更合理、职业发展更顺利、更容易取得成就。第二，进行就业心理困扰疏导。针对求职择业中常见的自卑、自负、孤僻、盲目攀比、人际沟通能力不足等问题进行疏导和训练，消除不良情绪，缓解心理压力，增进心理健康。

4. 开展形式多样的就业能力提升活动

以辅导员为主要负责人，联合大学生职业发展协会、校院各级学生会以及各类学生社团，组织开展形式多样的社团活动，增强职业素养，提高职业技能。例如，举办"师生就业沙龙"，调动教师的力量帮助就业弱势大学生了解就业形势、获取就业信息、学习就业经验，减少求职择业的盲目性，提高就业信心；聘请专家解读就业政策，帮助学生了解社会，了解政策制定的缘由，从而更好地运用就业政策，促进自己的发展；邀请优秀毕业生返校座谈，发挥朋辈辅导的作用，让就业弱势大学生在同龄人身上学到踏入社会必备的素养和技能。

社团活动的规模可大可小，可以是全校性质的活动，也可以以班级为单位，甚至是以宿舍为单位小规模进行；活动内容可简可繁，可以就某个小问题或者是某个问题的某一方面进行讨论，也可以是对几个方面的问题综合考虑，都要解决。不论是哪一种形式，都要注意保证就业弱势大学生的参与度，注意观察他们在活动中的表现并及时做出反应和回馈。

下面以"职业发展训练营"活动为例说明运用学校社区工作救助大学生就业弱势群体的基本过程。

职业发展训练营

一、需求分析

大学校园中存在着一个在求职择业方面身陷困境的学生群体，他们的就业目标模糊，缺少明确的职业生涯规划，对就业形势认识不清，对社会缺乏了解，就业信息闭塞，就业技能欠缺，大部分人自身能力不高，达不到用人单位的要求。这些同学在求职择业过程中经常碰壁，心理压力巨大，迫切需要别人的帮助，需要提高职业素养和就业技能，缓解就业压力。

二、工作目标

帮助就业弱势大学生认清就业形势，树立正确的就业观念，学习就业技巧，提高就业能力。

三、工作计划

1. 就业知识培训

（1）就业政策解读。邀请学校就业指导专家讲解当前的就业政策，特别讲解清楚政策的适用范围和制定背景，让就业弱势大学生真正弄懂弄通，用足用好政策。

（2）就业形势分析。邀请就业指导专家帮助学生分析当前的就业形势，讲解用人单位的要求，帮助学生既能看到严峻的就业竞争压力，又能在危机中看到希望。端正就业态度，树立正确的就业观念。

（3）校友成功经验分享。邀请优秀毕业生返校座谈，引导就业弱势大学生学习他们成功的求职经验，明白平时的积累对成功求职的重要作用，了解自身特点与求职择业的有效匹配。

2. 就业技巧训练

由就业指导专家和富有招聘经验的企业人力主管共同对就业弱势大学生进行技能技巧训练，主要包括制作求职简历和面试技巧训练。

四、实施过程

1. 活动前期准备

学校社区工作者在就业服务网站和校园里发布信息，招募就业弱势大学生参加活动，与相关专业老师、校友及企业相关人员沟通联络，确定活动内容、活动场所和具体活动时间。

2. 活动过程

（1）职业发展训练营的活动场所定在招生就业处下设的大学生就业市场，活动当天，组织就业弱势大学生提前入场，邀请学校就业指导专家解读就业政策，分析就业形势。会后，安排就业弱势大学生与就业指导专家面对面交流。

（2）邀请已取得一定成就的校友返校座谈，与就业弱势大学生面对面沟通交流，分享成功就业、成功发展的经验，让就业弱势大学生从身边的现实案例中学习成功就业所需要的知识、能力、经验。

（3）邀请企业人力主管做报告，介绍用人单位对大学生的能力、素质等各方面的要求，训练指导大学生的求职技巧。

（4）安排就业弱势大学生事先完成一份求职简历，现场接受专家和企业人力主管的点评。

（5）组织模拟招聘会，训练就业弱势大学生的面试技巧。由就业指导专家、企业人力主管、辅导员组成评委小组，对就业弱势大学生进行就业招聘会模拟演练，进行一对一的现场指导，发现问题，当场纠正。

五、活动评估

求职择业关系到学生的未来发展，这次"职业发展训练营"活动得到了各方人士的积极支持，辅导员积极鼓励就业弱势大学生参与活动，人员的招募比较顺利；就业指导专业老师、企业人力主管以及校友都十分关心学生成长，按时参加活动，尽职尽责，赢得了学生的积极评价；参与活动的就业弱势大学生虽然最初有的可能是被动而来，但是在整个活动期间，参与度比较高，通过与专家的对话交流感觉收获很大，对于求职择业不再迷茫无知，学习制订自己的职业生涯规划，还学到了简历制作、面试礼仪、人际沟通等具体的技能技巧，感觉收获很大。

职业发展训练营由一系列活动组合而成，历时时间长，需要联络各方面的部门和人员，工作难度大，工作者充分运用社区工作的专业知识和技巧，使各项活动得以顺利开展，表现出了较高的专业素养。

五、大学生心理弱势学校社区工作救助

（一）了解心理弱势大学生的问题与需求

心理弱势大学生主要是指在大学校园中与一般大学生相比心理发展水平相对较低的学生群体。调查发现，心理弱势大学生最突出的问题是自我认知水平低，过分看低自己，放大缺点，忽视优势，否定自我，由此带来自卑怯懦、孤僻退缩，不善于沟通交流，人际交往能力差等各种问题。

大学生正处在为踏上社会准备知识、锻炼能力的阶段，消极的自我认知，使他们缺乏自信，降低了自我效能感，抑制行为动机，给学习活动带来了很大的负面影响，遏制了创新能力的发展，阻碍了潜能的发挥。

大学生渴望友谊，强烈需要被别人接纳与认同，人际交往能力差又让他们不知道如何与人沟通，这种矛盾的心理很容易导致孤独、抑郁或自卑。还有一部分大学生由于缺乏正确的交往态度和交际技能导致人际关系紧张，更加苦恼焦虑，进一步加剧了自卑孤独、否定自我的心态。

心理影响行为，消极的心理状态对他们的学习、生活、求职择业等各方

面的活动都带了负面的影响，如此恶性循环，将会严重影响大学生的心理健康水平。因此，需要高度重视心理弱势大学生的问题，采取多种措施，促进他们健康成长。

（二）学校社区工作者采取的措施

S大学重视大学生心理健康教育工作，设有大学生心理健康教育中心，建立了学校—学院—班级三级心理危机干预机制，每个班级都设有心理卫生委员，因此，当学校社区工作者上门反映情况、商讨对策时得到了学校领导的大力支持。针对心理弱势大学生存在的问题，工作者与大学生心理健康教育中心联合开展以下工作。

1. 做好心理弱势大学生筛查

辅导员配合心理健康教育中心专职心育教师进行心理弱势大学生筛查，做到心中有数，各班心理卫生委员随时保持密切关注，发现异常情况及时报告。

2. 利用心理健康教育课程进行针对性辅导

S大学同时开设了心理健康教育必修课和选修课，必修课面向大一学生，由辅导员承担教学，选修课面向全校所有学生，任课老师是心理学专业教师。心理健康教育中心要求各班辅导员督促心理弱势学生抓住学习机会，积极上课，并请任课教师在授课内容上兼顾心理弱势学生的问题与特点，密切关注他们的表现，及时进行辅导帮助。

3. 组织开展心理健康专项活动

主要是上半年的"5·25"心理健康教育活动周和下半年的心理健康教育活动月，以宣传普及心理健康知识、增强心理健康意识和能力为目的，活动设计贴近学生生活，注重学生主动参与，具体活动项目主要有趣味心理运动会、校园心理剧大赛、心理手语操大赛、心理素质训练营、心理沙龙等。另外，根据心理弱势大学生常见问题，不定期开展一些团体心理辅导活动，比如"人际交往训练营""我是谁——正确认识自我""天生我材必有用——自信心训练"，等等。

4. 新生心理健康教育

新生入校之初进行心理健康普查，建立心理档案，密切关注心理发展动向，对存在明显心理问题者，及时进行专门咨询与辅导。举办"走过分水岭"新生心理健康教育讲座，从学会学习、学会生活、学会人际交往等方面引导大学新生适应新环境、适应新生活。

5. 开展门诊咨询，对心理弱势大学生进行深度个别辅导

对于心理问题比较严重或者有个别咨询愿望的大学生，心理健康教育中心为他们提供个别咨询服务，由专业心理咨询师进行深度的一对一专门辅导。

下面，以"我是谁——正确认识自我"为例，简要说明运用学校社区工作救助心理弱势大学生的基本过程。

我是谁——正确认识自我

一、需求分析

心理弱势大学生最突出的问题是自我认知差，过低看待自己，自卑怯懦，看不到自己的优点长处，这些问题严重压抑了自我发展、自我实现的力量，削弱了自我成长的能力，而不良的自我发展状况又进一步拉低了自我认知，降低了自信心，加重了心理的弱势。因此，必须打破这个恶性循环的链条，帮助心理弱势学生正确认识自我，正确评价自我，接纳自我、提高自信，提高心理健康水平。

二、工作目标

通过各项心理互动活动，帮助心理弱势大学生学会更深刻更全面地认识自己、评价自己，形成正确的自我意识，克服自卑，提高自信心。

三、工作计划

1. 为调动心理弱势大学生参与的积极性，本活动以参与互动式方式组织开展，采取"做一做，想一想，学一学，练一练"的形式，引导学生做学思练相结合，在实际操作过程中认识自己，形成正确的自我认知。

2. 掌握自我意识的内涵，认识到自我意识包括多种形式、多个层面，认识自我要从不同角度、不同方面进行全面分析，不能偏颇片面。

3. 采取参与互动的方式，引导学生从不同侧面反复练习、反复体验，对自己进行全面认知，认识自己的特点，掌握认识自己的有效途径。

四、实施过程

1. 活动前期准备

聘请学校心理健康教育专家作为活动主持人，社区工作者与之沟通协商，确定活动内容、时间、地点、规模等具体事宜。地点设在大学生心理健康教育中心团体活动室，时间定为周五晚上，为保证活动效果，每次参加人数控制在20人左右。

社区工作者在心理健康教育中心网站上发布信息招募心理弱势大学生，各班辅导员积极推荐，确保参加人数。

准备好开展活动所用的纸笔等物品。

2. 活动过程

（1）相互认识。活动主持人组织破冰游戏，活跃气氛，调动情绪，拉近彼此的距离，建立工作关系。

（2）做一做。主持人带领心理弱势大学生进行三个关于自我的互动活动，引导学生从不同层面对自我进行剖析。

第一个是"20个我"。主持人出示20个不完整句子，即"我是一个……"要求学生完成句子，写出"我是一个怎样的人"，学生完成以后，按照身体状况、情绪状况、才智状况、社会关系状况进行分类，引导学生了解自己、认识自己。

第二个是"理想的我与真实的我"。学生用两张纸，各写一段话，分别描述"理想的我"和"真实的我"，比较两个我之间的关系，是否协调、是否有矛盾，引导学生进行自我反省、自我协调、自我整合。

第三个是"我心目中的自己和别人眼中的我"。主持人出示40个描述个人特征的形容词，学生按照最符合、较符合、不符合的标准，将合适的词语写在纸上。完成后，找一位熟悉自己的同学，让他/她根据对自己的印象，将最符合、较符合、不符合自己的词语写在纸上。对比自己和所选同学写的词语，进一步了解自我评价是否与他人评价一致，学会更客观地评价自己。

（3）想一想。主持人出示正反两个案例，主人公都是大学生，一个能够全面客观认识自己，在面对困难时，能够根据自己的实际情况做出正确的选择，走出了困境。另一个因为不能正确认识自我、把握自己，在生活、学习中屡屡碰壁，最后跳楼自杀。通过讨论，引导学生思考自我意识对学习、工作、生活的影响，体会到正确认知自己的重要价值。

（4）学一学。在完成了上述各项互动活动的基础上，主持人引领学生进行自我意识的理论学习，认识自我意识的概念、构成、类型、特点等，学习认识自我的途径，形成对自我意识的科学的理解和认知。

（5）练一练。为巩固知识，深化对自我意识的理解和应用，更全面更深刻地认识自己、评价自己，主持人在活动的最后设计了一个自我意识练习活动——你对自己熟悉吗？把生理自我、心理自我、社会自我编成题目进行句子补缺，比如我的外表_____，我的性格_____，我的行事为人_____，等等，引导学生描述并进行满意与否的评价，随后组织学生进行讨论，帮助大学生形成正确的自我评价。

五、活动评估

整个活动紧紧围绕学生自我意识进行设计与组织，注重互动交流，注重心理弱势大学生的参与，主持人的讲解准确到位，学生的积极性较高，在活动中受益很多。他们反映，通过学习，特别是通过多种方式剖析自我，加深了对自我意识的理解，学会了从不同侧面认识自己，在主持人的引导下，看到了自己的优点和长处，减少了自卑，增强了自信。这些变化在讨论发言中也表现得十分明显，最初，参加活动的心理弱势大学生基本上都比较怯懦、退缩，发言不积极，讨论经常冷场，主持人要花费很大精力进行引领带动。随着活动的开展，学生渐渐地敢于同别人分享自己的看法和观点，对别人也有了更多的关注，讨论越来越主动，到最后的练习讨论时，虽然是直接描述了本人的情况，还是有很多同学乐于交流分享，现场气氛非常热烈，与最初的隔膜冷淡形成鲜明的对比。

社区工作者在活动中充分发挥了联系人的作用，主动联系学校心理健康教育专家作为活动主持人，联系辅导员，招募心理弱势大学生积极参与。活动开始后，全程跟进，参与了全部活动项目，积极做好主持人与学生之间、学生与学生之间的沟通桥梁，对于各项活动顺利开展起到了积极的促进作用。

总之，本次活动开展比较顺利，达到了预期目标，是一次成功的活动。

第九章

学校社会工作救助大学生弱势群体的总结与反思

在实证调查的基础上，我们了解了当前高校大学生弱势群体存在的主要问题，分别运用学校社会工作的三种具体方法——学校个案工作、学校小组工作和学校社区工作开展了救助大学生弱势群体的实践操作。通过分析评估救助结果，发现学校社会工作的理念和方法非常适合救助大学生弱势群体，三种具体的工作方法各有优劣。有效开展大学生弱势群体救助工作需要在学校社会工作专业价值理念的指导下，将三种方法有机结合起来才能取得理想的效果。

第一节 学校社会工作救助大学生弱势群体具有明显优势

与传统的思想政治教育相比，学校社会工作的优势主要体现在工作理念和工作方法上。

一、工作理念更加人性化

学校社会工作遵循着"以人为本，助人自助"的理念，以大学生弱势群体为本，接纳大学生弱势群体，在尊重他们的基础上，真诚地帮助他们、引导他们、支持他们、鼓励他们，相信他们有发展的潜力与能力，可以通过自身的不断努力调整与改善自己现在的不利处境，能够自我改变与自我成长。三种具体的工作方法——学校个案工作、学校小组工作和学校社区工作，它们的工作过程和服务的实施，都以大学生弱势群体的需求为最高宗旨，遵循学生本位的原则，始终把弱势大学生放在第一位，设身处地地理解他们的内心感受和真实需要。这样的工作理念极具人性化，时时传递着真诚、尊重的信号。与传统的上对下的、行政命令式的思想政治教育相比，弱势大学生更能体验到尊重和平等的感觉，这对于自卑敏感的他们意义非常重大，更能激发他们的发展潜能，促进其自我实现。当弱势大学生自我成长的能力被激发出来，摆脱困境、去除弱势就有了内在的根本动力，救助的积极效果就容易出现了。

二、工作方法更加专业有效

学校个案工作、学校小组工作和学校社区工作是学校社会工作的具体方法，它们在学校社会工作的专业价值理念指导下开展工作，同时各自又有着系统的理论模式、服务方法和工作过程。在这三种方法中，学校个案工作发展最早也最完善，它的理论模式类型繁多，每一种模式都发展出相应的方法和技巧，对于大学生弱势群体的各类问题，都能找出对应的解决办法。建立在系统理论背景上的方法与技巧具有很强的专业性和科学性，更能获得较好的救助效果。小组工作的过程本身就是一个专业的助人活动。在面对大学生弱势群体的时候，学校小组工作通过整合个人资源和社会资源，用整合、包容的视角看待个人、团体与社会，重构案主的环境，对于处境不利的学生做深入客观的了解，给予适当的接纳、支持与鼓励，并利用小组提供专业的服务，以弥补其弱势，协助他们获得应得的教育资源，实现最大可能的成就，以此促进其个人乃至整个群体的发展。学校社区工作拥有自己的工作模式，地区发展模式注重调动大学生弱势群体参与学校活动的积极性，能够促使他们走出自卑，融入集体生活中。它注重人的发展，注重培养大学生弱势群体应对问题、解决问题的能力。社会策划模式是自上而下开展工作的方式，它强调对学校问题的解决，在学校社区工作和社会工作理论的指导下，由专家制订、选择最合理的方案，可以有效地解决学校中的大学生弱势群体问题。在运用学校社区工作救助大学生弱势群体的过程中，两种模式相得益彰，发挥各自的特点，共同探索大学生弱势群体的特点和需求，采取合适的方式，使得大学生弱势群体的救助效果达到最佳。这种专业特征使学校社区工作在大学生弱势群体的救助工作中能够有效地发挥作用。

第二节　三种工作方法对解决大学生弱势
群体的问题各有优劣

学校个案工作、学校小组工作和学校社区工作在解决大学生弱势群体面临的问题时，有各自的优势同时也存在局限性。

一、学校个案工作的优势与局限性

个别化是个案工作的基本价值理念之一，学校个案工作模式特别注重服务对象个别化，尊重弱势大学生的个性和独特性。不同类型的大学生弱势群体所反映出来的问题是不同的，他们的需求也是不一样的，因此服务方式必然是有差别的。即使属于同一类型的大学生弱势群体，每个个体的具体情况也是不一样的，必须具体问题具体分析。开展学校个案工作，学校社工与弱势大学生个体进行一对一、面对面的交流与辅导，以单个学生为中心开展服务，为他们量身打造个别化的服务方案，服务更深刻、更具针对性，这是个案工作最突出的优势。正是有了这种服务的个别性、针对性和深刻性，学校个案工作才可以解决所有类型弱势大学生的问题，对于每个弱势大学生的不同问题都能给出独特的解决方案，这是学校个案工作的又一大优势。

根据唯物辩证法的观点，运用学校个案工作救助大学生弱势群体也显露出该方法的局限性，最突出的就是服务持续时间较长。学校个案工作服务大学生弱势群体时是一对一的服务，一次只能救助一个学生，而学校小组工作一次能帮助十几个人，可以开展几次同质性的小组活动，学校社区工作一次则能帮助几百个人，可以举办大型的讲座，如心理健康讲座、学习讲座、就业指导讲座等。相比较而言，运用学校个案工作大面积地开展大学生弱势群体救助工作需要花费较长的时间。另外，要实现深度的、有针对性的个案服务也不是一两次面谈就能完成的，往往需要经过多次的反复的沟通交流，特别是涉及心理行为问题的，更容易出现反复、倒退等现象，所以说，比起小组工作和社区工作，个案工作花费的时间相对更长一些。

另外，学校个案工作对工作者的能力提出了更高的要求。学校个案工作本质上讲是工作者与案主之间深度的人际沟通过程，工作者要根据具体情形扮演治疗者、教育者、整合者、联系人等不同角色，在开展小组工作和社区工作时发现的个体性问题也需要建立个案进行有针对性的服务，所以个案工作者需要具备很高的能力素养。特别是心理咨询和治疗能力，专业性极强，是许多个案工作者的短板。我们认为，要想补齐短板，一是在社会工作专业教育中强化心理咨询能力的培养，二是与学校中已有的心理咨询师协调关系，社工将具有较严重的心理问题的弱势大学生转介给心理咨询师，由他们进行更加专业更加深度的处理。

二、学校小组工作的优势与局限性

学校小组工作救助大学生弱势群体是将有共同问题的弱势大学生组成小组，以小组为单位开展服务活动，每个小组一般 10 人左右，比一对一个别服务的学校个案工作提高了服务效率，这是它的一大优点。小组成员的交往互动形成了小组动力，这种来自同辈群体的力量对大学生弱势群体的影响非常大，促使他们摘下面具、展示自我，进而接纳自我、克服自卑、提升自信。同时，交往互动也锻炼了弱势大学生的沟通能力，提高了他们的人际交往水平。由此可见，小组活动本身就是治疗过程，这是个案工作所不具备的，此为学校小组工作的第二大优势。除此之外，我们还发现在高校开展专业的小组工作具有得天独厚的优越性，这是因为，青少年有团体生活的倾向，他们能从团体或小组中获得支持和安全感，他们较容易向朋辈倾诉心事，比较容易受朋辈影响；在高校中学生都是集体生活的，他们在班级中学习，在宿舍休息，参加各种社团活动等，这些组织建制为开展小组工作奠定了良好的基础；高校中都设有辅导员或者班主任，以及心理辅导老师等，他们是开展小组工作的宝贵人力资源；高校中每年都会举行一些社团活动，或者其他一些小型的活动，有些活动在形式上和专业小组工作举办的活动类似，只是缺乏专业的理念和服务意识；在目前学校专业社会工作者短缺的情况下，小组工作在时间和人力分配上更加经济合理。这是学校小组工作的第三大优势。

学校小组工作本身的一些特性决定了其在救助大学生弱势群体中存在不足。学校小组工作是一个中观的社会工作方法，它的工作对象是一组陷入困境的弱势大学生，相对于以学校社区为服务对象的学校社区工作来说，在争取社区资源支持方面，远远比不上社区工作更为便利和有效；相对于学校个案工作来说，学校小组工作针对的案主比较多，在救助过程中不能完全地针对个体去因人制宜地救助，只能是针对某一个群体进行，这样难免会使一些案主得不到足够的重视，而不能完全地解决其面临的问题。而且在学校开展小组活动，案主很容易将小组工作者定位为老师、专家，进而将工作者与组员之间的关系定位为权威与服从的关系，这种定位方法对大学生弱势群体的救助是非常不利的。

三、学校社区工作的优势与局限性

学校社区工作作为社会工作的一种较为宏观的工作方法，以整个社区为服务对象。在高校开展学校社区工作就是以学校为对象，研究如何调动各种资源为大学生服务，同时通过服务学生又促进学校各个部门乃至整个学校的发展，提升学校凝聚力，创设积极的校园文化，实现学生与学校共同成长的双赢结果。促进学生需求与学校资源的整合，把资源用到最需要的学生身上是在高校开展社区工作的基本内容，资源整合者是学校社区工作者承担的主要角色。因此，相对于学校个案工作和学校小组工作，学校社区工作在调动多方面的资源解决大学生弱势群体的问题方面表现出明显的优势。地区发展模式利用可利用的一切资源在学校内开展活动，这些活动的设计充分考虑到大学生所具有的独特性，有很强的针对性。通过参与活动可以提高大学生参与学校管理的积极性，提升他们的主人翁意识。社会策划模式在制订项目计划时，也会考察学校所具有的资源状况，结合学校社会工作、学校社区工作的理论，对涉及大学生切身利益的问题做出专业性的分析，制订出合理的计划，帮助他们成长成才。

作为一种宏观的社会工作方法，学校社区工作采取的措施、举办的活动，影响范围大、覆盖面广，几乎可以涵盖所有的大学生弱势群体，比起只针对个人的学校个案工作和面向十几个人的学校小组工作，救助人数多、受益面大，这也是学校社区工作的一个优势。

但是，如果换一个角度看问题，学校社区工作在救助人数多、受益面大的同时也体现出针对性不强、深度浅的弱点。毕竟工作者的精力是有限的，同一时间内追求服务人数多就很难在每一个个体身上做得很深。另外，这与社区工作的目标导向有密切的关系。社区工作作为一项宏观的社会实践，涉及的是非临床的社会服务活动，以处在个人、小组、家庭层面之上的组织、社区、地区和国家为目标系统。学校社区工作以学校为目标系统，解决学校面临的问题，促进学校的建设。即使像地区发展模式，虽然它以解决大学生弱势群体的问题为过程目标，但更多强调的是任务目标，即促进学校的协调、和谐、健康成长。基于这样的目标取向，社区工作很难像个案工作那样为每个案主量身定做服务方案，深入细致地解决案主面临的具体问题。

第三节　三种方法结合运用实现最佳救助效果

基于三种方法在救助大学生弱势群体时各有优劣，具体运用过程中，要把三者结合起来，共同作用，取长补短，以求得最佳救助效果。

大学生弱势群体类型不一、问题不同，因此，救助时首选的方法是学校个案工作。工作者为每一个不同的个体制订适宜的服务计划，按照计划有序地开展救助活动，这样的服务深刻透彻，有利于取得更好的救助效果。

当然，这样的服务也费时费力。为提高救助效率，当弱势大学生存在一些共同的问题和需求时，可以运用学校小组工作开展相应服务。小组动力的存在使得小组成员在人际互动方面能够获得特别的效益，所以，学校小组工作特别适合训练大学生弱势群体的人际交往能力。基于小组活动本身的特性，对于需要特别关注、需要进一步深入服务的成员，工作者要运用学校个案工作的方法进行个别化的救助。个人的具体问题得到解决，心理状态好转，通过小组动力也会影响其他小组成员，提升小组活动的效果。所以学校个案工作和学校小组工作应该紧密结合在一起。

大学生弱势群体是处境困难的学生群体，摆脱困境固然需要发掘他们自身内在的潜力，但是良好的外部环境，有力的外部支持也是他们走出困境的重要保障。学校社区工作作为一种宏观的工作方法能够为弱势大学生营造有利于其成长的外部条件。因此，工作者有必要利用学校社区工作方法实施大学生弱势群体的救助工作。在具体工作过程中，工作者需要经常与团委、学生处、资助中心、学习与发展中心、就业指导中心、心理健康中心等与大生弱势群体救助密切相关的学校各部门沟通互动，发现救助工作中的问题，整合资源、优化环境，一方面促进弱势大学生的成长，另一方面也使得各个部门得到更好的发展，从而更有利于提高大学生弱势群体救助工作的效果。在此过程中，社会工作者也锻炼了联系资源、整合资源的能力，对于更加有效地开展个案工作和小组工作也有积极的作用。同时，开展学校社区工作时，基于宏观性的特点，社工要注意观察活动过程中每个弱势大学生的具体表现，根据需要，适时进行个案辅导或者组成小组开展小组活动，以便增强针对性，提高救助效果。

　　总之，在进行大学生弱势群体救助工作时，学校个案工作、学校小组工作和学校社区工作都是可行的。个案工作对于具体问题具体分析，能够有的放矢深入挖掘；小组工作可以高效地解决面上的共同存在的一般问题；社区工作能有效利用各种资源，为弱势大学生摆脱困境提供良好的外部环境和物质支持。三种方法密切配合、适时补充，推动大学生弱势群体救助工作实现最佳的救助效果。

参考文献

一、著作

[1] 马克思恩格斯全集：第42卷 [M] . 北京：人民出版社，1979.

[2] 马克思恩格斯全集：第1卷 [M] . 北京：人民出版社，1995.

[3] 马克思恩格斯全集：第46卷 [M] . 北京：人民出版社，1979.

[4] 马克思恩格斯全集：第3卷 [M] . 北京：人民出版社，1972.

[5] 毛泽东选集：第3卷 [M] . 北京：人民出版社，1991.

[6] 张耀灿 . 现代思想政治教育学 [M] . 北京：人民出版社，2009.

[7] 张耀灿 . 思想政治教育学原理 [M] . 北京：高等教育出版社，2009.

[8] 班华 . 现代德育论 [M] . 合肥：安徽人民出版社，2001.

[9] 郑永廷 . 思想政治教育方法论 [M] . 北京：高等教育出版社，1999.

[10] 陈万柏，张耀灿 . 思想政治教育学原理 [M] . 北京：高等教育出版社，2007.

[11] 骆郁廷 . 思想政治教育原理与方法 [M] . 北京：高等教育出版社，2010.

[12] 潘懋元 . 多学科观点的高等教育研究 [M] . 上海：上海教育出版社，2001.

[13] 邓球柏 . 中国传统文化与思想政治教育 [M] . 北京：首都师范大学出版社，1999.

[14] 罗国杰 . 道德教育与价值导向 [M] . 北京：教育科学出版

社，2000.

[15] 周向军，傅永军．全球化与当代中国文化发展研究丛书：第 6 册 [M]．济南：山东大学出版社，2009.

[16] 周向军．精神文明发展规律论 [M]．济南：山东大学出版社，2006.

[17] 周向军，高奇．核心价值体系——铸造当代中国文化建设的灵魂 [M]．济南：济南出版社，2013.

[18] 田建国．以人为本与道德教育 [M]．济南：山东人民出版社，2010.

[19] 田建国．现代大学新理念 [M]．济南：泰山出版社，2005.

[20] 田建国．大学德育新视野 [M]．东营：中国石油大学出版社，2005.

[21] 杨鲜兰．经济全球化条件下人的发展问题研究 [M]．北京：中国社会科学出版社，2006.

[22] 刘润葵．弱势群体哲学 [M]．北京：经济日报出版社，2015.

[23] 杜倩萍．草根非政府组织扶助弱势群体功能探究 [M]．北京：社会科学文献出版社，2012.

[24] 张新生．我国弱势群体社会救助研究 [M]．北京：经济科学出版社，2013.

[25] 李航．我国转型期弱势群体社会风险管理探析 [M]．成都：西南财经大学出版社，2015.

[26] 李俊奎．伦理关怀：弱势群体救助的新路向 [M]．西安：西北农林科技大学出版社，2013.

[27] 张晓玲．社会稳定与弱势群体权利保障研究 [M]．北京：中共中央党校出版社，2015.

[28] 郑抗生．转型中的中国社会和中国社会的转型 [M]．北京：首都师范大学出版社，1996.

[29] 陈成文．社会弱者论 [M]．北京：时事出版社，2000.

[30] 阿德勒．自卑与超越 [M]．顾天天，译．重庆：重庆大学出版社，2011.

［31］詹姆斯·科尔曼. 社会理论的基础［M］. 邓方, 译. 北京: 社会科学文献出版社, 1999.

［32］塞勒伯. 优势视角——社会工作实践的新视角［M］. 李亚文, 杜文杰, 译. 上海: 华东理工大学出版社, 2004.

［33］迈克尔·曼. 社会权力的来源: 第 1 卷［M］. 北成, 李少军, 译. 上海: 上海人民出版社, 2002.

［34］佩恩. 现代社会工作理论［M］. 上海: 华东理工大学出版社, 2005.

［35］Barbra Teater. 社会工作理论与方法［M］. 上海: 华东理工大学出版社, 2013.

［36］王思斌. 社会工作概论［M］. 北京: 高等教育出版社, 1999.

［37］史柏年. 社会工作实务（中级）［M］. 北京: 中国社会出版社, 2007.

［38］李晓凤. 学校社会工作［M］. 北京: 中国社会出版社, 2010.

［39］范明林, 张洁. 学校社会工作［M］. 上海: 上海大学出版社, 2005.

［40］黄维宪, 曾华源, 王惠君. 社会个案工作［M］. 台北: 五南图书出版公司, 1985.

［41］刘梦. 小组工作［M］. 北京: 高等教育出版社, 2003.

［42］许永祥. 社区工作［M］. 北京: 高等教育出版社, 2004.

［43］许莉娅. 个案工作［M］. 北京: 高等教育出版社, 2013.

［44］房列曙, 陈恩虎, 柴文杰. 社区工作［M］. 合肥: 合肥工业大学出版社, 2005.

［45］宋海啸, 辛一山. 中国社会工作理论［M］. 北京: 时事出版社, 2013.

［46］顾东辉. 社会工作概论［M］. 上海: 复旦大学出版社, 2008.

［47］易钢. 学校社会工作［M］. 北京: 北京大学出版社, 2012.

［48］杨晓龙, 张子中. 高校社会工作［M］. 北京: 中国社会出版社, 2010.

［49］张斯虹. 社会工作嵌入高校学生工作研究［M］. 广州: 中山大学

出版社，2013.

[50] 张奇.学习理论 [M].武汉：湖北教育出版社，2012.

[51] 乐国安.咨询心理学 [M].天津：南开大学出版社，2015.

[52] 彭聃龄.普通心理学 [M].北京：北京师范大学出版社，2013.

[53] 王瑞鸿.人类行为与社会环境 [M].上海：华东理工大学出版社，2007.

[54] 范克新，肖萍.团体社会工作 [M].北京：社会科学文献出版社，2005.

[55] 易法建.心理医生 [M].重庆：重庆出版社，2007.

[56] 林孟平.小组辅导与心理治疗 [M].上海：上海教育出版社，2005.

[57] 张煜.矫正社会工作 [M].北京：高等教育出版社，2008.

[58] 罗观翠.学校社会工作案例汇编 [M].北京：社会科学文献出版社，2010

[59] 张书明.社会工作视野下的大学生事务管理 [M].济南：山东大学出版社，2007

[60] 王丽萍.大学生心理健康 [M].北京：北京师范大学出版社，2011.

[61] 王建中，张军.中国特色大学生心理健康 [M].北京：北京航空航天大学出版社，2015.

[62] 赵静波.人格与健康 [M].北京：人民卫生出版社，2009.

[63] 文军.学校社会工作案例分析 [M].上海：华东理工大学出版社，2010.

[64] 马伊里，吴铎.社会工作案例精选 [M].上海：华东理工大学出版社，2007.

[65] 徐亮，张平，王灿.为心灵开一扇窗：大学生心灵健康教育 [M].天津：南开大学出版社，2014.

[66] 石彤.学校社会工作实务教程 [M].北京：中国人民大学出版社，2010.

[67] 刘梦.学校社会工作实习指导手册 [M].北京：中国人民大学出

版社，2012.

[68] 李季. 就业社会工作探索与实践 [M]. 北京：人民日报出版社，2014.

[69] 陈龙春. 大学生资助的理论与实践探索 [M]. 杭州：浙江大学出版社，2007.

[70] 杨国洪. 大学生资助体系的国际比较与借鉴 [M]. 广州：中山大学出版社，2013.

[71] 徐国立. 大学生学习与心理指导 [M]. 北京：中国人民大学出版社，2014.

[72] 拉莱斯. 社会工作：一体多面的专业 [M]. 顾东辉，等译. 上海：上海社会科学院出版社，2009.

二、期刊论文

[1] 闫广芬，芈庆辉. 美国学校社会工作体系架构及其启示 [J]. 外国教育研究，2008（04）.

[2] 郭少华. 国际透视：大学生教育资助模式的变革与发展 [J]. 成都大学学报（教育科学版），2008（9）.

[3] 李晓颖. 大学生就业难问题：国外的研究与经验 [J]. 西北人口，2010（2）.

[4] 张冲，孟万金. 国外对学习困难大学生的教育和关注及启示 [J]. 大学（学术版），2011（8）.

[5] 张国茹，崔丽娟. 关于"大学生弱势群体"的概念理解 [J]. 延安大学学报（社会科学版），2010（6）.

[6] 国家教育发展研究中心"弱势群体教育研究"专题组. 弱势群体教育及资助体系综合研究报告 [R]. 中国教育简报，2005（3）.

[7] 曾准. 大学生弱势群体的界定、成因及扶助 [J]. 泰山乡镇企业职工大学报，2005（2）.

[8] 彭仲生，王艳萍. 贫困大学生的弱势特征分析 [J]. 高教学刊，2015（11）.

[9] 杨永欣. 大学生弱势群体形成的原因现状及对策 [J]. 理论学习，

2003（1）.

[10] 胡冬梅. 关于救助大学生中弱势群体的思考 [J]. 学校党建与思想教育，2004（7）.

[11] 黄遵斌. 试论高校大学生弱势群体问题的成因及对策 [J]. 黑龙江教育，2009（1）.

[12] 任辉. 浅论当前高校大学生弱势群体的人文关怀 [J]. 中国校外教育，2010（8）.

[13] 王文余，胡建. 大学生弱势群体的形成原因及对策 [J]. 西南师范大学学报，2002（2）.

[14] 罗丽榕. 关于高校大学生弱势群体产生的思考 [J]. 长春理工大学学报，2011（6）.

[15] 郑勇. 高校贫困生成因与援助方式选择 [J]. 经济师，2003（6）.

[16] 何霭. 大学生"弱势群体"教育探析 [J]. 漳州师范学院学报，2004（3）.

[17] 杨永欣. 大学生弱势群体形成的原因现状及对策 [J]. 理论学习，2003（1）.

[18] 韩龙，赵海龙，毛一峰，等. 农村大学生弱势群体现状、特征及对策研究 [J]. 重庆工学院学报，2005（6）.

[19] 魏小琳. 论大学生"弱势群体"及其扶助 [J]. 教育理论与实践，2004（4）.

[18] 陈志勇. 新时期高校大学生弱势群体的现状分析及教育对策 [J]. 宁夏师范学院学报（社会科学版），2007（9）.

[20] 王守猛. 大学生弱势群体分类及救助对策探讨 [J]. 湖南工业大学学报（社会科学版），2009（2）.

[21] 陈成文，罗竖元. 论加强弱势群体子女教育与建设和谐社会 [J]. 中南大学学报（社会科学版），2009，15（1）.

[22] 程荣晖. 论大学生就业弱势群体的思想教育与危机干预 [J]. 教育探索，2010（6）.

[23] 屈朝霞，夏珑. 大学生就业弱势群体的困境剖析 [J]. 湖北社会

科学，2010（3）.

[24] 谭晞. 大学生就业弱势群体就业困境与对策 [J]. 中国大学生就业，2006（8）.

[25] 王海东. 我国高校学生弱势群体救助中存在的问题及对策研究 [D]. 沈阳：东北大学，2009.

[26] 崔晴. 大学生弱势群体救助研究 [D]. 长沙：湖南大学，2006.

[27] 董云飞. 大学生弱势群体的帮教对策研究 [D]. 大连：辽宁师范大学，2006.

[28] 王玲. 大学生学习困难的成因及其教育对策 [J]. 江苏教育学院学报（社会科学版），2009（2）.

[29] 郭翠霞. 大学生学业不良归因分析及教育对策 [J]. 吉林省教育学院学报，2012（2）.

[30] 郭高展. 大学生学业不良问题研究 [D]. 长春：东北师范大学，2006.

[31] 邱日梅. 试论对大学生就业困难群体的指导与帮助 [J]. 出国与就业，2011（6）.

[32] 蔡亚平. 高校贫困生资助工作方略 [J]. 黑龙江高教研究，2002（5）.

[33] 童晓晋. 加强对大学生心理健康教育的思考 [J]. 高等农业教育，2002（8）.

[34] 赵雄辉. 大学生弱势群体特征的调查研究 [J]. 高等教育研究，2006（2）.

[35] 李铮. 高校大学生弱势群体问题研究 [D]. 济南：山东大学，2011.

[36] 杜军. 高校学生弱势群体的分析与对策 [D]. 武汉：华中师范大学，2007.

[37] 何晓威. 关注大学生弱势群体——高校对贫困生的扶持思路 [J]. 杭州商学院学报，2004（3）.

[38] 刘勖. 多个样本率差异比较的统计检验方法之二 [J]. 临床荟萃，1997（12）.

[39] 张名艳. 高职院校大学生弱势群体的就业困境及对策 [J]. 学校党建与思想教育, 2016 (12).

[40] 王海东. 我国高校学生弱势群体救助中存在的问题及对策研究 [D]. 沈阳: 东北大学, 2009.

[41] 林小秋. 社会工作专业教育在中国的发展 [J]. 社会工作, 2008 (1).

[42] 孙跃. 我国高等院校学校社会工作介入模式研究 [D]. 天津: 南开大学, 2009.

[43] 田萍. 包容性增长与大学生弱势群体救助——基于教育公平的视角 [J]. 中国青年政治学院学报, 2014 (4).

[44] 张盛秋. 高校贫困大学生弱势群体救助中的个案工作方法 [J]. 齐齐哈尔大学学报, 2015 (3).

[45] 陶恩锦, 陈方辉. 高职院校家庭经济困难学生发展性资助探究 [J]. 学校党建与思想教育, 2016 (1).

[46] 王韬, 于佳露. 浅析学校个案工作方法介入贫困大学生弱势群体救助的优势与不足 [J]. 中国校外教育, 2013 (5).

[47] 侯玲. 论社区工作三大模式在我国的适应性 [J]. 社会工作, 2009.

[48] 邓伟志. 让"弱势群体"从弱到强 [J]. 工会理论研究, 2003 (1).

[49] 刘东芝. 高校大学生弱势群体的类型及有效帮助策略 [J]. 吉林省教育学院学报, 2015 (6).

[50] 汤长胜、朱维霞. 和谐校园视角下大学生弱势群体教育的对策探究 [J]. 学校党建与思想教育, 2014 (12).

[51] 周敏. 积极心理学视野下贫困大学生心理健康教育探索 [J]. 学校党建与思想教育, 2016 (12).

[52] 张凯霞. 大学生就业弱势群体帮扶体系研究 [J]. 中国成人教育, 2015 (1).

[53] 甘剑锋. 对高校贫困生资助政策的评价与思考 [J]. 中州学刊, 2011 (3).

［54］聂惠．基于伦理学视角的高校贫困生认定问题研究明［J］．教育探索，2011（11）．

［55］王丽君，程伟．以社会学视角探究大学生心理健康教育的有效模式——关注贫困生成长，从"心"开始［J］．黑龙江高教研究，2007（4）．

［56］张彦军．国外社会救助经验对我国的启示［J］．理论探索，2011（2）．

［57］陈芳，金志鹏．社会工作本土化背景下的社区矫正模式探析［J］．理论界，2009（1）．

［58］陈和．人本主义取向的社会工作模式及其本土化过程［J］．首都师范大学学报，2009（5）．

［59］何雪松．迈向中国的社会工作理论建设［J］．江海学刊，2012（4）．

［60］王思斌．中国社会工作的嵌入性发展［J］．社会科学战线，2011（2）．

［61］ROTHMAN. Three Models of Community Organization Practice［M］. New York：Columbia University Press，1968/1978.

［62］CAROL R M. Illinois Association of School Social Workers：One hundred years of school social work：past，present，and future 1906 – 2006［M］. Lombard，IL：Lyceum Books，2006.

［63］SEGAL E A，GERDES K E，STEINER S. Social work：an introduction to the profession［M］. Belmont：Thomson Brooks/Cole，2005.

［64］ROTHMAN. Practice with Highly Vulnerable Clients：Case Management and Community – Based Service［M］. New Jersey：Prentice Hall，1995.

［65］DAVID R D. School social work skills and interventions for effective practice［M］. N. J.：J. Wiley&Sons，2003.

［66］COX C B，EPHOSS P H. Ethnicity and Social Work Practice［M］. New York：Oxford University Press. 1998.

［67］O 'HAGAN K. Cultural Competence in the Caring Professions［M］. London：Jessica Kingsley，2001.

［68］SEELEY K M. Short – teen Intercultural Psychotherapy：Ethnographic Inquiry［J］. Social Work，2004（1）.

［69］ALLEN M. School Work Service in Schools［M］. 3th ed. MA：Allyn and Bacon Press，2000.

［70］ALLEN M. School social work：Historical development，influence，and practice［M］. New Jersey：Prentice Hall，1986.

［71］ANDEREAE D. Systems theory and social work treatment［M］// F. J. TURNER. Social work treatment（4th ed）. N. Y.：The Free Press. 1996：601 – 616.

［72］BUTLER A C. The Attractions of Private Practice［J］. Social Work，1989（34）：69 – 72.

［73］WOODHALL AM. Paying for Learning：Debate on Student Fees，Grants and Loans in International Perspective［J］. The Welsh Journal of Education，2002，7（2）.

［74］GRESHAM E M，SUNGARI G，HOMER R. Interpreting Outcomes of Social Skills Training for Students with High – incidence Disabilities［J］. Excetional Children，2001（3）.

［75］KITTY A. Giving meaning to Economic，Social and Cultural Rights：A Continuing Struggle［J］. Human Rights and Human Welfare，2003（3）.

［76］GLENN H. The Concept of Dignity in the Universal Declaration of Human Rights［J］. Journal of Religious Ethics，2011（39）.

［77］GOULD A. Anti – racist Social Work：a Framwork for Teaching and Action［J］. Issues in Social Work Education，1994（1）：2 – 17.

附录

大学生弱势群体现状的调查问卷

亲爱的同学：伴随着我国高等教育改革的深化和招生数量的快速增长，高校学生弱势群体已成为日益突出的问题。为了研究如何给大学生中需要帮助的同学寻求切实可行的解困渠道，我们需要了解大学生中弱势群体的有关信息。为此，请您协助填写本调查表，调查结果将对我们的研究十分重要。谢谢您的支持！

性别：女（　）　　男（　）

籍贯：农村（　）　　　中、小城市、县城（　）　　　大城市（　）

家庭属于：双亲正常家庭（　）　　单亲家庭（　）　　孤儿（　）

　　现在所处年级：一年级（　）　　二年级（　）　　三年级（　）

四年级（　）

学历：专科（　）　　本科（　）

专业：理科（　）　　工科（　）　　文科（　）　　艺术类（　）

是否担任学生会、院系、班级的干部：是（　）　　否（　）

是否积极参加过学校的社团组织：是（　）　　否（　）

---

1. 你认为，在现在的发展过程中，自己哪些方面相较别人处于弱势（　）（可多选）

　　（A）经济方面　　　　　　（B）学业方面

　　（C）心理方面　　　　　　（D）身体方面

　　（E）未来就业方面　　　　（F）其他方面（比如？　　）

（G）无

2. 如果自己处于弱势地位，你的情绪会受到影响吗？（ ）

（A）会 （B）不会

3. 对于自己在某些方面存在的弱势，你会感到（ ）

（A）苦恼烦闷，心理压力大，觉得自己处处不如人，没自信

（B）正视自己的不足，通过努力改变现状

（C）意志力薄弱，做事没动力，无法适应环境

（D）其他

4. 在学业方面，你觉得自己哪些方面存在弱势？（ ）

（A）学习能力 （B）学习兴趣 （C）天资方面

（D）学习方法 （E）学习基础 （F）其他

（G）无

5. 在心理上，你觉得自己哪方面不足？

（A）人际交往能力 （B）自我认知 （C）自信程度

（D）心理承受能力 （E）焦虑、抑郁等不良情绪

（F）无 （G）其他

6. 如果自己在经济方面比别人差，你会（ ）

（A）自卑、孤僻、远离他人

（B）无所谓

（C）想通过自己的努力改变现状

7. 关于自己未来的就业，你觉得自己（ ）

（A）缺乏职业规划 （B）缺乏求职能力 （C）信息闭塞

（D）工作能力差 （E）缺乏人脉 （F）其他

8. 你觉得自己家庭成员的关系和谐吗？（ ）

（A）很和谐 （B）比较和谐 （C）一般

（D）不太和谐 （E）很不和谐

9. 你认为自己的家庭属于哪个阶层？（ ）

（A）富裕阶层 （B）小康阶层 （C）温饱阶层

（D）贫困阶层

10. 你平均每月的生活费大约是（ ）

（A）1200 元以上　　　　　　（B）800—1200 元

（C）800—300 元　　　　　　（D）300 元以下

11. 你觉得你与老师的关系怎么样？（　　）

（A）很好　　　（B）好　　　（C）一般

（D）差　　　（E）很差

12. 你满意自己的大学生活吗？（　　）

（A）是　　　（B）否

如果不满意，为什么呢？（　　）

（A）非重点大学，毕业后就业竞争大

（B）学习没动力，对未来没信心

（C）感觉自己与周围的一切格格不入，被孤立，心理压力大

（D）家庭贫困，与同学的消费差距大

（E）其他

13. 你觉得你与同学的关系怎样？（　　）

（A）很好　　　（B）比较好　　　（C）一般

（D）差　　　（E）很差

14. 你觉得你的学习负担大吗？（　　）

（A）大　　　（B）比较大　　　（C）一般

（D）小　　　（E）很小

15. 你觉得社会上存在哪些因素会间接地导致自己某些方面的弱势？
（　　）

（A）社会竞争激烈　　　　　　（B）救助制度、政策不完善

（C）社会风气、舆论氛围的影响　　　（D）社会资源分配不均

（E）其他

16. 你对自己未来的社会地位期望大吗？（　　）

（A）很大　　　（B）比较大　　　（C）一般

（D）小　　　（E）很小

17. 你觉得自己的能力怎么样？（　　）

（A）很强　　　（B）比较强　　　（C）一般

（D）弱　　　（E）很弱

在哪些方面有所欠缺呢？（　　）

（A）学业方面　　　（B）人际交往方面　　　（C）工作能力方面

（D）其他　　　　　（E）无

18. 你觉得自己属于大学生弱势群体吗？（　　）

（A）属于　　　（B）不属于

19. 当自己处于弱势时，你自己是否主动寻求过帮助？（　）

（A）是　　　（B）否

你想获得帮助吗？（　　）

（A）想　　　（B）不想

20. 自己通过哪些措施或渠道寻求过帮助（　　）？（可多选）

（A）申请贫困生补助、助学金等

（B）打工赚钱

（C）寻求老师同学朋友的帮助

（D）寻求培训机会，增强自己的能力

（E）积极参加社团活动，扩大交往范围

（F）其他

（G）无

21. 如果有机会，你最想获得哪些方面的帮助？（　　）

（A）经济援助　　　（B）学业辅导　　　（C）能力培育

（D）心理辅导　　　（E）交际发展　　　（F）其他（　　　　　）

22. 你是否申请了助学金（　　）

（A）是　　　（B）否

23. 你是否参加过学校提供的勤工助学岗位？（　　）

（A）是　　　（B）否

24. 当你压力很大时有没有找老师进行心理放松？（　　）

（A）有　　　（B）想过，但不敢去　　　（C）没有

25. 你了解身边大学生弱势群体的情况吗？（　　）

（A）了解　　　（B）不了解

曾经对自己身边的大学生弱势群体提供过帮助吗？（　　）

（A）有　　　（B）没有

26. 你会积极参与学校成立的帮助大学生弱势群体的组织吗？（ ）

（A）会 （B）不会

27. 你觉得该对贫困生可以采取的帮助措施是（ ）（可多选）。

（A）发放奖学金 （B）提供助学金

（C）办理助学贷款 （D）免除特困生的学费等

（E）提供兼职岗位 （F）其他

28. 你认为国家、学校、社会应该给予大学生中弱势群体哪些特别的权利？（ ）（可多选）

（A）学习管理 （B）经济支持

（C）就业指导 （D）教育引导

（E）心理辅导 （F）其他

29. 对社会上、政府或本校目前针对弱势群体的帮助措施，你了解吗？（ ）

（A）经常关注 （B）不关注 （C）想了解，但是缺乏了解渠道

30. 你所在的学校有资助学生的工作部门吗？（ ）

（A）有 （B）不知道 （C）没有

31. 如果了解当前的帮助措施，你对此满意吗？（ ） 理由是（ ）。

（A）很满意 （B）比较满意 （C）一般

（D）比较不满意 （E）很不满意

32. 请谈谈自己对大学生弱势群体的看法，并讲讲你觉得该如何做才能改变这种现状？

33. 如果我们针对大学生弱势群体的现状问题开展座谈会，你想参加吗？（ ）

（A）想 （B）不想

如果想，你愿意留下你的联系方式（ ）吗？

若不方便留，也可以主动联系我们，我们会有专业的人员为你答疑解惑。

后　记

本书是全国教育科学规划课题"学校社会工作视域下大学生弱势群体救助模式研究"（DEA110206）和山东省淄博市校城融合项目"淄博市新型城镇化发展问题研究"（2018ZBXC361）的阶段性成果。

大学生弱势群体是指在经济状况、社会地位、教育机会、社会资源等方面处于相对不利的境地、在竞争中处于劣势的大学生群体。大学生弱势群体是当代中国社会加速转型和高等教育改革不断深化的产物，大学生弱势群体的存在说明了当前高等教育领域发展不平衡不充分的现实状况，是新时代社会矛盾的一个缩影，也是新型城镇化发展过程中民生问题的一个重要关切点。因此，研究大学生弱势群体，帮助他们祛弱变强具有重要的现实意义。

作为长期奋战在教育教学一线的高校教师、社会工作专业的教育者研究者，笔者非常关注大学生弱势群体的生存现状，非常愿意用社会工作的专业方法和技术为身陷困境的大学生提供切实有效的帮助，在这种动机的推动下，笔者开始了艰辛的探索与尝试，而今终将成稿，心中甚为欣慰。

在书稿撰写过程中，笔者力求兼顾学术性与实用性，学科理论知识的系统性与针对现实问题的可操作性，使之既在学科内容体系上有所创新，又对读者有一定的实用价值。希望本书能为教育管理部门制定相关政策，为帮助更多的弱势大学生摆脱困境贡献一点微薄之力。

本研究的顺利开展离不开领导和同仁们的支持和鼓励，山东理工大学法学院、学生工作处、招生就业处、教务处、团委等部门给予了研究必需的人员、物资、场地等的支持，社会学研究生邹茜、都君明、王红敏同学和社会工作专业的魏丽萍同学积极协助开展工作，尽职尽责，任劳任怨，付出了艰苦的努力，在此一并表示衷心的感谢！

在撰写过程中，笔者参考了国内外许多优秀研究成果，深受启发，获益匪浅，非常感谢！除了注释注明以外，如有遗漏敬请同行见谅。

鉴于水平所限，书中一定还存在许多纰漏之处，敬请读者朋友提出宝贵意见，以便进一步修订完善。

刘海鹰

2020 年 6 月于山东淄博